스님과 철학자

화엄경의 블랙홀, 〈법성게〉의 우주와 삶을 논하다

도법 대 윤구병 "팽팽하다 유쾌하다 웅숭깊다"

스님과 철학자

화엄경의 블랙홀, 〈법성게〉의 우주와 삶을 논하다

지은이 도법 스님·윤구병
정 리 이광이

들어가며

도법, 윤구병에게 삼배를 올리다

눈빛은 형형하되, 행색은 거지와 다를 것이 없는 한 무리가 찬바람이 불기 시작한 가을 어느 날, 변산반도 인근 한 촌락에 접근하고 있었다. 깃발을 들고 아주 오랫동안 먼 길을 걸어 온 사람들. 스님 한 사람이 맨 앞에 서고 뒤이어 서른 남짓의 무리가 따르고 있다. '이 세상이 좀 더 자비로워져야 하지 않겠는가!' 하고 큰 원력을 세워 순례 다니는 사람들이라 두려울 것이 없었다. 그러나 날은 저물고, 흙먼지를 뒤집어 쓴 육신은 피로하고, 배는 고프고, 어디 오갈 데 없는 신세였다. 스님은 그 무리를 이끌고 하룻밤 묵어가기 위해 촌락을 찾아가는 길이었다.

그 소식을 듣고 촌락에서도 촌장이 장정 한 무리를 이끌고 내려왔다. 촌장은 자비로운 인상이 아니다. 해질녘에 갑자기 찾아온 한 떼의 사람들을 쉽게 반길 리 만무하다. 촌에서 내려가는 한 무리와 촌으로 올라오는 한 무리는 너른 공간에서 만났다. 촌장이 길바닥에 앉으니, 스님도 앉았다. 두 사람은 인사도 없다. 촌장이 입을 연다.

"이렇게 늦게 어인 일들이시오?"

"날이 저물어 하루 묵어가려고 왔습니다."
"뭣 하는 분들이시오?"
"우리는 세상 사람들이 생명을 보다 존귀하게 여기고, 평화로운 삶을 살기를 염원하며 탁발순례를 하고 있는 중입니다."
"그래서 저녁을 먹여 주고, 하루 밤을 재워 달라?"
"그렇습니다."
"그럼 스님이 내게 삼배를 하시오."

갑자기 스님보고 삼배를 하라니. 촌장은 재워 주는 대가로 삼배를 받겠다는 것이다. 양측이 합장 반배하고 인사를 나누면 될 일을, 촌장이 급소를 찌르고 들어온다. 더구나 양측 사람들이 지켜보고 있는 와중 아닌가. 난감한 일이다. 스님이 답한다.
"내가 왜 삼배를 해야 하지요?"
"스님, 법당에 들어가서 돌덩이나 쇳덩이한테 삼배를 하지요?"
"……"
"그런데 내가 여기 주인이고 스님은 객입니다. 보아하니 나이도 내가 많고 그런데, 형한테 삼배하는 것이 잘못입니까?"
갈수록 빨려 들어간다. 삼배를 할 수도 없고, 안 할 수도 없다. 바둑을 둘 데가 없다.

1228년 지어진 송나라 선승들의 공안집 『무문관』 제11칙에 '주감암주州勘庵主'라는 대목이 나온다.

조주 스님이 어느 암자에 도착해서 "계십니까?" 하고 물었다. 주인이 나오더니 주먹을 들었다. 조주는 "물이 얕아서 배를 정박시킬 만한 곳이 아니구나!" 하고는 그곳을 떠났다. 조주가 다른 암자에 도착해서 "계십니까?" 하고 물었다. 주인이 나오더니 역시 주먹을 들었다. 조주는 "줄 수도 있고 뺏을 수도 있으며, 죽일 수도 있고 살릴 수도 있다"고 말하고는 그에게 절을 했다.

조주 스님이 하룻밤 묵어가려고 어느 암자를 찾았다. 그런데 주인이 다짜고짜 주먹을 들어 보인다. 주먹감자, "꺼져! 당신 같은 객승에게 내어줄 방이 어디 있나!"라는 뜻의 손으로 하는 욕이다. 거기에 똑같이 주먹을 내보이며 대거리를 해 주고 싶다. 하지만 조주는 맞서 싸우지 않는다. 물이 얕아서 배를 정박할 수 없다고 독백하면서 다른 암자를 찾아 떠난다. 나 같은 큰 배가 어찌 너 정도를 상대하겠는가! 그러면서 걷는다. 걸으면서 깨달았을 것이다. 내 마음이 저 주먹에 영향을 받았다는 것을. 화가 안 나는 것이 아니라, 화를 참고 있다는 것을. "이 큰 배가 저 얕은 물에 흔들렸구나!" 하고. 크기는 하지만, 이미 흔들린 마음이다.

조주 스님은 두 번째 암자에서도 똑같은 일을 당한다. 하지만 다르다. 그 주먹을 보고 인정한다. "당신은 이미 깨달은 분이시군요. 그러니 뭔가를 줄 수도 뺏을 수도 있고, 나를 살릴 수도 죽일 수도 있습니다." 하고 받아들인다. 마음이 주먹에 영향을 받지 않는다. 화를 참는 것이 아니고, 화가 안 나는 것이다. 본래 마음을 잃지 않고 있다. 그러니 넙죽 절을 올릴 수 있는 것이다. 첫 번째 마음은 그물에 걸리지만, 두 번째 마음은 그물에 안 걸린다.

그날, 한 무리를 이끌고 촌락을 찾은 사람은 도법 스님이다. '생명평화 탁발순례' 깃발을 내걸고 2004년 3월 1일 지리산 노고단을 출발하여 5년 동안 이 땅의 방방곡곡 3만리 길을 걸으며, 세상이 좀 더 자비로워지기를 염원했던 순례단이 하룻밤 묵으러 변산공동체에 도착한 날이었다. 땅바닥에 앉아 삼배를 기다리고 있는 그곳 촌장은 농부철학자 윤구병 선생이다. 1996년 충북대 철학과 교수직을 그만두고 변산에 내려가 농사를 짓고 대안교육을 하면서 마을 공동체를 꾸려 살고 있던 어느 날 도법 스님 순례단이 찾아온 것이다. 윤구병 선생은 도법 스님보다 여섯 살이 많다. 그래서 형에게 절을 하라는 것이다. 스님은 대개 합장 반배로 인사를 나눈다. 삼배를 하는 경우는 당연히 부처님 예불 올릴 때나 혹은 스승에게 존경의 예를 표할 때 하지, 일반인이나 신도에게 하는 경우는 없다. 그런데 스님이 삼배를 올리는 그 부처라는 것이 형상일 뿐이지, 사실은 돌조각, 쇳조각에 불과한 것 아니냐고 추궁하고 있는 것이다. 조주 스님의 첫 번째 암자처럼 여기는 내가 정박할 곳이 아니라고 판단하고 떠날 것인가? 두 번째 암자처럼 절을 하고 하루를 묵을 것인가? 기로에 서 있는 것이다.

그날, 도법 스님은 땅바닥에 앉아 있는 윤구병 선생을 향해 삼배를 올린다. 윤구병 선생은 삼배를 받은 뒤에 일어나서 도법 스님을 자기가 앉아 있던 자리에 모시고는 스님보다 더 극진하게 삼배를 한다.

그로부터 10여 년이 흐른 2013년 가을에 두 분 스승님과 우리는 조계사에서 '불한당'이라는 이름으로 만났다. 불한당은 불경을 알기 쉬운 한글로 풀어 보자는 모임이다. 도법 스님이 그런 뜻을 내었고, 스님을 따르던 재가 불자이거나 또는 불자가 아니거나 하여 11명, 그리고 우리말을 아름답게 쓰는 윤구병 선생을 초빙하여 불한당 당원은 13명이 됐다. 불한당은 격주로 수요일 오후에 만나 서너 시간 공부를 하고, 저녁 겸해 뒤풀이 자리도 함께 하면서 2년을 넘겼으며 현재도 진행 중이다. 첫 책은 의상 스님의 〈법성게法性偈〉였다. 우리는 〈법성게〉를 공부하기에 앞서 윤구병 선생과 도법 스님의 인연을 더 재미있어 했고, 그것에 대해 물었다.

윤구병 선생의 말이다. "아마 한 10년 쯤 전일 거여. 내가 살던 변산공동체에 스님이 찾아왔어. 생명평화 순례 길에 들른 거지. 한 서른 명 남짓 함께 왔어요. 장독이 널어진 널찍한 마당에서 만났지. 나는 속으로 스님이 순례 길에 들러 주어서 기분이 참 좋았지. 그런데 첫 만난 자리에서 대뜸 그랬어. 여기 오셨으면 나한테 삼배를 해야 한다고. 내가 짓궂잖아. 툭툭 땅바닥을 치면서 '스님, 나한테 큰 절 세 자리 해' 그랬지. 그랬더니 스님이 '왜 해야 해?' 하더라고. 그래서 내가 나이도 많고 절하는 건 당연한 것 아니냐고 했지. 도법 스님이 순진하잖아. 절을 하더라고. 나는 빚지고는 못 사는 사람이니까. '스님, 이제 내 절 받으시오. 아마, 내 절이 더 공손할 거요.' 그러고는 내가 세 자리를 극진히 해 바쳤어."

우리는 스님에게 물었다. "스님은 삼배를 왜 했어요? 하란다고 하셨어요? 혹시 선승들이 선문답하는 법거량法擧量은 아니었는가요? 조주 스님의 '주감암 주州勘庵主' 같은."

도법 스님 말이다. "법거량은 무슨, 그런 것이 어디가 있어? 하라고 하니까 했지. 생각해 봐, 순례하느라 먼 길을 걸었을 거 아녀? 피곤하고 지치고, 날은 저물고, 배는 고프고. 그 당시에는 그랬어. 제주에서 서울까지 걷는다, 얻어먹는다, 얻어 잔다. 얻어먹고, 얻어 자려고 왔는데, 밥 줄 사람, 재워 줄 사람이 절을 하라고 하잖아. 처음에는 절까지 해야 하나 했는데, 돌아보니 지치고 굶은 '도반'들이 보이잖아. 그래서 넙죽 했지. 얼른 절하고 얻어먹고, 얻어 자자. 그랬지. 그렇다고 거지는 아니잖어? 중들을 걸사乞士라고 부르지. 얻어먹을 권리를 가진 사람. 얻어먹는 것이 정당한 사람. 법거량이라고? 그런 것이 관념이야. 실제는 안 그래. 관념 속에서 비가 내리나? 비가 안 내리니까 빗속을 마음대로 돌아다니지. 그런데 실제로는 비가 내리잖아. 비 맞고 돌아다니는 사람 봤어?"

〈법성게〉는 의상 스님(625~702)이 지은 게송이다. 화엄 사상의 요체를 시의 형태로 간결하게 축약한 글이다. 칠언절구가 30개로 전체가 210자에 불과하다. 그것을 도장이나 그림 같은 형태로 그려 화엄일승법계도華嚴—乘法界圖라고 부른다. 분량은 짧지만, 차원 높은 생각들을 함축된 언어 속에 담은 것이어서 풀려고 보면 한정 없이 풀리기도 하고, 풀어 놓은 것을 보면 뭘 풀었는지 모를 때도 있다. 애써 잡아 놓은 물줄기가 장마철 쏟아져 흐르는 빗물에 갈래 없이 흐르듯이 그와 비슷하기도 하고, 자유자재한 구름으로 어떤 형상을 만들어보려고 했던 것은 아닐까 그런 생각이 들기도 했다. 첫 구절 '법성원융무이상法性圓融無二相'을 두고 우리는 두 달 동안 씨름했다. 법성은, 원융은, 무이상은 무엇인가? 다시 법은 무엇이고, 성은 무엇인가? 들여다볼수록 글은 쪼개지고, 쪼개진 글은 작아지기는커녕 더 커지고 더 아득해지기도 했다. 그 법성의 심연 속에서 도법 스님은 옛 길을 찾고, 윤구병 선생은 새 길을 닦아, 우리는 2년을 걸어왔다.

이 책은 그런 기록이다. 〈법성게〉 210자를 공부하면서 2년간 녹음해 풀어놓은 글자는 30만자에 달했다. 그것을 간추려 책 한 권으로 엮었다. 우리가 풀어 놓은 〈법성게〉는 완전하지는 않지만, 매우 독특한 것이라고 자부한다. 여기에는 철학자와 스님의 깊은 사유와 진지한 성찰이 담겨 있을 뿐 아니라, 해학과 풍자, 누구로부터도 구속되지 않는 자유로움, 그리고 웃음이 있다. 우리에게 〈법성게〉는 하나의 도구였다. 바다를 항해할 때 배가 목적지가 될 수 없듯이, 우리는 배를 타고 불교와 철학의 깊은 내면을 들여다 볼 수 있었다. 난해하고 관념적인 언어로부터 벗어나, 보이고 만져지는 언어들로 없는 길을 만드는 일은 얼마나 유쾌한 경험인가!

이광이 / 불한당 당원

책을 내며
놀라운 인연이 낳은 돌덩이와 금덩이

'불한당'
불교 경전을 우리말로 해석하고 설명해 보자는 모임의 줄임말입니다.
『스님과 철학자』
불한당에서 그 결과를 가지고 만들어 낸 책 제목입니다.
'심불반조 간경무익', 청매 선사 〈십무익송〉의 한 구절입니다. '실제 삶을 성찰하지 않으면 백날 천날 경전을 봐도 이익이 없다'는 뜻이지요.

   되짚어 보면 참으로 놀랍습니다. 우연치고는 뜻밖의 우연입니다. 인연이라고밖에 달리 설명할 길이 없습니다. 어느 날 불교에 관심 있는 무종교인, 기독교인, 불교인이 인연의 끈을 잡고 함께 모였습니다. 이 사람들은 한국 불교가 만들어 낸 명작, 장엄한 화엄 사상의 진수를 잘 담고 있는 의상 스님의 〈법성게〉를 우리말로 풀기로 했습니다. 보통 사람 정도면 화엄의 세계관과 실천론을 실제 삶에 연결시켜 이해하고 적용할 수 있도록, 우리말로 해석하고 설명하는데, 횡설수설이든 동문서답이든 충분하게 이야기 해보자는 데 의기투합했습니다.

몇 번의 아슬아슬함이 있었지만 지혜롭게 수습하면서 오늘까지 왔습니다. 많은 이야기들이 오고 갔습니다. '고도를 기다리며'에 등장하는 인물들의 독백 같은 동문서답, 횡설수설이 계속 되었습니다.

때론 폭소가 터지고 때론 황당하기도 했고, 짜증이 나기도 했습니다. 긴 시간 애증이 쌓여서 그런지 모두들 모임이 즐겁고 유익하다며 지금도 불한당을 이어가고 있습니다. 아무런 대책도 없이 마음껏 풀어놓은 이야기들을 지금 되돌아보면 어떤 것은 똥 덩어리고 돌멩이고 흙덩이였고, 어떤 것은 금이고 은이고 진주였습니다.

함께하는 사람들이 풀어 놓은 물건들을 어느 하나 버리지 않고 적재적소에 맞추어 보기 좋은 건축물로 새로 만들어 냈습니다. 그 결과 똥 덩어리는 똥 덩어리대로 빛나고, 금덩이는 금덩이대로 빛나게 되었습니다. 제법 재미도 있고 의미도 있게 되었습니다. 그리하여 함께한 사람 모두가 빛나게 되었습니다. 그 빛나는 결과물이 『스님과 철학자』라는 제목을 달고 세상에 태어난 이 책입니다.

아무리 생각해도 놀랍다는 생각이 듭니다. 기적 같은 일, 매우 유쾌한 일이 만들어진 셈입니다. 이 책에는 그동안 진지하게 다루어지지 않았던 내용, 사람들이 별로 주목하지 않았던 내용, 그렇지만 생각해 봤으면 하는 내용이 많이 있습니다. 그것은 우리가 이야기하고 싶었던 것이기도 했습니다.

대한민국엔 인도, 중국 불교만 있고 한국 불교는 보이지 않습니다. 세계 무대에서 어깨를 겨루고 평가받을 우리의 대표적 고승으로 꼽자면 원효와 의상을 꼽을 수 있습니다. 요즘 식으로 말하자면 원효는 국내파, 의상은 유학파입니다. 원효와 의상은 함께 당나라 유학을 떠납니다. 그러나 원효는 유명한 '해골의 물' 사건을 겪고 되돌아오게 되죠. 의상은 당에 유학을 가서 널리 이름을 떨쳤습니다. 이 두 분은 형제 같은 친구이고, 선후배입니다. 서로 신뢰와 우애가 돈독했습니다. 유학파인 의상은 국내파인 원효를 진심으로 존중하고 배려했습니다. 의상은 체제 안에서 빛나는 역할을 했고, 원효는 체제를 넘나들며 빛나는 역할을 했습니다. 그 모습이 후학들에게 참 멋있게 보였고 좋은 본보기로 여겨졌습니다. 오늘의 유학파, 국내파들에게서도 그런 모습을 볼 수 있으면 얼마나 좋을까 하는 마음입니다.

진심으로 고맙습니다. 도반들 덕택에 불교 공부와 수행을 실제 삶에 도움되도록 제대로 했다는 생각이 듭니다. 특히 애써 땀 흘린 이광호, 이광이 도반이 복 받길 빕니다. 아무쪼록 의미 있고 유쾌한 삶이 날로 빛나길 손 모읍니다.

2016년 9월

도법 합장

목차

| 들어가며 | 도법, 윤구병에게 삼배를 올리다 이광이 … 4
| 책을 내며 | 놀라운 인연이 낳은 돌덩이와 금덩이 도법 스님 … 10

1장_ 절집 생활 45년, 참 열심히 했는데 … 20
2장_ 스님, 깨달으셨어요? … 42
3장_ 깨달음을 신비화하지 말라 … 68
4장_ 김대중의 빨강은 본래 있던 것인가? … 92
5장_ 10의 52승, 갠지스강 모래는, 하나! … 126
6장_ 깨달음이 따로 없다는 것을 깨달음 … 158
7장_ 산은 산이고 물은 물이다? 아직 멀었어! … 182
8장_ 빛을 돌이켜 거꾸로 비춘다 … 202
9장_ "너는 나다. 이게 실상인 것이여." … 222

| 나가며 | 깨달은 자 … 240

| 법성게 풀이 | 노래하네, 그대의 삶을 도법 스님 … 244

　　　　　　　마음결 읊음 윤구병 … 246

　　　　　　　세상을 노래하다 백승권 … 248

| 불한당과 당원 소개 | … 252

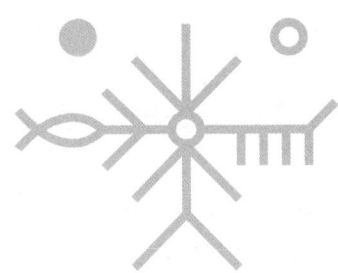

華嚴一乘法系圖 (화엄일승법계도)

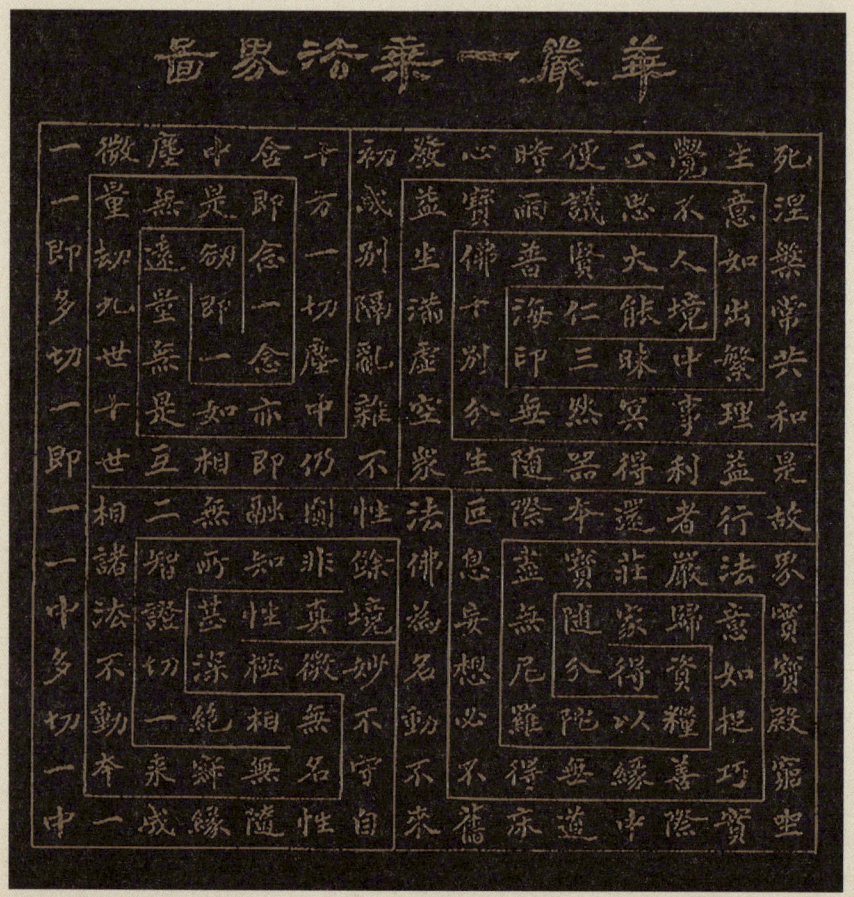

화엄일승법계도는 〈법성게〉 210자를 사각형에 54각 그림으로 넣은 것으로, 첫 구절과 끝 구절이 끊이지 않고 이어졌다. 〈법성게〉는 신라의 고승 의상 스님이 『화엄경』의 진수를 210자로 압축한 시다. 화엄법계도, 일승법계도, 법성도, 해인도 등으로도 불리며, 신라뿐 아니라 고대 동아시아에서 장엄한 화엄 세계의 속 알맹이를 압축적으로 보여준 '명작'으로 평가 받았다.

法性偈 (법성게)

法性圓融無二相 (법성원융무이상)　　諸法不動本來寂 (제법부동본래적)
無名無相絶一切 (무명무상절일체)　　證智所知非餘境 (증지소지비여경)
眞性甚深極微妙 (진성심심극미묘)　　不守自性隨緣成 (불수자성수연성)
一中一切多中一 (일중일체다중일)　　一卽一切多卽一 (일즉일체다즉일)
一微塵中含十方 (일미진중함시방)　　一切塵中亦如是 (일체진중역여시)
無量遠劫卽一念 (무량원겁즉일념)　　一念卽是無量劫 (일념즉시무량겁)
九世十世互相卽 (구세십세호상즉)　　仍不雜亂隔別成 (잉불잡란격별성)
初發心時便正覺 (초발심시변정각)　　生死涅槃相共和 (생사열반상공화)
理事冥然無分別 (이사명연무분별)　　十佛普賢大人境 (십불보현대인경)
能人海印三昧中 (능인해인삼매중)　　繁出如意不思議 (번출여의불사의)
雨寶益生滿虛空 (우보익생만허공)　　衆生隨器得利益 (중생수기득이익)
是故行者還本際 (시고행자환본제)　　叵息妄想必不得 (파식망상필부득)
無緣善巧捉如意 (무연선교착여의)　　歸家隨分得資量 (귀가수분득자량)
以陀羅尼無盡寶 (이다라니무진보)　　莊嚴法界實寶殿 (장엄법계실보전)
窮坐實際中道床 (궁좌실제중도상)　　舊來不動名爲佛 (구래부동명위불)

1장

절집 생활 45년, 참 열심히 했는데

1장
절집 생활 45년, 참 열심히 했는데

도법 내가 열여덟 살 되던 해 겨울에 출가했으니까, 절집에서 생활한 지 벌써 45년째입니다. 지금도 그렇지만, 중이 되는 목적은 오직 깨달음 하나예요. 거기에 인생을 걸고 사생결단하는 거죠. 나도 참 열심히 했어요. 강원도 다니고, 선방에서 앉거도 하고, 기도도 하고, 절도 하고, 오랜 세월을 그렇게 살았죠. 하지만 깨달음은 쉽게 오지 않았어요. 이렇게 허송세월하고 마는 건가 하는 심각한 회의와 좌절에 빠지기도 했습니다.

요즘 들어서는 기도나 참선보다는 주로 경전을 읽고 있지요. 그런데 경전을 읽다가 아주 중요한 사실을 발견했어요. 경전 속에는 "수행해서 깨달았다, 참선해서 깨달았다, 기도해서 깨달았다, 절해서 깨달았다."고 하는 표현이 없는 거예요. 대부분 "부처님 말씀을 듣고 깨달았다."고 돼 있어요. 그러니까 많은 제자들이 부처의 말을 직접 듣고 깨달았거나, 그것을 기록한 경전을 통해 깨달음에 도달한 겁니다. 그런 뒤로는 새삼스럽게 경전이 다시 보이고, 얼마나 소중한지 전과는 다르게 느껴지더란 말입니다.

문제는 경전은 절밥을 먹는 내가 읽어도 어렵다는 점입니다. 한문은 말할 것도 없고, 한글풀이조차도 너무 어렵고 무슨 말을 하는지 도대체 알 수 없는 것들이 대부분입니다. 그래서 윤구병 선생을 모셨지요. 윤 선생은 우리말을 잘 쓰고 아끼는 분인데 불교는 잘 모르신다니까, 오히려 불교를 잘 모르시는 분이 불경을 다루면 누구나 이해할 수 있게 하겠구나 하는 생각이 들어서, (웃음) 여기 한가운데 자리로 모셨습니다.

윤구병 도법 스님 말씀 들으면서 두 가지가 생각났습니다. 하나는 깨달음, 이 말이 어디서 비롯되었을까 하는 것이고, 또 하나는 우리말을 쉽고 바르게 써야 한다는 것입니다. 〈법성게〉를 쓴 의상 스님이 7세기 사람입니다. 우리말에서 받침 자가 생긴 게 4세기 이후라고 합니다. 일본의 가나처럼, 닿소리 홀소리가 모여서 소리마디 하나를 이루는 게 옛 우리말인데, 그때는 복모음도 없었고, 쌍기역 같은 경음도 없었고, 키읔 같은 격음도 없었고, 받침도 없었어요. 우리 옛말은 본래 그렇게 이뤄졌지요.

스님이 깨달음 얘기를 했습니다. 우리나라 사람들이 격음, 경음, 그리고 이중모음이 없던 5세기 전에는 깨달음이란 말을 어떻게 썼을까, 이걸 한번 상상해 봅시다. 깨달음은 '다으다'라는 뜻으로 볼 수 있어요. '가다으다'는 뜻으로도 쓰입니다. 이걸 '도피안到彼岸'으로 볼 수도 있죠. 가서 닿는 것. 어디에 닿을지는 모르지만, 배를 타고 가다 보면 닿는 곳이 있습니다.

이 안경을 보세요. 우리의 눈길이 안경에 닿으면 그게 안경이라는 걸 알게 됩니다. 물론 그 전에 많은 경험을 쌓아야 하지만. 여기 컵이 왜 보일까요? 우리 눈길이 닿으니까 보이는 겁니다. 지금 우리 눈길이 컵의 어디에 가닿았나요? 컵의 가에 닿은 것입니다. 나중에 '가'에 시옷이 붙어서 '갓'이 되고, 모음인 아·어·오·우·이는 수시로 바뀌니까 '곳'이 되기도 하고, '끝'이 되기도 하고, '겉'이 되기도 합니다.

이렇게 '가닿다'라는 말이나 '깨달음'을 이야기하는 것은, 우리말의 비롯됨, 말의 원천으로 거슬러 올라가 보자 하는 생각에서입니다. 우리의 옛말들을 찾아내고 되살려 내게 되면 옛날 우리나라 사람들이 무슨 생각을 어떻게 했는지, 어떤 걸 보고 무얼 느꼈는지 알 수 있어요. 그런 우리말을 되찾아서 세 살짜리 꼬마도 까막눈 시골 어르신도 알아듣는 말로 우리가 이야기를 주고받을 수 있다면, 그제야 비로소 민주 세상이 왔다고 말할 수 있을 겁니다.

지금은 너무 어려운 말을 쓰는 힘센 사람들이 더 힘센 나라에서 더 어려운 말을 가져와서 자기네끼리만 아는 말을 주고받고 있습니다. 사람들은 그 말이 무슨 뜻인지 모르면서도 저 말이 옳으려니, 저 말을 따라야 하겠거니 여기면서 지내왔어요. 그러니 아직까지도 이 나라는 힘센 사람만 잘사는 나라에 머물러 있다고 생각합니다.

오늘 이 자리가 유교도이든, 기독교도이든, 불교도이든 서로 쉬운 말로 이야기를 주고받으면서 무지렁이도 쉽게 알아들을 수 있도록 하고, 그것으로 우리 사회의 말을 바르게 이끌 수 있으면 좋겠다는 생각을 합니다. 그런데 도법 스님은 우리들의 행동 대장이 아닙니까? 불의를 보면 못 참고 나서는 분이니까, 도법 스님 같은 분이 널리 돌아다니면서 욕도 하고, 쉬운 말로 불경이나 불교에 대해 얘기하면 좋겠습니다.

<u>학생</u> 스님, 공부를 시작하기에 앞서, 아까 깨달음 얘기하셨는데, 깨달음이란 게 무엇인지 여쭤보고 싶습니다.

<u>윤구병</u> 그 어려운 문제를 너무 쉽게 물어보네.

<u>도법</u> 깨달음이라……. 맞아요, 윤 선생님 말씀대로 어려운 것이지. 내 기억이 뚜렷하지 않은데 헤르만 헤세 동생인가 누군가가 『벽암록』을 독일어로 번

역했다고 그래요.[1] 완전하게 하지는 못했는데, 나눠서 2부 중 1부를 했을 겁니다. 헤세가 거기에 발문처럼 쓴 글이 기억에 오래 남아요.

『벽암록』은 깨달음을 다루는 선어록이어서 절집에서도 굉장히 접근하기 어려운 책입니다. 함부로 해석해서는 안 된다는 금기도 있고, 선은 깨달아야 하는 것이지 논리로 분별로 하면 안 된다, 그런 생각도 있고. 그런데 깨달음을 설명하는 헤세의 비유가 놀라워요. 우리가 지금 전깃불도 없는 칠흑같이 어두운 곳에 있다고 합시다. 캄캄하면 누가 누구인지 모르잖아요. 그런데 갑자기 번개가 번쩍 쳤어요. 그 순간에 뭔가 보이죠? 이 방에 누구누구가 있는지 보고 알게 되잖아요? 그러고는 번개가 사라져 버렸어요. 또 캄캄해진 거죠. 그러면 두 종류의 어두움이 있죠? 번개 치기 전의 어두움, 번개 친 뒤의 어두움. 그러면 번개 치기 이전의 나와 번개 친 이후의 나는 같은 사람일까, 다른 사람일까, 하고 묻죠. 헤세는 깨달음의 체험을 그렇게 설명하고 있어요. 헤세는 스스로가 바로 그 상태, 번개 친 상태, 번개 치고 다시 어두워진 상태라는 거죠. 하지만 풀리지 않는 숙제가 있죠. 헤세는 소위 깨달았다고 하는 사람들, 선사들은 밝음 상태가 늘 유지된다고 하는데, 자신은 번개 치는 순간만 환하게 볼 수 있을 뿐 그 다음은 바로 다시 캄캄해져 버렸다, 늘 밝음 상태로 있는 것이 잘 안 된다, 그렇게 얘기해요. 놀라운 비유와 설명 아닙니까?

<u>윤구병</u> 돈오!

<u>도법</u> 맞아! 보조 스님이 얘기하는 돈오라는 게 바로 이 지점인 거 같아요. 그냥 책 읽고 이해하는 것이 아니라, 뭔가 실제로 번쩍 했는데 다시 캄캄해진 것

---

1 헤세의 외사촌 동생 빌헬름 군데르트가 번역했다. 군데르트는 중국과 일본의 불교에 정통한 동양학 학자로 헤세의 사상에도 영향을 끼쳤다.

은 애초에 캄캄한 것과는 다른 거잖아요. 여기에는 윤구병도 있고 누구도 있구나 하고, 순간 알아차리는 거잖아요. 얘기를 들음으로써 상황을 이해하고 받아들이는 것과 번개가 번쩍 치는 순간 알아차리는 것은 다른 거잖아요. 오래 전, 내가 걸망지고 돌아다닐 때, 헤세의 그 얘기가 참 인상적이었어요. 자, 이제 그만 공부를 시작합시다.

먼저 우리가 가장 먼저 〈법성게〉를 공부하게 된 배경을 말해 보겠습니다. 방대한 화엄 세계의 정수를 뽑아 낸 〈법성게〉가 실제 현실에서 어떤 의미를 갖는지를 따져 보기 위해서입니다. 현실에서 누구나 쉽게 이해할 수 있고 쓸 수 있도록 해보자는 것입니다.

지금 대한민국엔 한국 불교가 없어요. 전부 인도 불교, 중국 불교만 얘기하고 있어요. 한국 불교는 찬밥 신세라고 할까. 큰스님부터 시작해서 학자들까지 모두 그렇습니다. 한국 불교가 1700년 역사라고 하면서 말이죠. 물론 불교가 인도에서 시작되어 중국을 거쳐 왔으니 두 나라 얘기를 안 할 수는 없죠. 하지만 한국 불교를 중심에 놓는 것이 상식적으로 맞잖아요? 그런데 우리는 '싸그리' 없는 거예요. 스님들 교육 교재에도 별로 없어요, 불행하게도. 전통적 승려 교재도 보면 원효 스님 것하고, 보조 스님 것, 두 가지가 있을 뿐이에요. 경전은 인도, 논서나 어록은 중국 거예요. 강의를 하든가 법문을 하든가 글을 쓰든가 거의 없는 거예요. 대부분의 고승과 전문가들이 법문을 하거나 강의할 때, 한국 불교가 낳은 원효 사상, 의상 사상 얘기를 거의 안 해요. 극소수 전문 연구자들의 전문적인 학술 세미나에서나 있을까? 우습잖아요? 이상하잖아요? 세계화, 지구촌 시대라고 하는데 한국 불교의 사상적 정체성을 세우지 않으면 한국 불교는 사라지고, 있다고 해도 중국 불교의 아류로 취급될 수밖에 없다고 걱정하는 사람들이 있어요. 일리 있는 말이에요. 성철 스님이 아무리 대단해도 그이는 철저하게 중국 불교 중심, 법맥 중심 불교입니다. 원효나 의상 같은 스님은 설 땅이 없어요. 이건 말이 안 되는 거죠. 근데 이게 한국 불교의 철칙처럼 돼 있어요. 심각한 문제입니다.

기왕에 우리가 공부 모임을 만들어 시작했으니, 그렇다면 한국 불교를 해 보자, 그런 거죠. 전문가들도 아니고 전문적으로 공부하는 것도 아니고 한 달에 두 번 하는 것이니, 한국 불교를 소재로 삼되, 내용은 좋고 길이는 제일 짧은 걸로 하기로 하고, 그렇게 시작한 거죠.

〈법성게〉는 대단한 책이에요. 이 책을 펴낼 당시의 천하라고 하는 것은 동양 세 나라잖아요. 당시 당나라에서 평가받는 것은 천하의 평가를 받은 것과 같은 거지요. 요즘 식으로 말하자면 국제 무대에서 높이 평가받는 것과 같은 거겠지요. 당시 당나라에서 굉장한 작품으로 인정했어요. 유학 가서 만들어진 것이기는 하지만, 우리 역사 속에서도 명작으로 평가 받고 있죠. 내용 면에서 한국 불교의 사상적 토양은 화엄입니다. 이 토양에 뿌리 내리고 꽃 핀 게 선禪이라고 보면 됩니다. 그 화엄 사상과 정신을 아주 잘 압축해 놓은 것이 〈법성게〉입니다.

〈법성게〉가 어렵긴 하지만, 아주 짧습니다. 보통 상식을 가진 평범한 사람들이 쉽게 이해하고 공감할 수 있도록 우리말과 글로 해석하고 설명해 보자, 쉽게 풀어내려면 굳이 전문가일 필요가 없다, 일단 맛보기로라도 우리말로 풀어서 완성 시켜 보자, 한문 불교를 한글로 얘기하자, 한국 불교를 평범하게 얘기해 보자, 길이가 짧은 〈법성게〉라도 완성해 보자, 그런 마음으로 우리가 〈법성게〉를 선택한 것이지요.

의상 스님이 '법성원융무이상' 개념을 통해서 사람들에게 알리고자 하는 내용이 뭘까? 이게 파악되면 그걸 우리말로 표현하는 데 현실적으로 도움이 될 수 있을 겁니다. 우리의 바람은 누구나 이해하고 실현할 수 있으며, 검증이 될 수 있도록 해 보자는 겁니다.

윤구병 좋아요. 그럼 첫 구를 한번 읽어봅시다.

학생 법성원융무이상法性圓融無二相.

윤구병 첫 마디부터 딱 걸리네. 법성이 뭐지? 원융이라는 게 또 뭐지? 무이상, 두 개 상이 없다는 건 또 무슨 말이고? 글자 하나하나에 다 걸려서 무슨 말인지 모르겠어요. 도법 스님이 설명 좀 해 주세요.

도법 불교를 아는 사람이 설명하면 어려워지니까 잘 모르는 사람이 하기로 했잖습니까. 내가 하면 규칙 위반입니다.(웃음)

윤구병 허허. '법성'은 한자지요. 힘센 나라 글자이고, 어려운 얘기입니다. 우리가 글자를 뜯어 벌려 놓는 것을 파자破字라고 합니다. 법은 물水이 흘러가는 去거네, 그렇지 않아요? 이제까지 한 번도 바뀌지 않고 고정된 형태로 남아 있는 법이 이 세상에 있나? 없습니다. 하느님도 변덕스러운데. 그럼 성은 뭔가요?

학생 법은 산스크리트어를 한문으로 번역한 거 아닌가요? 불교에서 말하는 법의 뜻이 따로 있을 것 같습니다. 흔히 법을 진리라고 합니다. 우리말로 하면 참다운 이치, 참모습, 이런 뜻에 가까운 말이 아닐까요?

도법 산스크리트어로는 다르마dharma이죠. 다르마는 불교 이전 시대 고대 인도의 고전인 『베다』에서도 언급됩니다. 자연과 인간 사회의 법칙, 인간이 지켜야 할 윤리, 존재의 본질, 부처의 가르침 등의 뜻을 가지고 있는데, 한자로 번역된 법도 같은 뜻으로 풀이될 수 있습니다.

<u>윤구병</u> 우리가 모르는, 불교에서 말하는 법이 따로 있다? 산스크리트어로 바꿔놓으면 이해하기가 쉬울까요? 그렇지는 않습니다. 법자는 왜 물이 흐르는 뜻의 글자로 이뤄졌을까요?

<u>학생</u> 불교의 무상無常, '변하지 않는 것은 없다'라는 관점에서 그런 게 아닐까 합니다.

<u>윤구병</u> 아하, 이제 약간의 상상력이 생겨나는 것 같습니다.

<u>도법</u> 인도에서 다르마의 뜻이 여러 가지였던 것처럼, 불교에서도 법이란 개념은 매우 다양하게 쓰입니다. 중요한 것을 짚어 보면 존재, 사건, 사물…… 이런 의미로 쓰이죠. 또 하나는 '교법', 곧 '부처님의 가르침'을 뜻하는 말로 쓰입니다. 앞에서 언급했던 자연과 인간 사회의 법칙, 윤리, 본질, 세상의 존재 법칙인 연기법, 세상의 이치 이런 걸 말하는 것으로 해석하면 되지 않을까 싶어요.

<u>윤구병</u> 연기까지 얘기가 나왔는데, 그걸 그냥 '흐름'이라고 하면 안 되나요?

<u>도법</u> 글쎄, 어떻게 표현해야 좋을지 모르겠네요. 우선 먼저 우리의 이해를 돕기 위해 옛사람들이 설명한 것 중에 한 가지를 인용할까 합니다. 『법계도기총수록法界圖記叢髓錄』[2]이라는 책을 보면 의상 스님의 말씀이라며 '법성은 우리 범부의 오척신심을 뜻한다'라는 내용이 있습니다. 지금 여기 나의 몸, 그대의 몸

---

2 의상 스님이 지은 〈화엄일승법계도華嚴一乘法界圖〉를 주석한 책. 누가 언제 썼는지 알려지지 않았으나, 고려 시대 중기 이후 학승들이 펴낸 것으로 추정한다.

이 '법성'이라는 것이지요. 의상 스님 말씀처럼 '오척의 몸'이 법성이라고 한다면 〈법성게〉는 매우 구체적이고 실제적인 삶의 문제를 다루는 내용이라고 볼 수 있습니다. 그런데도 일반적으로는 현실 속의 평범한 실제 삶과는 거리가 있는 특별하고 심오한 어떤 내용처럼 해석하고 설명해 왔는데 이런 풀이가 타당한가 하는 문제는 깊이 살펴볼 필요가 있다고 봅니다. 이런 맥락에서 나는, 그동안 통상적으로 법성을 '법의 성품'이라고 풀었던 것과는 달리 '존재의 참모습' 또는 '존재의 본질'이라고 하면 어떨까 싶네요.

윤구병 허허, 점점 더 어려워지네. '존재의 본질'이라고요? 아, 스님이 존재의 본질, 이렇게 말하면 일반 중생들이 어떻게 알아먹어요? 내가 옛날에 그런 말 쓰다가 혼난 적이 있어요. 1995년 처음 변산에 갔을 때, 수원 농대 교수가 쓴 책을 산더미만큼 사 가지고 갔죠. 농사짓는 거 배우려고. 내가 메주콩을 심으려고 했었는데, 그 콩을 난 대두大豆로 알았어요. 그런데 파종 시기를 몰라서, 그곳에 사시는 풍천 아줌마라고, 나보다 아홉 살 더 먹은 그 분한테 내가 물었어요.

"아주머니, 대두 파종 시기 좀 일러 주세요."
"대두? 대두가 뭐여?"
"아, 콩요."
"콩? 메주콩?"
"네, 메주콩이요."
"파종 시기는 또 뭐여?"
"그거야 씨 뿌리는 때죠."
"아, 그럼 메주콩 언제 심어요? 이렇게 물어봐야지. 대두 어쩌고 물어보면 누가 알았어?"

그때 내가 풍천 아줌마한테 많이 혼났어요. 도법 스님도 존재의 본질 어쩌고 하면 혼나야 돼요. 내가 혼내는 것이 아니라 풍천 아줌마가 혼내는 겁니다.

도법 아, 그래도 설명은 해 줘야지. 메주콩은 언제 심는지. 혼내기만 하면 되는 거요?(웃음)

윤구병 메주콩 언제 심느냐고요? 잘 물어보셨습니다. 풍천 아줌마 왈 "응, 우리 동네는 검정콩은 감꽃 필 때 심고, 메주콩은 감꽃 질 때 심어." 이게 정답입니다. 해마다 날씨가 바뀌니까, 벚꽃 피는 시기도 달라집니다. 변산에서는 감꽃이 피고 지는 때를 따져 콩 심을 때를 정하더군요.

다시 돌아갑시다. 법이라는 말이 흐름이라는 걸 인정한다면, 법성은 '흐름의 성품'? 성은 영어로 퀄리티quality, 한자로 성질이라고도 하는데, 그럼 성품을 우리말로 어떻게 표현하면 좋을까요?

도법 성품 성性 자가 그래요. 이게 본질이라는 건데, 대부분 사람들은 이런 개념을 '현상에 직면해서는 파악이 안 되기 때문에 마음이든 단전이든, 내면 깊은 곳 어딘가로 파고 들어가야 알 수 있는 어떤 것'으로 생각하죠. 그러기 때문에 대부분 사람들은 수행이라는 게 내적으로 마음을 찾거나, 불성을 찾거나, 자성自性을 찾아가는 걸로 알고 있습니다. 그런데 이게 문제가 되고 있어요. 눈앞에 직면한 곳에서 설명이 되고 해결되어야 하는데, 직면한 사실 가지고 안 풀리니까 계속 뭘 찾아서 다니게 되죠. 그러다 결국 패가망신하는 인생이 생기는 겁니다. 거기에 인생을 걸고 히말라야다, 미얀마다, 선방이다, 네팔이다, 심산유곡을 찾아갑니다. 과연 이런 게 불교냐? 이게 도 닦는 것이냐? 이런 근본적인 문제 제기를 하지 않을 수 없게 됩니다. 아니 오히려 더 과감하게 문제로서 제기돼야 합니다.

역사적 실존 인물로서 부처는 석가모니입니다. 그런데 『화엄경』에서는 법신, 보신, 화신불로 부처를 설명합니다. 법신은 청정법신비로자나불, 보신은 원만보신노사나불, 화신은 천백억화신석가모니불이라고 합니다. 보통 화신불은 석가모니불, 보신불은 아미타불, 법신불은 형체가 없는 비로자나불이라고 하죠. 형체가 없는 완전한 존재, 무한하고 영원한 빛의 존재라고 하죠. 그 신비하고 불가사의한 무엇이 우리 마음 안에 있기 때문에 그걸 찾아내야 한다는 믿음으로 내면이든, 바깥이든, 일생을 그렇게 찾아다니죠. 그 길이 최고의 길, 해답의 길, 희망의 길이라는 자부심으로 찾아다니지만 대부분 잘 안 되죠. 저도 그랬습니다. 그 중에는 찾았다고 하는 사람도 더러 있지만, 대부분 주변 사람들이 잘 동의하지 않습니다. 제도화된 종교 집단에는 거의 비슷하게 이런 경향이 있죠. 오늘 우리는 이런 문제를 어떻게 풀어 낼 것인가가 중요한 과제인 셈입니다. 법신, 보신, 화신설도 역사적 실존 인물인 석가모니를 놓고 이건 법신, 이건 보신, 이건 화신 이렇게 설명이 돼야 하는데 그게 잘 안 되고 있는 겁니다.

<u>학생</u> 스님 말씀을 들어 보니, 장엄하고 웅대한 화엄 사상을 초고밀도로 압축한 210자 〈법성게〉가 다루는 '법성'이 신비하고 오묘한 어떤 것이 아니라, 바로 나라는 당면한 존재에 대한 것이네요. 우리가 살면서 문득 문득 던지는 질문, 나는 누구인가, 어디서 와서 어디로 가는가, 라는 질문에 대한 부처님의 말씀이라는 생각도 듭니다. 법성을 우리말로 풀 때 '성'을 그냥 성질이라고 이해해왔는데, 됨됨이, 바탕이나 결이라는 말로 풀어도 될까요?

<u>윤구병</u> '결'이라, 좋은 말이 하나 나왔습니다. 우리말에서 사용되는 한자의 대부분은 일본에서 들어온 것입니다. 파동과 입자도 그렇지요. 이런 말들을 밖에서 들여오지 않고 우리말로 했다면 어떻게 썼을까요?
높낮이를 드러내면서 흐르거나, 들고 나거나, 떨어지거나, 무늬를 이루는

것을 결이라고 합니다. 숨결, 물결, 바람결, 마음결처럼. 결이 곱다, 거칠다 이런 말도 있죠. 파동을 결이라는 말로 고쳐 쓰면, 단순한 물리적인 현상만 표현하는 것을 넘어서게 됩니다. 높낮이를 가진 결을 파동이라는 말 대신에 쓴다면 삶에 쓸모 있는 과학의 테두리는 훨씬 넓어질 겁니다.

입자는 알갱이라고 할 수 있죠. 쌀 알갱이에서처럼. 소립자는 싸라기가 되죠. 이런 말을 과학 용어로 쓰는 것과 다른 말을 찾아서 새로 과학 용어를 만드는 것 사이에는 큰 차이가 있을 겁니다. '톨'이라는 우리말이 있죠. 쌀 한 톨, 밤 한 톨에서처럼. 우리 눈에 보이면서 다른 것과 나누어 볼 수 있는 것을 톨이라고 합니다. 입자 대신에 처음부터 톨이라는 과학 용어를 썼다면 지금보다 훨씬 더 많은 현상을 자연스레 설명할 수 있었을 것입니다.

의상 스님이 〈법성게〉를 쓰던 당시엔 우리글이 없었습니다. 이제 처음부터 하나하나 따져야 해요. 처음부터 그냥 스르르 넘어가면 다음에도 스르르 넘어가게 됩니다. 있어야 할 것이 없는 세상에서는 상상력을 제대로 발휘해야 있을 것이 뭔지를 찾는 데 도움이 됩니다. 법이 뭐냐, 성이 뭐냐, 하는 첫 물음도 마찬가지입니다. 첫 마디를 제대로 풀어내면 다음부터는 술술 풀이가 될 겁니다.

자 그럼 이제, 원융圓融에 대해서 알아봅시다. 원융은 '두렷이 무르녹았다'는 말입니다. 어떨 때 우리는 두렷이 무르녹았다고 말하나요? 원융 다음에 오는 말은 무슨 말인가요?

도법 무애無碍. 원융무애. 우리말로 풀면 서로서로 두루 어울려 걸림 없다, 방해하지 않는다, 자유롭다는 말이죠.

윤구병 그렇죠, 원융무애, 걸림이 없다는 말입니다.

학생 어울렁더울렁…….

윤구병 아, 그것도 좋습니다. 두루 어울려서 춤을 추는 모습, 움직이는 모습이 담긴 말입니다. 우리가 '원융'을 말하면 흔히 당구공 같은 둥근 것을 생각하죠? 근데 만일에 어떤 사람이 '나는 이 구석을 끝까지 파고 또 파서 도통하겠다, 길을 완전히 뚫어 버리겠다', 이렇게 생각하고 큰 당구공을 송곳으로 막 뚫는다고 생각해 봅시다. 마음을 송곳으로 삼아서. 그런데 어떤 꾀 많은 사람이 당구공 한가운데를 뚫지 않고 맨 밑쪽 거죽을 뚫는다고 칩시다. 힘 안들이고 가장 짧게 뚫고는 길이 열렸다면서 사람을 모읍니다. 나 도통했어, 길이 뚫렸어, 여기 와서 들여다 봐, 이렇게 얘기합니다. 그리고 대롱으로 그 안을 보게 합니다. 이걸 관견管見이라 하죠. 대롱을 통해 바라보면 세상이 왜곡돼서 새 세상처럼 보입니다. 사람들은 이 양반이 도통했다고 말하죠. 하지만 희미하게 흔적을 낸 것에 불과합니다. 밭을 일구긴 했는데, 뚫지는 못한 것이죠.

부처는 마음자리가 원융무애하다고 말합니다. 다 갈아 버렸다. 걸리는 데가 없다. 어디로 가든, 무슨 말을 하든, 무슨 짓을 하든. 부처의 마음자리는 그처럼 흔들리지 않는 것이죠. 공자는 나이 일흔에 마음 내키는 대로 해도 규격이나 틀을 벗어나지 않는다고 말했습니다. 그건 그런 사람들 얘기고, 우리 같은 중생들은 원융을 어떻게 봐야 할까요? 질문만 던지는 겁니다. 내게 답이 있는 게 아닙니다.

그 다음 무이상無二相을 봅시다. 무는 부정이라 보고, 무와 유만 가지고 이야기를 해도 1년 내내 파고들어야 합니다. 스님들 가운데 일생을 밥 먹고 일 안 하고 바람벽 바라보면서, 이걸로 화두 삼아 일생을 '허송세월'을 하는 사람들 많죠?(웃음)

도법 인생 망조요, 패가망신입니다.(웃음)

윤구병 스님들도, 청렴하게 일생을 지내는 사람들도 모르는 말이니까, 그건 잠깐 제쳐 놓고. 이상二相이라 할 때 둘이 뭐냐? 무엇과 무엇이 보태져서 둘이 될까요?

학생 하나하고, 하나하고.

윤구병 하나하고, 하나하고? 하나는 둘이 아니에요. 보태질 수 없어요. 있는 것은 둘로 있을 수 없어요. 오직 하나로 있지요. 하나는 크기도 없어요. 둘은 '있는 것' 더하기 '있는 것' 해서 생겨나는 것이 아닙니다. 이 하나와 저 하나가 있어야 둘이라고 할 수 있는데, 하나인 '있는 것'은 그렇게 있을 수 없지요. 하나는 하나입니다. 하나뿐이니까 거기에 '님' 자 붙여서 기독교에서는 '하나님'이라고 합니다. 그러면 있는 것이 하나인 것은 분명합니다. 그럼 나머지 하나는 어디서 옵니까? 그것은 없는 것에서 나옵니다. 1 더하기 0은 2다? 이상한 말이지만 그렇게 되어야 둘이 나옵니다. 있는 것과 없는 것이 어떻게 만나 둘이 되느냐고요? 1과 0이 반드시 만나야 할 필연적인 이유는 없어요. 그래도 만나는 걸 우리는 우연이라고 하죠.

이렇게 생각해 봅시다. 당구공이 두 개 있어요. 당구공 두 개가 붙어있을 때 '떡이 됐다'고 하죠. 당구치는 사람들이 '이건 떡이 아니다, 스위치다'라고 하면서 막 티격태격하죠?(웃음) 완전한 당구공 두 개가 있고, 그 공이 맞닿아 있다고 칩시다. 어디서 둘이 맞닿고 있나요? 맞닿은 곳이 면인가요, 점인가요? 점이죠? 그러면 맞닿은 점이라고 합시다. 그렇다고 둘이 붙어있지는 않잖아요? 딱 붙어 있으면 하나죠. 그러면 '떡이 된' 두 개의 당구공은 하나일까요?

아니죠. 두 당구공이 맞닿아 있는 점에서는 무슨 일이 일어났나요? 그 점은 빨간 당구공에 속하는 건가요, 하얀 당구공에 속하는 건가요?

<u>학생</u> 둘 다죠.

<u>윤구병</u> 둘 다라는 말은 무슨 말이죠? 여기도 속해 있고 저기도 속해 있다? 그 점은 빨갱이의 것이기도 하고, 하양이의 것이기도 하고, 빨갱이의 것이 아니기도 하고, 하양이의 것이 아니기도 하다? 이것도 저것도 아니고, 그래서 왔다 갔다 한다? 사실은 거기서 우리가 얘기하는 흐름이나 결이 생겨난 겁니다.

그러니까 있다, 없다 둘만 나와 버리면 그 다음에는 '많다'가 곧 나옵니다. 공간, 시간이 다 나오게 되죠. 이건 굉장히 어려운 문제입니다. 물리학 하는 사람들에겐 흥미로울지 모르지만 말이죠. 그리스 사람들은 이걸 '아페이론(ἄπειρον)'이라고 했어요. 규정할 수 없는 것, 무한한 것이라고요. 지금 제일 골치 아픈 게 물리학에서는 카오스 이론입니다. 물리학과 철학에서 말하는 카오스는 서로 좀 다릅니다. 물리학에서는 카오스 이론이 뭡니까?

<u>학생</u> 주어진 시간 내에 결과를 예측할 수 없는 것입니다.

<u>윤구병</u> 그렇죠. 그런데 물리학에서는 카오스에도 일정한 규칙성이 있다고 말합니다. 그렇지 않고 되풀이되는 것이 없으면 물리현상 전체가 없어지기 때문에, 자꾸 규모를 축소해서 동일한 패턴을 만들어 냅니다.

철학에서 카오스는 혼돈 또는 혼란이라 하는데, 구체적으로 말하면 두 번 이상 되풀이되지 않고, 두 순간 이상 이어지지 않는 것을 말합니다. 뭔지 몰라요. 한 번 나타났다 없어져 버리고, 한 순간밖에 안 보이니까, 그게 뭔지 모르죠, 그걸 카오스라고 합니다.

<u>학생</u> 〈법성게〉를 관통하는 것이 진공과 묘유의 되풀이라고 합니다. 그러면

원융은 묘유, 무이상은 진공 아닐까요? 진공과 묘유의 불일불이不—不異 관계를 지속적으로 반복하는 것 말입니다.

윤구병 〈법성게〉는 처음부터 끝까지 있다와 없다, 이다와 아니다에 관한 이야기예요. 철학적 사고, 추상적 사고의 최고 단위에서 나오는 것들이죠. 예를 들면 사람은 동물이다, 동물은 생물이다, 생물은 있는 것이다, 이런 식으로 해서 최고류最高類 개념은 '있음'이 됩니다. 있다와 없다, 그 이상으로 추상의 단계를 올릴 수 없어요. 모든 것이 있는 것이라는 울타리 안에 놓이고, 그 반대인 없다가 그림자처럼 있는 것, 이것을 최고의 유개념이라고 합니다. 우리나라는 애들도 있다와 없다, 이다와 아니다, 라는 말을 그대로 씁니다. 어떻게 어린 시절부터 가장 추상 단위가 높은 유개념을 자연스럽게 쓸 수 있을까? 우리말만 그런 게 아니라, 서양말에서도 비be 동사가 없으면 애나 어른이나 생각이나 말을 이어나갈 수가 없으니까 그런 것이죠. 하지만 우리말에는 존재와 무를 가리키는 말과, 긍정과 부정을 가리키는 말이 유난히 일찍부터 분화돼 나타나서 사고의 혼란을 줄일 수 있는 이점이 있다고 생각합니다.

도법 지금까지 얘기를 바탕으로 첫 구절, 법성원융무이상法性圓融無二相을 우리말로 만들어 봅시다. 그렇게 하고 나면 그 다음 얘기가 수월치 않겠나 싶어요. 의상 스님이 '오척의 몸'이 법성이라고 한 것은 내가 곧 우주요, 우주가 곧 나라고 하는 화엄 사상의 핵심을 설명하기 위한 것 같아요. 즉, 우주와 어울려 한 몸인 나라는 존재의 구체적인 모습인 오척의 몸을 법성이라고 한 것이 아닐까 하는 생각이 됩니다. 그런 차원에서 풀어보면 법성을 '나의 참모습'이라고 해도 좋을 듯합니다. 이런 맥락에서 '법성원융무이상'을 "나의 참모습은 온 우주 두루 어울려 나뉜 모습 없고"라고 번역하면 어떨까 싶습니다.

윤구병 '흐름결 두렷해 두 모습 없고' 이런 식으로 해 볼까요? 이게 말이 되나요? 못 알아듣기는 '법성원융무이상'과 똑같습니다. 그래도 하나는 상상력이라도 불러일으키죠. 한자로 옮기나 한글로 옮기나 모르는 건 마찬가지네요. 하지만, 일단 직역에 가깝게 '흐름결 두렷해 두 모습 없고'라고 해 봅시다. 더 좋은 말이 떠오르면 나중에 고치거나 버리더라도 말이죠. '마음결'로 해도 좋을 것 같긴 해요.

학생 '흐름결은 한결같아 두 모습이 없나니'는 어떤가요?

윤구병 원융을 '한결같은'으로 바꾸자는 거죠? 그것도 좋고요.

학생 '두렷하다'가 무슨 뜻인가요? 알 듯 모를 듯합니다.

윤구병 '두렷해'는 옛말에서 흔히 쓰였어요. '달무리의 두렷함' 같은 표현이 있죠. 『월인석보』나 『석보상절』 같은 책에 자주 나옵니다. 둥글고 뚜렷하다는 뜻인데, 둥글다는 뜻이 더 큽니다.

학생 한자를 옮길 때 옛말을 살려서 우리말을 풍부하게 하자는 뜻은 좋지만, 과연 대중이 쉽게 알아들을 수 있을까요? 윤 선생님이 어려운 말을 쓰면 '폭력'이라고 하셨는데, 너무 우리말만을 고집하여 어려운 옛말을 많이 쓰면, 신세대들에게는 또 다른 '폭력'이 아닌가 하는 걱정도 생깁니다.

윤구병 말은 발음이 쉬워야 하고, 경음이나 격음보다는 부드러운 말이 있으면 되찾아 쓰는 게 좋다고 생각합니다. '두렷'은 예전에는 흔히 썼지만, 요즘에는 잘 안 쓰니까 어색하게 느껴지는 것이죠. 그것을 찾아 쓰려는 노력이 중요하다고 봐요.

조금 더 현실과 가까운 얘기를 해 봅시다. 있다와 없다, 이다와 아니다 같은 우리말은, 일상에서 단 5분만 쓰지 않아도 생각을 이어갈 수 없습니다. 이런 말을 쓰고, 이런 말로 물어야 뜻이 분명해집니다.

참과 거짓을 이야기해 봅시다. 있는 것을 있다고 하고 없는 것을 없다고 하는 게 참입니다. '인 것을 이다'라고 하고 '아닌 것을 아니다'라고 할 때 참입니다. 이렇게 어린 애도 노인도 알아듣는 말로 참과 거짓을 갈라 봐야 참 세상과 거짓 세상을 알 수 있어요.

선과 악, 또는 좋은 것과 나쁜 것도 마찬가지입니다. 있을 것이 있고 없을 것이 없으면 좋은 것입니다. 있을 것이 없고 없을 것이 있으면 나쁜 것입니다. 우리 몸의 병, 없어야 할 것, 없을 것이죠? 있으면 나쁘죠? 배고플 때 밥, 있어야 할 것, 있을 것이죠? 없으면 나쁘죠? 좋은 것과 나쁜 것은 이렇게 쉬운 말로 풀 수 있어야 좋은 세상을 마련할 수 있는 징검다리를 놓을 수 있고, 나쁜 세상을 없앨 수 있는 길을 찾을 수 있습니다.

우리 사회의 마당은 구조적으로 기울어져 있어요. 소수 사람은 그 기울어진 마당에 구멍을 파서 안전지대를 만들어서 살 수 있겠지만, 나머지는 다 나락으로 떨어질 수밖에 없는 세상이 우리가 사는 곳입니다.

이때 중도란 무엇일까? 마치 시소처럼 중간에 자리 잡고 앉으면 되나? 난 그렇게 안 봐요. 기울어진 마당을 누구나 바로설 수 있게 만드는 게 중도라고 봐요. 있을 게 없는 세상에서는 있도록 애써야 되고, 없을 게 있는 세상에서는 그게 없어지도록 힘써야 합니다. 시소가 기울어졌으면 중간이 아니라 높이 오른 곳에 가서 끌어내려서 평평하게 해야 합니다. 그게 중도입니다. 중도를 동적으로 생각해야지, 정적이고 공간적으로 생각해서는 안 된다고 봐요. 이 세상은 끊임없이 흐르는 것이죠. 삶에 도움이 되는 흐름일 수도 있고 어려움을 주는 흐름일 수도 있는데, 삶에 도움을 주는 쪽으로 몸을 움직여야 합니다. 우리가 〈법성게〉를 공부하면서 경전에 묻히지 말고 현실 속에서 실천을 고민해보자는 얘깁니다.

도법 지금 불교를 잘 모르는 사람들이 모여서 횡설수설하고 있는 거여.(웃음) 맥락으로 볼 때, 초기불교에서 부처는 특별한 존재로 나와요. 『아함경』에는 석가모니에게만 부처라는 이름을 사용합니다. 나머지 깨달은 성자들은 '아라한'이라고 했어요. 그런데 대승불교로 넘어오면서 '개유불성皆有佛性'이라는 사상이 등장합니다. '누구나 부처가 될 수 있다'는 사상입니다. 지금은 상식처럼 돼 있는 이런 생각도 처음에는 놀라운 혁명적 변화였고 천지개벽이었어요. 지금도 미얀마, 태국, 스리랑카 같은 남방 쪽 스님에게 물어보면 자기가 부처 되겠다고 생각을 해본 사람은 한 명도 없다고 합니다. 한국 불교는 너도 나도 부처 되겠다고 하죠.(웃음) 그 나라에서는 감히 부처 되겠다는 마음으로 수행하는 사람이 없다고 합니다. 이런 사상적 변천을 알아야 '불성'의 의미가 명료해집니다.

거기에 머물지 않고 더 나가면 '몸이 곧 부처다'라고 말하는 사상까지 나옵니다. 그럼 우리가 하고 있는 불교가 뭐냐? 나는 가장 중요한 것을 현장성이라고 봐요. 늘 현장에서 직면하는 모순, 혼란, 고통, 불행, 이런 것들에 대해 항상 뜨거운 관심과 애정을 갖고 바라보고 접근하는 것입니다. 부처의 모든 말씀이 진리라는 이야기도 이런 맥락에서 나오는 겁니다. 부처의 모든 가르침은 중생들로 하여금 고통으로부터 벗어나도록 하기 위한 것입니다. 그러므로 붓다의 다양한 가르침을 일미一味 평등이라고 합니다. 우리 공부가 단순한 지적 탐구가 되면 안 됩니다. 모순, 혼란, 고통 속에서 사는 사람들의 현장과 직면해야 합니다. 그리고 지극한 관심과 애정으로 대해야 합니다. 삶의 문제를 해결하기 위해서 부처님 말씀을 어떻게 이해하고, 해석하고, 적용할 것인가 하는 것을 고민하는 자리가 되었으면 합니다.

2장
스님, 깨달으셨어요?

2장
스님, 깨달으셨어요?

학생 스님, 지난 시간에 번개가 번쩍 친 이후의 나는 그 이전과 다르다는 비유를 들면서 깨달음에 대해서 말씀하셨는데요, 궁금한 것이 있습니다. 스님께 이런 질문을 드려도 되는지 모르겠습니다만…….

도법 못 물어볼 것이 무에 있어?

학생 스님은 깨달으셨습니까?

윤구병 참 불경스럽구만. 그것이 또 불경이네. 우리가 공부하고 있는 〈법성게〉가 불경이 아니고, 바로 그 질문이 불경이야.(웃음) 스님, 대답해 보시죠.

도법 뭘 그런 걸 물어? 깨달았다가 못 깨달았다가 하지.
 경전에 보면 사람들이 신비하게 생각하는 깨달음이란 인간 관념으로 만든 환상이라고 말해요. 그런 깨달음은 없다는 것이죠. 조선 시대에 출판된 불교 경전을 우리말로 풀이한 언해본諺解本에는 깨달음을 의미하는 각覺, 오悟, 보리

菩提, 증證을 '아름', 즉 앎이라고 풀고, 무지 무명 미혹을 모름이라고 풀었어요. 그렇게 볼 때 인생의 참모습 자신의 참모습을 있는 그대로 알고 사는 것을 깨달음으로 산다고 하는 것이 현실적이지 않을까 해요.

윤구병 역시 스님은 깨달으신 분이 맞아요. 인가합니다. 여기 있는 분들 유식하게 보이고 싶지? 내가 비법을 하나 알려 줄까요? 말을 할 때 뒤에다 적的을 붙여요. 종교적, 과학적, 철학적⋯⋯. 그러면 일단 석사급은 돼 보인단 말이지. 박사급이 되려면, 하나 더 붙여요. 앞에다 탈脫을 붙여. 탈종교적, 탈과학적, 탈철학적, 그렇게 말이여. 그리고 그런 말을 할 때는 딴 곳을 쳐다봐. 눈빛은 수평보다 약간 높게. 그러면 어떻게 보일까?

학생 그러면 정말 탈세속적으로 보이겠습니다.

윤구병 그렇지. 바로 그거야! 나는 그걸 '학문 사투리'라고 불러요. 이제까지 한 이야기도 학문 사투리를 섞어 '오류 판단의 존재론적 근거'가 어쩌고, '실천상 오류의 존재론적 분석'이 저쩌고 하고 떠들어 댔다면, '와, 굉장하다. 이런 존재론 얘기는 전무후무한 명강의라 할 만하다'고 감탄할 거요, 아마. 하지만 사투리에도 종류가 있어요. 마을 공동체의 자연스러운 삶 속에서 빚어진 사투리와 학문 사투리는 달라요. 지역에 따라 다른 사투리는 진솔하지만, 학문 사투리에는 뻐김과 잘난 체함이 깃들어 있어요. 머리만 굴려서 먹고 사는 사람, 이른바 정신노동자가 손발을 부지런히 놀려서 먹고 사는 사람, 이른바 육체노동자를 속이고 겁주어서 그 사람들 몫을 가로채려고 해 온 '정보 소통의 인위적 난관 조성', 어때요? 그럴 듯해 보이지요? 그런 음모가 학문 사투리에는 물씬 풍깁니다. 그러니까 정신노동자라는 특권 계급이 자기들끼리 정보를 독점하려고 일부러 어려운 말을 써서 보통 사람들을 따돌리려는 야바위 노름의 속

임수가 학문 용어에는 많이 섞여 있다는 뜻입니다. 이 버릇을 고치지 못하면 끝내는 보통 사람들로부터 따돌림 당하고 우스갯거리가 될 날이 멀지 않다고 나는 굳게 믿어요.

 아 참, 얘기가 한참 다른 데로 갔는데, 우리 스님은 깨달았다고 하셨는데, 뭘 깨달으셨나요? '불교 사투리'를 깨달으셨어요. 우리가 배운 게 불일불이 아니에요? 색즉시공, 공즉시색. 하나인줄 알았더니 둘이고, 둘인 줄 알았더니 하나다. 색인 줄 알았더니 공이고, 공인 줄 알았더니 색이다. 무언가를 규정하면 그것은 그것이 아니게 된다. 밤인 줄 알았더니 새벽이고, 새벽인 줄 알았더니 아침이더라. 무언가를 규정하지 않을 때 그것은 비로소 그것이 됩니다. 만약에 스님이 깨달았다고 쳐요. 깨달은 사람이 나 깨달았다고 말하나? 그러면 못 깨달은 것이 되는 거지요. 또 못 깨달았다고 하면, 아니 중노릇 45년이나 하신 양반이 아직도 못 깨달았냐고 할 거 아니냐고. 스님은 정면으로 날아오는 화살을 불교 사투리로 싹 피해 버리신 거야.

도법 참 나, 꿈보다 해몽이라더니. 그럼 그게 사실인데 뭐라고 말해요?

학생 스님, 이왕 얘기가 나온 김에 하나 더 여쭤보겠습니다. 불교 역사에서 깨달으신 분이 얼마나 많습니까? 선문답, 법거량해서 인가도 해주고 그러지 않습니까? 그러니까 깨달은 사람과 못 깨달은 사람은 뭔가 서로 다를 것 같아요. 깨달은 사람, 아니 부처님은 주먹으로 한 대 맞아도 안 아픕니까?

도법 아프지.

학생 그럼 뭐가 다른가요?

도법 그 다음이 달라요. 한 대 맞고 아픈 것까지는 같고, 그 뒤는 달라. 그것을 '제2의 화살'이라고 하지. 첫 번째 화살은 누구나 똑같이 맞는 것이지만, 제2의 화살은 내가 어떻게 하느냐에 따라 사람마다 다르지.

학생 제2의 화살, 궁금합니다.

도법 구체적인 예를 들어 생각해 볼까요. 여기 꽃 한 송이가 있습니다. 중생도 붓다도 꽃을 보는 순간, 아! 저 꽃 참 아름답다고 느끼죠. 이게 경전에서 말하는 첫 번째 화살입니다. 첫 번째 화살은 인간이라면 누구나 다 맞게 되어 있어요. 문제는 그 다음의 반응 즉, 제 2화살을 맞는가 여부입니다. 대부분 사람들은 꽃이 아름답다고 느끼는 순간 자기도 모르게 집으로 가져가야지 하고 마음을 먹습니다. 그 순간 70억 인구에게 70억 꽃송이가 주어지지 않으면 반드시 다툼이 생기겠죠. 다툼은 당연히 불편하고 고통스럽고 불행합니다. 경전에서 말하는 제2의 화살을 맞았기 때문이죠. 반면, 야! 저 꽃 참 아름답다고 느끼는 그 순간, 그 자리에서 아름다움을 만끽하면 꽃 한 송이로 70억 인구가 모두 아름다움을 누리게 됩니다. 저절로 편안하고 평화롭고 행복합니다. 경전에서 말하는 제2의 화살을 맞지 않은 결과입니다. 꽃 한 송이로 70억 인구가 전쟁으로 갈 것인가, 평화로 갈 것인가가 제2의 화살 여부에 따라 좌우됩니다. 참으로 놀랍지요. 또 다른 예로 사람의 죽음을 생각해 봅시다. 첫 번째 화살을 맞는 것 즉, 사람이라면 누구나 죽는 것은 같습니다. 하지만, 두려움과 고통 속에서 죽어가는 사람과, 죽음을 삶의 한 과정으로 받아들이는 사람은 다르지요. 누구에게나 시간과 공간이 영원하고 무한한 것처럼 열려 있지만, 그것을 어떻게 쓰느냐는 다 다르죠. 우리 주변에 사소한 시비가 눈덩이처럼 커지잖아요? 아파트 소음 때문에 주먹다짐을 하고, 주차 문제로 살인도 일어나고, 증오가 원한이 되고, 악이 악을 낳고……. 대부분 '제2의 화살'을 맞았기 때문이에요.

초기 경전에 나와 있는 제2의 화살 비유에 관한 내용인 부처님의 말씀을 소개하겠습니다.

제2의 화살을 맞지 않는 비유

"수행승들이여, 배우지 못한 일반 사람도 잘 배운 고귀한 제자도 똑같이 즐거운 느낌, 괴로운 느낌, 즐겁지도 괴롭지도 않은 느낌을 느낀다. 그렇다면 배우지 못한 일반 사람과 잘 배운 고귀한 제자 사이에 어떤 다른 점이 있는가?"

……

"수행승들이여, 배우지 못한 일반 사람은 괴로운 느낌과 접촉하면 우울해하고 피곤해하며 슬퍼하고 통곡하며 미혹에 빠진다. 그는 몸과 마음 두 가지 고통을 느낀다. 이를테면 사람을 첫 번째 화살과 두 번째 화살로 찔렀을 경우, 그는 두 개의 화살 때문에 몸으로 마음으로 두 가지 고통을 느낀다. 그는 괴로운 느낌과 접촉하여 분노를 느끼며 그에 대한 분노의 경향을 잠재시킨다. 그런가 하면 괴로움에서 벗어나기 위해 즐거운 느낌과 접촉하여 감각적 쾌락에서 환락을 찾는다. 왜 그럴까? 그는 감각적 쾌락 이외에 괴로운 느낌으로부터 벗어나는 길을 알지 못하기 때문이다. 그는 감각적 쾌락의 욕망을 즐거워하며 그에 대한 탐욕의 경향을 잠재시킨다. 그는 그들 느낌의 발생과 소멸과 유혹과 위험과 여읨을 있는 그대로 분명히 알지 못한다. 그는 괴로운 느낌, 즐거운 느낌, 즐겁지도 괴롭지도 않은 느낌을 속박으로 느낀다. 그러므로 나는 그를 삶, 늙음, 죽음, 슬픔, 비탄, 고통, 근심, 절망 등의 괴로움에 속박된 자라고 부른다.

수행승들이여, 잘 배운 고귀한 제자는 괴로운 느낌과 접촉해도 우울해하지 않고 피곤해하지 않으며 슬퍼하지 않고 통곡하지 않으며 미혹에 빠지지 않기 때문에 단 한 가지 종류의 신체적인 고통을 느낀다.

이를테면 사람을 첫 번째 화살로 한 번만 찌르고 두 번째 화살로 다시 찌르지 않을 경우 그는 단 한 개의 화살 때문에 몸의 고통 한 가지만 느낀다. 그는 괴로운 느낌과 접촉해도 우울해하지 않고 피곤해하지 않으며 슬퍼하지 않고 통곡하지 않으며 미혹에 빠지지 않기 때문에 몸이 아픈 한 가지 고통만 느낀다.

그러므로 괴로운 느낌과 접촉해도 그에 대한 분노를 느끼지 않으며 괴로운 느낌에 대한 분노의 경향을 잠재시키지 않는다. 굳이 즐거운 느낌과 접촉하여 감각적 환락을 찾지 않는다. 왜 그럴까? 잘 배운 고귀한 제자는 감각적 쾌락 이외에 괴로운 느낌으로부터 벗어나는 길을 알기 때문이다.

그는 감각적 쾌락의 욕망을 즐거워하지 않으며 즐거운 느낌에 대한 탐욕의 경향을 잠재시키지 않는다. 그는 그들 느낌의 일어남과 사라짐과 유혹과 위험과 여읨을 있는 그대로 분명히 안다. 그러므로 그는 괴로운 느낌, 즐거운 느낌, 즐겁지도 괴롭지도 않은 느낌의 속박을 여의고 느낀다. 그러므로 나는 잘 배운 고귀한 제자를 삶, 늙음, 죽음, 슬픔, 비탄, 고통, 근심, 절망 등의 괴로움의 속박을 여읜 자라고 부른다.

수행승들이여, 그는 괴로운 느낌과 접촉해도 우울해하지 않고 피곤해하지 않으며 슬퍼하지 않고 통곡하지 않으며 미혹에 빠지지 않기 때문에 단 한 가지 몸의 고통을 느낀다. 수행승들이여, 세상에 배우지 못한 일반 사람과 잘 배운 고귀한 제자 사이에 이러한 다른 점이 있다."

– 『쌍윳따 니까야』 IV. 207 「화살의 經」을 뜻으로 간추려 옮김.

<u>학생</u> 그러면 모든 것을 참아야 합니까? 참는 것만이 해법인가요?

<u>윤구병</u> 스님이 그렇게 설명을 해줘도 못 알아듣네. 모든 것은 인과의 관계로 설명되니, 인을 풀면 과는 맺히지 않는다. 깨달음이란 그런 것이다. 그러니까

누가 시집오겠다고 하면 색시로 맞아줘라, 이 얘기잖아. 그것을 못 깨닫고 있어?(웃음) 자, 그 정도로 하고. 우리가 지난 시간에 '법성원융무이상法性圓融無二相'에 대해 얘기했는데, '법성원융무이상'이라고 하나, '흐름결 걸림 없어 둘이 아니네.'라고 하나, 못 알아듣기는 마찬가지 같아요.

도법 못 알아들으니까 둘 다 괜찮다는 말인가요? 무엇이 그런 게 있어?

윤구병 그래도 우리말로 해서 못 알아듣는 게 낫지 않아요?

도법 눈으로 볼 수 없는 얘기들만 계속 하니까 못 알아듣지. 손에 잡히는 얘기, 눈으로 볼 수 있는 얘기를 좀 합시다. 법이 '다르마'잖아요. 그것을 '정의'로 번역했으면 좋겠다는 사람도 있습니다.

윤구병 저스티스justice? 영어로 하면?

도법 몰라, 영어로 하면.(웃음) 인도에 가서 10년 공부를 한 재연 스님(선운사 초기불전승가대학원 원장)은 자신이 번역을 하면 다르마를 정의로 하겠다고 얘기합니다. 정의는 법칙이라는 측면이 있고, 법칙은 공평무사하게 적용되는 것이라고요.

윤구병 거짓말이여. 안 그래요. 법이 공평무사하게 적용돼야 한다는 당위는 있지만, 실제로 어디 그럽니까? 법을 정의로 해석하는 의도는 좋아 보이지만.

학생 법을 무엇으로 해석해야 할까요? '흐름결'은 법보다 더 어려운 단어 같습니다. 법은 그동안 한자를 써왔기 때문에 그 의미를 대충 짐작할 수 있지만,

흐름결은 그 개념을 깊이 생각해 보지 않은 사람들과는 소통이 되지 않는 말처럼 들립니다.

윤구병 우리는 법이라는 말을 쓰고 있지만, 불교에서 말하는 법과는 너무 거리가 멀어요. '흐름결'이 아닌 다른 말로 해도 좋아요. 적절한 말을 찾아보자는 것이 우리의 화두죠.

도법 이렇게 정리합시다. 결론은 번역은 해내야 한다는 것이고, 다만 그 과정에서 얘기는 충분히 한다, 횡설수설이든 뭐든, 시간이 걸리더라도 번역은 확실하게 한다, 한 구절만이라도. 이것만 확실하게 해두면 될 거 같아요.

학생 여기서 법을 '우주'로 볼 수는 없나요? 우주의 본질은 뭔가, 인간의 존재론과 인식론이라는 뜻도 있겠지만 우주 전체를 가리키는 것 아닌가요? 또 성은 본성을 가리킨다고 생각합니다. 눈에 보이는 것이 아니라 진짜 본성이죠. 법성을 '우주의 성질'로 정리하고, 원은 둥글고 가득 찬 것이니, '우주는 전체가 하나로 녹아 있어 두 모습 없고' 이렇게 해석을 하면 어떨까 생각해 봤습니다.

윤구병 우주라는 것, 그걸 우리말로 한울이라고 합니다. 한울타리. 근데 우주가 하나냐 여럿이냐는 아직 해결이 안 된 문제입니다. '법성원융무이상'을 우주는 하나이니, 이런 식으로 풀어 버리면 우리가 만든 우주론을 사람들에게 강요하게 됩니다. 우주는 둥글어서 둘이 아니니 하나다, 서양에서 우주를 이렇게 하나(우주일원론)로 주장한 사람은 플라톤이고, 이 생각을 아리스토텔레스가 이어받았어요. 동시대의 데모크리토스, 에피쿠로스, 루크레티우스로 이어지는 원자론자들의 생각은 현대의 물리학자들이 이어받았습니다. 이들은 다우주설을 주장하죠. 우주는 원자와 공간으로 이루어져 있는데, 그건 하나가 아니라는 겁니다. 그 사람들은 무한한 우주, 무한히 다양한 여러 우주를 내세웁니다. 번역할 때 주의해야 할 것은 도그마가 될 수 있는 요소들을 다 없애야 한다는 것이에요.

도법 우리는 자주 일원론-이원론, 성선설-성악설, 유신론-무신론, 유심론-유물론 이런 개념들을 씁니다. 하지만 불교는 달라요. 불교는 일원론도 이원론도 아니고, 유물론도 유심론도 아니고, 유신론도 무신론도 아니고, 성선설도 성악설도 아닙니다. 이런 걸 다 비판하고, 부정하고 나온 게 불교 세계관인데, 바로 연기론입니다. 사람들은 불교를 일원론이라고 말하는 경향이 있습니다. 경험적으로 이원론이 문제가 되다 보니, 불교는 일원론이라고 얘기하는데, 연기론은 일원론도 이원론도 아니죠. 이걸 가장 이해하기 쉽게 얘기하고 있는 것이 바로 인드라망[3] 무늬[4]입니다.(51쪽 그림)

이 무늬는 그물인데, 여기에는 무수한 그물코가 있습니다. 이 그물코가 하나인가, 둘인가? 여럿인가? 인드라망 그물코 하나하나를 보면 여럿이라 할 수 있지요. 하지만 그것들이 연결됐다면 여럿이라고 할 수 없죠. 엄연한 이 사실을 사실대로 말하면 여럿이기도 하고 하나이기도 하다, 여럿도 아니고 하

---

[3] 인드라망은 『화엄경』에 나오는 이야기이다. 불교 우주관에 나타나 있는 무수한 하늘나라 가운데 하나인 제석천 궁전에 드리워진 그물을 뜻하는 말로, 깨달음의 핵심인 연기법의 세계관을 상징하는 비유이다. 제석천 궁전에는 투명한 구슬 그물(인드라망)이 드리워져 있다. 그물코마다의 투명 구슬에는 우주 삼라만상이 투영된다. 삼라만상이 투영된 구슬들은 서로서로 다른 구슬들에 투영된다. 이 구슬은 저 구슬에 투영되고 저 구슬은 이 구슬에 투영된다. 정신의 구슬은 물질의 구슬에 투영되고 물질의 구슬은 정신의 구슬에 투영된다. 인간의 구슬은 자연의 구슬에 투영되고 자연의 구슬은 인간의 구슬에 투영된다. 동시에 겹겹으로 서로서로 투영되고 투영을 받아들인다.

[4] 인드라망 무늬는 '생명평화 무늬'라고도 하며 도법 스님이 주도해 창립한 생명평화결사의 상징 그림이다. '온 우주 삼라만상이 모두 연결되어 있어 서로가 서로에게 존재의 근원이 되며, 서로 의지해 살아가고 있다. 나라는 존재도 만물과 연결돼 있는 우주적 존재이다'라는 인드라망의 연기론적 우주관을 담고 있다. 안상수 파주 타이포그래피 학교 교장이 그렸다.

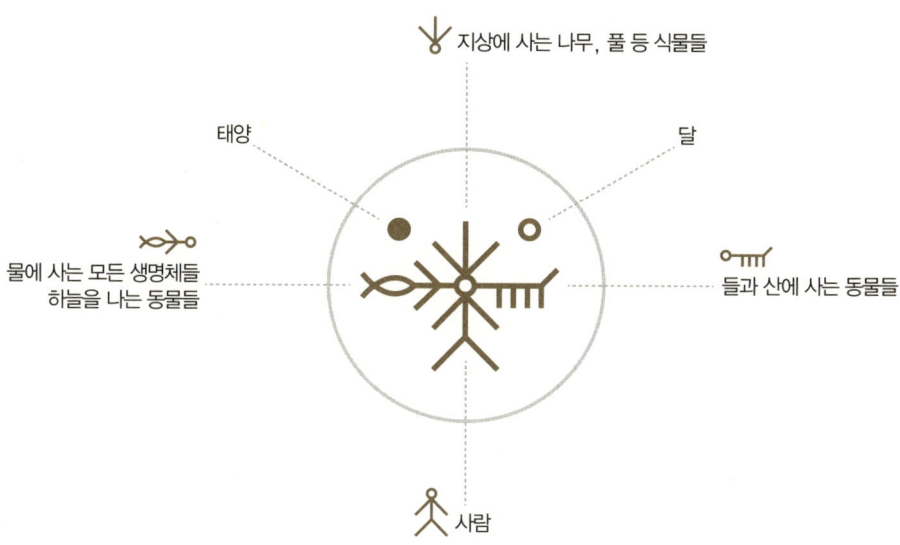

나도 아니다, 라는 식의 설명을 할 수밖에 없습니다. 그래서 불일불이不一不二라고 말합니다. 우리 몸의 팔이 하나입니까, 둘입니까? 두 개로 보이지만 연결돼 있잖아요. 각각으로 떨어져 있어야 두 개라고 하지 않나요? 하나라고 해도 안 맞고, 둘이라고 해도 안 맞죠. 다른 말로 하면 하나라고 할 수도 있고, 둘이라고 할 수도 있죠. 무이상이라 했는데, 둘이 아니라는 것은 곧 하나라는 것을 의미할까요? 우리는 보통 둘이 아니면 하나라고 규정해 버리지요. 위험한 생각입니다. 불교인들 중에는 자기도 모르게 불교적 사고를 부정하거나 불교적 사고와는 정반대의 것을 불교라고 주장하는 경우가 있지요.

윤구병 의상 스님은 왜 '법성원융무이상'을 그림(화엄일승법계도)의 한가운데에다 놓았을까요? 그 가운데에서 시작해서 전체로 이어지죠? 이 한 마디 한 마디가 모든 다른 구절을 풀어 나갈 실마리를 품고 있을 텐데, 이게 제대로, 그리고 넓고 깊게 밝혀져야 이것들을 가지고 앞으로 나올 것들을 풀 수 있는 징검다리를 삼고, 또 이 징검다리를 그 다음에 나오는 것들을 풀 수 있는 징검다리로 삼을 수 있을 겁니다.

무이상의 이상은, '나와 너'가 둘이 되는 것일 수 있고, 이것도 너고 저것도 너라고 할 수도 있어요. 서양 말의 객체(너)에는 두 가지 뜻이 있어요. 프랑스어로는 오브제$_{objet}$, 영어로는 오브젝트$_{object}$입니다. 이 말은 라틴어 오브이엑투스$_{obiectus}$에서 나온 말인데, 오브이케레$_{obicere}$의 과거분사입니다. 오브는 '가로'라는 뜻인데, 막힐 때, 가로막힌다고 할 때에서처럼 맞선다는 뜻입니다. 이케레는 누워 있다는 말이죠. 객체라는 것은 가로막고 누워 있는 장애물이라는 뜻입니다. 이 책이 내 눈을 가로막고 있으면 난 앞을 못 보죠? 무이상의 이상, 두 가지 모습은 어떻게 보면 서로 맞서 있어서(이것을 독일어에서는 Gesenstand, 맞서 있는 것이라고 해요) 가로막고 있다는 뜻도 있을 텐데, 그 전에 말한 원융과 무애는 가까이 따라 붙는다고 했어요. 두렷해서 걸림이 없다, 그것과 무이상을 연결하면, '하나다'라는 뜻도 나옵니다. 그런데 그건 하나의 우주라는 뜻보다는 한동네, 한울타리에서 산다는 뜻에 가까울 것입니다. 인드라망이라고 하는 것도 마찬가지고요. 그걸 서양식 우주론으로 연결시켜, '우주는 하나다'라고는 안 보는 게 좋겠어요.

<u>학생</u> 우주보다는 '누리'라고 쓰는 게 가깝고, 막연하지 않고 좋을 것 같습니다.

<u>윤구병</u> 유리 이사금이라는 신라 3대 왕이 있어요. 유리, 누리, 뉘는 다 같은 말로서 땅이라는 뜻입니다. 누리 이사금의 '이사금'은 '하늘을 이었다'는 뜻이고요. 그러니까 하늘을 이은 누리(유리), 땅, 이런 뜻입니다. 옛날에는 큰 것들을 자기 이름으로 썼어요. 우리에게 누리, 뉘는 우주였고, 우주는 마을이었어요. 사람들은 거기서 태어나고 자라고 늙고 죽어서 뒷산에 묻혔지요. 조그마

한 마을이 한 누리였고, 우주였다. 그렇게 볼 수 있을 거 같습니다.

<u>도법</u> 참고 삼아 얘기하면, 불교 경전은 대승불교 경전과 초기불교 경전, 크게 두 가지로 나눕니다. 초기 경전에는 사상과 역사가 함께 있는 반면 대승 경전에는 역사는 별로 없고 사상과 정신이 있죠. 불교에서 얘기하는 법은 두 가지예요. 하나는 '불법佛法'이고, 다른 하나는 부처에 의해 설명된 '교법敎法'입니다. 앞의 것을 본래법이라고 합니다. 붓다가 깨닫고 못 깨닫고 설하고 설하지 않고 관계없이 본래부터, 원래부터 있는 법이라는 거죠. 뒤에 것은 원래부터 있는 법을 발견하고, 그걸 실제 삶에 쓸모 있게 설명해 놓은 것으로서, 부처님의 설법, 또는 교법이라고 합니다. 초기불교에서는 부처님의 교법이 중심적으로 다뤄지지만, 『화엄경』에 오면 교법 이전의 무엇, 말로 설명되기 이전의 그 무엇, 이걸 불법이라고 하는데, 그걸 중심에 놓고 시대와 상황에 따라 다양하게 교법이 설명됩니다.

대표적인 게 『화엄경』 사성제품이죠. 네 가지의 성스러운 진리, 곧 사성제는 고집멸도苦集滅道입니다. 초기 경전에서 사성제는 어느 부분을 보나 고집멸도로 표현돼 있습니다. 하지만 『화엄경』 사성제품은 내용은 같으나 표현되는 언어와 개념은 수십 가지예요. 예컨대 사성제를 여기서는 도둑놈이라고 얘기하는데, 저 동네 가면 양반이라고 얘기하는 식이죠. 그 지역 현실에 맞게 표현을 해줘야 뜻이 통합니다. 그러니까 교법은 인연과 근기, 병에 따라 천차만별로 바뀌고 다르게 쓰이죠. 여기 이 잔이 찻잔으로도 쓰이고 과자 그릇으로도 쓰이는 것처럼. 교법은 끊임없이 새로 창조되는 것이라고 보면 됩니다. 그것을 수기설법隨機說法, 대기설법對機說法이라는 말로도 표현합니다. 우리가 지금 배우고 있는 〈법성게〉의 법 개념은 일단은 교법 이전의 상태, 본래법, 부처가 처음 발견한 본래법에 방점을 두고 있다고 보면 될 것 같아요.

__학생__ 법이라는 게 태초 천지현황天地玄黃의 막연하고 거친 혼돈의 세상 속에서 질서를 찾아가는 이치 같은 게 아닐까 하는 생각이 듭니다. 개척되지 않은 세상에서 길 찾기, 질서를 찾아가는 이치, 이런 것은 아닐까 싶습니다.

__도법__ 부처는 옛 길의 비유를 들었어요. "나는 옛길을 발견했다. 그 길은 본래 있었다. 나는 그것을 설명했다." 이런 얘기죠. 그걸 현재 상황에 쓸모 있게 설명을 해낸 것이 교법이죠.

__윤구병__ 재미있습니다. 우리가 강, 흐름, 물길이라 하는데, 그걸 높은 하늘에서 보면 구불구불하고 직선은 하나도 없습니다. 물은 모든 살아 있는 것들을 살린다고 합니다. 물이 있는 곳에 생명이 있습니다. 습기만 있으면 곰팡이는 한여름에 신이 납니다. 그런데 물은 왜 직선이 아니라 구불구불 흐를까요? 물이 닿는 곳마다, 바로 그곳을 살리기 위해서 굽이칩니다. 되도록 많은 것을 살리려고 그렇게 흐르는지도 모릅니다. 부처님은 그게 사람이든, 지렁이든, 곰팡이든 모두를 살리는 쪽으로 길을 열지 않겠나 하는 생각이 들어요. 그렇다면 법성은 '흐름결' 같은 것도 괜찮고, 물길도 괜찮을 수 있겠다, 거기까지 생각이 나아가네요. 우리가 생각을 이렇게 엉뚱하게 넓혀 보자는 얘기입니다.

__도법__ 물길이라는 것이 물이 가진 자기 길이라는 뜻일 텐데, 만물에는 사물 하나하나 그런 길이 있고, 그걸 본래 있는 법, 이렇게 표현하지 않았겠나 하는 생각입니다.

__학생__ 법성원융무이상에서 법도 중요하지만, 성性과 상相의 개념도 명확히 할 필요가 있을 것 같습니다. 성은 본질적인 것이고, 상은 우리 의식 속에 떠오르는 무엇을 말하는 것인가요? 상은 무엇인가요?

도법 성과 상은 상대적 개념이죠. 보통 본성과 현상, 숨겨진 것과 드러난 것으로 설명합니다.

윤구병 상을 우리말로 바꾸자면 '것'이 가장 좋을 듯합니다. '이것, 저것' 할 때의 '것'이죠. 우리 얼굴에서 가장 높이 솟은 게 코인데, 옛날에는 그것을 '고'라고 했어요. 바다로 뻗어나간 뭍을 '곶'이라고 하죠? 장산곶에서처럼. 여자 가슴에서 솟아오른 것을 젖이라 하고요. 모음인 아·어·오·우·이는 자주 바뀐다고 얘기를 했었죠? 수컷의 사타구니에서 솟아올라온 것을 좆이라고 합니다. 솟아올랐다는 뜻밖에 없어요. 것, 젖, 곶, 좆은 말 뿌리가 모두 같아요.

우리는 높이 솟아오른 곳을 보고, 그걸 랜드마크 삼아서 이곳저곳을 가리킵니다. 밋밋한 걸 가지고는 이것이 무엇이고 저것이 무엇인지를 뚜렷이 알 수 없어요. 곳과 것은 어원상 같아요. 우리가 산을 보고 그 둘레를 짐작하듯이, 이렇게 해서 것이라는 말이 생겼을 것으로 짐작합니다. 이걸 한자로 적으면 상相이고 모습입니다. 가장 흔하게 우리의 마음과 눈에 나타나는 것이라고 보면 상은 '것'이라고 풀면 좋을 것 같습니다.

도법 성과 상은 상대적 개념으로 불교에서 많이 쓰는 용어입니다. 상은 시간적으로 보면 고정돼 있고, 공간적으로 보면 나뉘어 있는 것을 말합니다. 실제는 연결되어 있고 변화하고 있는데, 이걸 개념화시키다 보면 분리되고 고정되어 버립니다. 하지만 실상은 고정돼 있지도 않고 분리돼 있지도 않은 것이에요.

학생 영어에서 짝할 만한 것은 에센스essence와 어피어런스appearance입니다. 본 모습과 겉모습, 체體와 용用이라고 할 수도 있을 듯합니다. 서양에서는 겉모습도 인식 주관이 거기에 덮어씌우는 걸 말하고요. 고대 힌두에서도 덮어씌우는 것을 상이라고 했던 것 같습니다. 상을 겉모습, 성을 본모습으로 풀어도 우리 말에 어울릴 것 같다는 생각이 듭니다.

도법 법성, 그러니까 성과 상인데, 성은 분리, 고정 되지 않은 있는 그대로의 상태를 가리킵니다. 상은 그 이후의 무엇이고요. 예컨대 붉은 것, 작은 것처럼 분리, 고정된 무엇을 말합니다. 작은 것은 큰 것과 분리된 무엇이고, 붉은 것은 노란 것과 구분된 무엇이죠. 인간의 인위적 관념 분별이 개입되어 나누고 고정시켰을 때 이것을 상이라고 합니다.

윤구병 서양 철학에서 존재론은 아주 오랜 기간 싸움을 합니다. 그 싸움 끝에, 에센스와 어피어런스로 가지를 친 것이죠. 〈반야심경〉에서도 상이라는 말이 있지만, 크게 보면 '색즉시공, 공즉시색' 할 때의 색으로 통합니다.

도법 불교에서 유식唯識을 설명할 때 일수사견一水四見의 비유를 듭니다. 여기 맑은 호수가 있습니다. 하늘의 천녀는 호수를 거울로 인식하고, 물고기는 자기 집으로 인식하고, 사람은 물로 인식하고, 아귀라는 귀신은 불로 인식한다고 합니다. 그러니까 저마다 다른 거죠. 뭔가로 규정되기 이전의 그 무엇, 이게 법성입니다. 각각의 생각에 따라 거울, 집, 물, 불로 인식되는데, 이게 상이고요. 그렇게 되면 이게 고정돼 나타나기도 하고 분리돼 나타나기도 합니다.

윤구병 전라도 말에 거시기라는 게 있지요?

도법 너도 모르고 나도 모르는 것?(웃음)

윤구병 스님이 설명한 대로 우리는 어떻든 드러난 것을 상이라고 합니다. 〈반야심경〉에서 나오는 상과 여기 상은 달리 해석될 수도 있지만, 드러나지 않은 것을 성이라고 하고 드러난 것을 상이라 할 수도 있겠다는 생각이 듭니다.

<u>도법</u> 한 물건이 있는데, 어떤 것이 성이고 어떤 것이 상인가? 지금 이 얘기를 하고 있는 거죠. 색과 공이 따로 있는 게 아니라, 이 물건의 어떤 측면을 공이라 하고 어떤 측면을 색이라 하느냐는 문제입니다. 언어로 표현되기 이전의 무엇, 이걸 성이라고 하고, 언어로 표현된 어떤 것을 상이라고 합니다.

<u>윤구병</u> 속된 말로 하면, 거시기가 성이고 뭐시기가 상이여.(웃음)

나중에 진성眞性도 나오는데, 진성과 법성이 어떻게 다른지도 따져 볼 수 있습니다. 사실 성이 없어도 법은 충분히 말할 수 있어요. 자꾸 성과 상의 차이를 따지는 데 몰두하지 말고, 먼저 법에 대한 개념을 정리하고, 그 다음에 원융, 그리고 상을 풀어낸 다음에 무이상을 풀면 어떤 흐름이 보이지 않겠나, 이렇게 생각합니다.

불교 경전에서 무·불·비無不非는 '이다-아니다'라는 말들입니다. 서로 같은 뜻으로 쓰이기도 하고 다른 뜻으로 쓰이기도 하고, 이것과 저것을 나누는 말이기도 하죠. 이것은 저것이 아니다, 컵은 사기로 만들어진 물건이다, 이런 식으로 말할 때, 이다와 아니다, 있다와 없다는 세상만사 모든 것, 이것과 저것을 갈라 주거나 이어 주는 기능을 합니다. 언제 이어 주고, 언제 갈라 주는가를 살피는 데도 중요한 개념입니다.

법성원융무이상, 의상 스님은 이걸 '화엄일승법계도' 한가운데에 놓았지요. 한가운데는 중심이라는 뜻도 되고, 거기서 모든 게 뻗어나가는, 해와 같은 기능을 하는 것이라고 우리가 가정을 해 봅시다. 무이상이라 할 때, 둘은 뭐냐? 〈법성게〉는 우주 삼라만상을 설명하려는 가장 큰 틀입니다. 불교를 제대로 활용해서, 커다란 그물을 만들어서 어떻게 중생을 구제하느냐는 것, 이걸 중력의 중심이라고 볼 수도 있으니까, 가장 큰 것이 다뤄지고 있는 것이죠. 그런데 여기서 둘은 뭐냐는 거죠?

둘은 가장 크고, 가장 추상 단계가 높은 것입니다. 둘은 '있다'와 '없다'입니다. 있는 것과 없는 것, 이 두 개라는 뜻이죠. 여기서 두 개는 이것과 저것, 안경과 컵의 두 개가 아닙니다. 가장 큰 두 개는 있는 것과 없는 것이에요. 그런데 무이상, 무는 여기서 부정을 하는 것이죠. 그러니까 두 개를 부정하는 것, 즉 있는 것도 없는 것도 아니다, 있는 것도 아니고 없는 것도 아니라는 것, 실제로는 어떻게 규정할 수 없는 것들입니다.

이런 얘기는 차차 이어서 하기로 하고, 그 다음을 읽어 보시죠.

^{학생} 제법부동본래적諸法不動本來寂, 7언 30구 중에 두 번째 구절입니다.

^{도법} 참고삼아 『법화경』 게송을 소개하겠습니다.

제법종본래(諸法從本來) 모든 있는 것은 본래부터
상자적멸상(常自寂滅相) 항상 스스로 고요한 모습이네
불자행도이(佛子行道已) 불자들이 이 도리를 알고 실천하면
내세득작불(來世得作佛) 나날의 삶이 그대로 붓다의 삶이네

〈법성게〉의 '제법부동본래적'과 『법화경』의 '상자적멸상'은 같은 뜻입니다. '모든 존재(제법)는 본디부터 항상 스스로 적멸하다, 불제자들이 이 도리를 잘 알고 살면 나날의 삶이 그대로 붓다의 삶이다'라는 뜻입니다.

^{학생} 좀 엉뚱한 얘기입니다만, 성경에는 태초에 말씀이 있었다는 구절이 나옵니다. 그럼 말씀 이전에는 제법부동본래적인가요? 말은 소리가 나는 것이

니, 태초로 돌아가 보면 움직임 이전에는 고요했다. 움직임이 있고서야 비로소 소리도 나고 탈도 나고 여러 가지 현상이 나왔다. 이렇게도 볼 수 있지 않을까 하는 생각이 들었습니다.

윤구병 이걸 존재론적으로 생각해 보면 연기라든지 혼돈, 질서는 모두 만남에서 생기는 거지요. 최초로 만나는 건 가장 큰 두 개, 즉 있는 것과 없는 것이 만나는 수밖에 없어요. 그런데 있는 것과 없는 것은 만날 이유가 없죠. 있는 것은 그냥 가만히 있어도 되고, 없는 것도 가만히 있어도 됩니다. 있는 것은 있는 것대로, 없는 것은 없는 것대로 제 모습을 지키고 있으면 됩니다. 이 둘은 가장 큰 것들이니까요.

그런데 이게 만나요. 그러면서부터 연기 법칙이 생깁니다. 근데 왜 만났지요? 만날 필요도 이유도 없어요. 그냥 우연인 거죠. 거기 어디에 필연이 있나요? 필연이 있으면 연기 법칙은 사라집니다. 얼핏 보면 필연 같죠. 원인이 있고 결과가 있으니까. 하지만 우연입니다.

서로 만나기 전에 있는 것은 그대로 있고, 없는 것은 없는 것대로 있다. 그러면 움직임이 없다, 고요하다, 이렇게 풀 수 있다고 봐요. 있는 것은 하나인가 여럿인가? 있는 것은 하나다, 있는 것이 둘이라 하면, 있는 것 기역과 있는 것 니은이 갈라서 있을 거다. 그러면 있는 것(기역)과 있는 것(니은)을 갈라 세우는 금은 있는 건가 없는 건가? 금이 없다면 기역, 니은은 아무 의미가 없이 달라붙어 있는 것이고, 만약 금이 있는 것이면 있는 것과 있는 것이 달라붙어서 하나다, 그래서 있는 것은 둘로 쪼개질 수가 없다, 하나다, 그래서 하나님이다, 이렇게 되는 겁니다. 기독교에서는 '하나'를 있는 것의 중심에 놓고 시작하기 때문에, 거기에다가 거룩하다고 '님'을 붙이면서 유일신 하나님이라고 하죠. 근데 없는 것은? 없는 것이 뭘 움직여요? 없는 것은 움직일 수 없죠? 그러니까 본래 고요하다, 본래적本來寂이다, 나는 이렇게 봅니다.

불교나 인도 사상이 재미있는 게, 하나보다도 0을, 있는 것보다 없는 것을 중심에 놓고 시작합니다. 그러니까 적멸, 이게 더 중요해요. 어떤 것을 더 중요하다고 보느냐, 어떤 것이 더 중심이 된다고 보느냐에 대해 동양과 서양이 다릅니다.

<u>도법</u> 비슷한 얘기가 될 거 같은데, 적멸 또는 부동은 고요하다, 요동치지 않는다는 말입니다. 이게 무슨 뜻인지 잘 짚어 보면 다른 부분을 풀어내는 데 도움이 될 것입니다. 중요하게 짚어 볼 것은 어떤 상태를 요동친다고 얘기하는지 알아보는 것입니다. 과연 둘이 없는데도 하나가 저절로 있을 수 있는 것일까? 만일 그렇다면 손뼉과 관계없이 손뼉 소리가 저절로 있다는 이야기가 되는데, 이 세상 어디에 그런 경우가 있을까요? 생각과 말로야 있다고 할 수 있지만 실제로는 그런 경우가 없습니다. 하나이든 둘이든, 있다든 없다든 분리 독립 되어서 홀로 있는 것은 없습니다. 굳이 있다면 오로지 관계로 있을 뿐입니다. 따라서 하나다 둘이다, 있다 없다는 인간들의 생각이 만들어 낸 조작일 뿐 실상은 그런 것이 본래 없습니다. 부연하면 실상 그 자리엔 있다 없다, 하나다 둘이다, 하는 시시비비의 요동이 없다, 고요하다는 말입니다. 여기에서 요동친다는 말은 있다 없다, 하나다 둘이다, 하고 분별함을 뜻하고 부동 또는 적멸하다는 것은 실상 그 자리엔 인위적으로 조작하는 시비 분별이 본래 없다는 말입니다. 그렇게 짚어야 하나로부터도 자유로워지고 둘로부터도 자유로워집니다. 있다 없다도 마찬가지입니다.

<u>윤구병</u> '제법부동본래적'에서처럼 부동과 적멸을 중요하게 여기는 건 인도 불교만이 아닙니다. 옛날 그리스에서도 에피쿠로스학파나 피타고라스학파 같은 경우 아타락시아와 아파테이아를 중시했어요. 아타락시아, 이건 마음이 움직이지 않는다는 뜻(부동심)이고, 아파테이아(부동심, 무감동)는 외부 사물의

자극에 의해서 마음이 흔들리지 않는다는 뜻입니다.

동양과 불교에서도 굉장히 중요한 부동심을, 왜 고대 그리스 사람들도 중요하게 여겼을까요? 에피쿠로스학파들이 원자론을 내세운 이유는 뭘까요? 그들은 하나님이 모든 것을 마음대로 좌지우지한다면 하나님 마음에 들기 위해 기도도 하고 잔치도 하고 온갖 것을 하면 되지만, 우주라는 것이 원자와 공간으로 이뤄져 있고 내 몸도 원자와 공간으로 이뤄져 있기 때문에, 하나님 신경 쓸 것 없이 자기 자신을 똑바로 보면 다른 감정은 헛것이니까 흔들리지 않을 수 있다고 생각한 것입니다. 불교에서도 이걸 공으로 표현하고 있어요.

<u>도법</u> 적멸상이나 본래적이라는 말은 열반의 다른 표현이기도 합니다. 초기불교에서는 열심히 수행해서 열반의 경지에 도달해야 한다고 말합니다. 이에 반해 대승불교로 오면 존재 자체가 본래 열반이라고 주장하게 됩니다. 사람이 노력해서 도달하는 경지가 아니라 존재 자체가 본래 열반이다, 그러니까 이 사실을 사실대로 알고 살면 된다고 얘기를 하는 것입니다. 초기불교 사고방식과는 다르죠.

<u>학생</u> 본래부처와 본래 열반은 같은 뜻인가요?

<u>도법</u> 본래부처와 열반은 뜻으로는 같지만 쓰임으로는 다릅니다. 본래부처는 자신이 본래 붓다임을 알고 산다는 의미이고, 열반은 붓다가 평화를 누린다는 의미입니다.

<u>학생</u> 신이 나를 조정하고 내 운명을 좌우한다면 나는 카스트의 네 계급 중 하나로 들어가겠지만, 니체의 말처럼 신은 죽고, 부처의 탄생게처럼 나는 천상천하유아독존天上天下唯我獨尊이고, 내가 내 가치에 따라 스스로 움직인다면, 누

구나 다 존귀한 존재로 볼 수 있다는 게 이 말의 뜻이라고 생각합니다.

<u>윤구병</u> 맞아요. 그런데 나는 천상천하유아독존의 끝에 나오는 '존' 자를 높고 우러른다는 뜻의 '존尊' 말고, 존재한다는 뜻의 '존存'으로 해석합니다. 온 누리 둘러봐도 나밖에 없다, 이렇게 풀 수도 있고, 온 누리 둘러봐도 나 아닌 것이 없다, 라고 풀 수도 있어요. 이렇게 보면 마음이 흔들릴 수 없다고 봅니다.

<u>학생</u> 열반은 무슨 뜻인가요?

<u>도법</u> 보통 열반을 '바람이 불어 촛불이 꺼진 상태'로 설명하죠. 고요할 적, 소멸할 멸, 두 개 붙여서 적멸이라고 하고.

<u>윤구병</u> 탐진치가 사라진다는 말이죠.

<u>도법</u> 다시 한 번 일수사견 비유를 생각해보면 어떨까요? 인간의 언어로 이름 지어진 물이라는 한 물건이 있는데, 각각 다르게 인식합니다. 사람들은 하나를 두고서, 나는 옳고 너는 그르다며 싸우죠. 이게 시끄러운 거고, 요동치는 겁니다. 요동친다는 게 뭘까요? 그 한 물건은 그대로 있는데 인간이 끼어들어서 집이니 거울이니 하면서 시끌벅적하게 떠드는 것입니다. 한 물건 자체에는 본래 그 시끌벅적할 게 없습니다. 시끄러운 것은 인간의 관념이 개입돼서 만들어지는 것이라고 보는 거죠.

<u>학생</u> 인간의 관념이라기보다 이해관계의 차이에 따른 다툼이 요동 아닐까요? 그리고 이것은 인간 사회에서 불가피한 측면이 있는 것 아닐까요? 무명으로 인한 부정적인 어떤 것이라기보다 이해관계 상충에 따른 어쩔 수 없는 것

으로, 이를 어떻게 풀어나가야 할까에 관심을 가져야 하는 것 아닌가요?

도법 그렇습니다. 문제를 풀려면 실상의 적멸함도 인위의 요란함도 그 다음에 이해의 다툼도 제대로 알아야 해결된다는 말인 거죠.

학생 '법성원융'의 성격이 '본래적'이라고 보면 된다는 말씀인가요?

도법 그렇게 해석하면 어떨까 생각해요.

윤구병 제법이라고 할 때 제법은 하나의 법을 말하는 게 아니죠. 여러 법, 모든 법, 또는 두 개 이상의 법을 제법이라 합니다. 여럿의 최소 단위는 둘이죠. 있는 것과 없는 것이 나오면 여럿이 나옵니다. 앞에서 자꾸 내가 무無와 이二를 눈여겨보자고 한 것은, 제법부동본래적이 법성원융무이상 뒤에 바로 이어져 나오기 때문입니다.

학생 그렇게 따지면 '제법'을 '그 어떤 법도'라고 풀면 될 것 같습니다. 그런데 언어의 경제학이 알뜰하게 실현돼야 하는 7언 율시에서, 부동不動이나 적寂처럼 뜻이 똑같은 말을 왜 두 번 썼는지 궁금합니다.

윤구병 좋은 질문입니다. 똑같은 말은 아니죠. 생각 좀 해봅시다. 똑같지 않은 것은 분명한데, 답이 당장 안 떠오르네요. 내가 거기에 대해서는 생각을 해보지 않았어요. 좀 더 생각해봅시다.

학생 진리란 하나인데, 여러 방식으로 표현하고 있는 거라고 봅니다. 제법부동본래적에서 제법과 부동, 본래와 적은 같은 것을 다른 표현으로 말한 거 아닌가요? 법성원융무이상도 법성원융이라는 말을 무이상이란 말로 다시 표현한 것이라고 생각합니다.

도법 조금 어려운 개념인데 불교 표현에 차전遮詮과 표전表詮이라는 게 있어요. 차전은 부정적 표현 방식을, 표전은 긍정적 표현 방식을 말합니다. 한 존재의 양면성을 부동과 본래적, 원융과 무이상으로 표현했다고 볼 수도 있어요. 원융이 긍정 표현(표전)이라면 본래적은 부정적 표현(차전)이죠. 원융 하나로 충분하게 뜻을 전달할 수도 있는데, 언어의 한계를 뛰어넘어 양면성을 살리려고 하는 충정으로 보입니다.

학생 그렇게 표현하지 않으면 설명될 수 없는 그 무엇이 있다는 말씀인가요?

도법 이 세상 모든 것은 서로 의지하고 돕는 관계로 존재합니다. 그 무엇도 따로 홀로 스스로 존재하지 않습니다. 그러므로 있다와 없다, 하나다 둘이다 가운데 하나가 빠지면, 하나도 아니고 둘도 아니다(불일불이) 또는 서로 방해하지 않는다(무애)는 의미가 안 드러나죠. 진공묘유眞空妙有라는 말로 연결시켜서 해석할 수도 있죠. 법정 스님이 '텅 빈 충만'이라는 표현을 썼는데, 충만이 없는 텅 빔은 '진공' 진정한 텅 빔이 아니다, 텅 빔이 없는 충만도 '묘유' 진정한 충만이 아니다, 이런 뜻으로 봐요. 예를 들어 봅시다. 여기에 술 한 병이 있습니다. 그 내용을 확인해 보십시다. 병이 텅 비지 않았으면 술이 가득 찰 수 있을까요. 반면 술이 가득 찬 것은 병이 텅 비었기 때문에 가능한 게 아닐까요. 이 사실을 놓고 보면 가득할 때 텅 빔이 빛나게 되는 것을 진공, 텅 빌 때 가득함이 빛나게 되는 것을 묘유라고 할 수 있죠.

윤구병 내 법명이 '가득 비어'였는데…….

도법 법명이 '가득 비어'라고?

학생 맥주가 가득 찼다?(웃음)

윤구병 만허滿虛. 우리말로 하면 가득 비었다.

학생 그래도 '만허 큰스님'보다는, '구병 대사'가 나아 보입니다.(웃음)

도법 텅 빈 충만, 진공묘유를 잘 표현한 선사들 시 중에 '만선공재월명귀滿船空載月明歸'라는 낭만적 시구가 있어요. 달 밝은 밤, 바다에 낚시질하러 갔는데 물고기가 한 마리도 안 잡혀서 빈 배를 타고 돌아오는 걸 표현한 건데, '빈 배 가득 달빛만 싣고 돌아오다'라는 뜻입니다.[5]

윤구병 그런 시는 스님이 쓰시면 안돼요. 작업 들어갈 때 하는 말이여.(웃음)

도법 이게 텅 빈 충만, 진공묘유를 말하는 시입니다.

---

5 중국 송나라 야부도천(冶父道川) 선사의 게송(偈頌)이다.
　千尺絲綸直下垂(천척사륜직하수) 천길 낚싯줄을 드리웠는데
　一波縡動萬波隨(일파재동만파수) 한 물결 따라 온갖 물결 이네
　夜靜水寒漁不食(야정수한어불식) 밤 깊고 물 차가워 고기 낚이지 않아
　萬船空載月明歸(만선공재월명귀) 빈 배 가득 달빛만 싣고 돌아오네

3장
깨달음을 신비화하지 말라

3장
깨달음을 신비화하지 말라

윤구병 오늘은 질문으로 시작을 해봅시다. 지난번에 〈법성게〉의 첫 구절인 법성원융무이상法性圓融無二相을 가지고 길게 이야기했죠? 나는 임시로 "마음결 두렷이 무르녹아 두 모습 아니고"라고 번역했고, 스님은 "나의 참 모습은 온 우주 두루 어울려 나뉜 모습 없고"라고 풀었어요. 제법부동본래적諸法不動本來寂까지 두 구절을 가지고 한 달을 보냈어요. 그런데 아직 해결되지 않은 부분이 있는 것 같아서, 그것에 대해서 물어보는 것으로 시작을 하겠습니다.

'무이상'에서 '둘'이라는 게 나왔어요. 과연 둘이 뭘까요? 하나에 대해서는 나오지 않고 왜 갑자기 첫 구절부터 '무이상'이라고 하면서 둘이 나왔을까요? 무엇과 무엇을 둘이라고 하는 건가요? 무이상의 둘은 무엇인가요? 이런 질문으로 시작해 보죠. 둘이 뭡니까?

학생 윤 선생님 말씀대로라면 있음과 없음이 둘이 아닌가요?

윤구병 그렇게 말할 수도 있는데, 둘이라는 것이 어디에서 나오는지를 묻는 겁니다.

<u>학생</u> 하나에서 둘이 나온 것 아닌가요?

<u>윤구병</u> 하나는 하나고, 하나 말고 다른 어떤 게 있으니까 우리가 둘이라고 하지 않을까요? 지금 하나 얘기를 했는데, 그럼 하나는 뭐죠?

<u>학생</u> 지난번에 진공묘유를 말했는데 그걸 표현한 걸로 생각됩니다. 법성은 원융해서 둘이 아니다, 그래서 하나라는 걸 말하는 것으로 이해합니다. 법성이 원융하다는 건 우주는 하나이고, 그 속에 다 녹아 있다, 그래서 두 가지 상이 없다, 그런 뒤에 무이상이라는 대구對句로 받아서 이걸 표현할 걸로 생각합니다.

<u>윤구병</u> 음, 그러면 질문을 하나 더 하겠어요. 진공과 묘유가 각각 하나라 하는데, 둘이 나오려면 먼저 하나가 나와야 되는데, 어느 것이 하나로 보이나요? 묘유가 그 하나인가, 진공이 그 하나인가?

<u>학생</u> 진공과 묘유는 하나의 진리를 얘기하는 두 가지 방법이고, 하나냐, 둘이냐 하는 것은 우주 전체가 하나다, 그래서 둘이 없다, 이런 말 아닌가요?

<u>윤구병</u> 만일에 둘이 없으면 인연도 없습니다. 관계 속에서 인연이 생기는 것인데, 관계는 최소한 둘이 있어서 맺어지는 것이잖아요? 하나만 있고 둘이 없으면 인연이고 뭐고 다 끊어지니, 그건 어떻게 봐야 할까요?

<u>학생</u> 원융이라는 말 속에는 이미 하나 이상이 상정되어 있는 것 아닌가요? 그래야 원융이란 말이 성립될 것이고요. 진공묘유라고 보는 것은, 원융한 것은 둘 이상인 것이 진공하다는 뜻이고, 무이상은 묘유라고 해석할 수 있을 것

이라고 보기 때문입니다.

윤구병 두 가지 길이 있어요. 우리가 '있는 것'을 하나로 놓아 봅시다. 서양은 전통적으로 있는 것을 하나로 놓습니다. 그래서 하나이고, 하나를 높여서 하나님이라고 부르죠. 유일신 하나가 하나님이 되는 것입니다. 그런데 동양 사상, 특히 불교 사상에서는 있는 것을 하나로 놓고 있나요? 묘유를 하나로 놓고 있나요? 아니면 진공을 하나로 놓나요? 기본이 되는 게 진공이라면 묘유는 거기에 반대되는 것이니 비중이 떨어지는 것이고, 묘유를 앞에 놓으면 진공의 비중이 더 떨어지는 것입니다. 어느 것이 하나가 될까요?

학생 진공과 묘유는 대립이 아니라, 같은 사실을 설명하는 두 가지 다른 방법이라서, 어떤 게 먼저고 어떤 게 더 나중인가는 얘기할 수 없는 것 아닌가요?

윤구병 그럼 둘이 안 나와요. 둘이 나와야 합니다. 여기 무이상의 이二자가 있어요. 둘은 없다고 하면서 둘이라는 글자를 내세우고 있죠? 진공이란 말은 사실은 우리말로는 '없는 것'을 가리키는 것이고, 묘유는 '있는 것'을 가리키는 것이죠. 없는 것과 있는 것은 서로 다릅니다. 달라야 둘이 되지, 다르지 않으면 둘이 될 수 없죠? 진공과 묘유는 서로 다른 것입니다. 그런데 원융이란 말에서는 그것이 무르녹아서 둘이 아닌 것으로 드러납니다.

진공과 묘유 중 어떤 것을 앞세우는지 생각해 보면, 불교에서는 없는 것에 더 큰 무게를 두는 것 같아요. 기독교에서는 있는 것에 거의 절대적인 무게를 두고 있고요. 이제 둘이라는 게 나왔어요. 있는 것과, 있는 것과는 다른 없는 것, 이 둘이 나왔어요. 그 다음 구절에 제법부동본래적이 나오는데, 제법이 나오고 그 다음에 부동이 나옵니다. 본래적을 따로 떼놓고 보면, 제법은 모든 법이라는 뜻입니다. 그럼 여기서 말하는 '모든'은 뭘 가리키나? '모든'은 무슨 뜻일까요? 그걸 알아야 제법도 알 수 있죠. 모두라는 말이 무슨 말인가? 지금까지 있는 것은 둘밖에 없었죠. 있는 것과 없는 것. 그런데 모두라는 건 무슨 말인가요?

<u>학생</u> 있는 것과 없는 것을 모두라고 하는 거 아닌가요?

<u>윤구병</u> 그렇죠. 하나는 모두라고 하지 않습니다. 둘은 여럿의 최소 단위이니, 둘 이상이면 여럿이 나옵니다. 모두는 둘 이상일 때, 둘은 있는 것과 없는 것인데 이걸 합해서 모두라고 할 수 있어요. 물론 '있는 것도 아니고 없는 것도 아닌 것'도 들어갈 수 있지만, 일단 둘을 모두라고 할 수 있어요. 그럼 제법이란 모든 법이고, 법 가운데에도 있는 법과 없는 법이 있을 수 있죠? 그러니까 법 가운데에서도 있음에 들어갈 수 있는 법과 없음에 들어갈 수 있는 법이 있을 수 있겠어요. 근데 왜 부동이라 했을까요? 지난번에 법法은 물 수水, 갈 거去를 써서, 흐른다는 뜻이 있다고 했는데, 지금 여기서는 부동, 움직이지 않는다고 했습니다. 진공과 묘유라고 표현을 했든, 있음 바로 그것, 없음 바로 그것으로 표현했든, 우리말로 있음과 없음의 어떤 성격이 움직이지 않는 걸로 드러나는지, 이것에 대해서 생각해 볼 필요가 있어요.

<u>학생</u> 무이상이기 때문에 부동이라고 말할 수 있는 것 아닌가요?

<u>윤구병</u> 무이상은 원융의 뜻에 비춰보면 있음과 없음이 갈라서지 않고 한데 두루 무르녹았다는 뜻이죠. 내가 볼 때 원융은 운동의 상태, 정지해 있지 않은 상태입니다. 그런데 제법부동이라고 못을 박았어요. 그럼 정지점이 어디서 나오나요? 부동은 움직이지 않고 정지해 있다는 것인데, 정지점이 두 군데서 나

타납니다. 어디서 나타나요?

학생 모르겠습니다.

윤구병 이렇게 봅시다. 있음, 없음이라는 말보다 좀 더 쉽게 생각해 봅시다. 좋은 것 쪽으로 움직이는 운동을 생각해 봐요. 지금보다 좋은 것, 더 좋은 것, 지금 세상보다 좋은 세상, 더 좋은 세상……. 이런 방향으로 움직인다고 보면, 가장 좋은 세상이 오면, 그것이 더 좋은 세상으로 갈 수 있나요? 없나요?

학생 못 가죠.

윤구병 그래요. 논리적으로는 못 갑니다. 좋은 세상이란 좋은 세상을 향해 움직이는 운동의 끝이다. 나쁜 쪽도 마찬가지죠. 가장 나쁜 쪽 밑으로 갈 수 있나요? 못 갑니다. 가장 좋은 곳, 가장 나쁜 곳, 이 두 지점은 운동이 끝나는 지점이죠? 하나는 상승 운동이, 다른 하나는 하강 운동이 끝나는 지점입니다. 우리는 상징적으로 좋고 나쁜 것을 얘기했는데 이건 사람에 따라 생각이 다릅니다.

있음 바로 그것에 도달하면, 있는 것 다음으로 있는 것, 그 다음으로 있는 것, 이렇게 있는 것들을 죽 모아서 있음 그 자체로 있다고 할 때, 그것은 말길이 끊어지는 '언어도단'의 경지죠. 그것은 사실 모든 있는 것이 하나로 수렴돼서 있음 바로 그것이 되고, 그 위에는 없습니다. 더 이상 올라가지 않아요. 있는 것이 하나라는 말은, 바로 그것이 그보다 더 위로 올라가면 분열된다는 말입니다. 안 그런가요? 있는 것은 하나다, 거기에 모든 것이 다 수렴된다, 그럼 그건 정지점이 된다는 말입니다.

또 하나는 없음 바로 그것인데, 그것도 마찬가지예요. 우리가 있는 것을 선한 것으로 보고 없는 것을 악한 것이라 가정합시다. 이건 기독교 전통에 따른 것이지만요. 기독교에서 유일신 하나님은 선의 결정체이죠? 하나님은 본성상 스스로 움직이지 않는 분입니다. 아리스토텔레스 사상에서는 이것을 '원동자'라고 합니다. '스스로 안 움직이면서 모든 것을 움직이게 하는 것', 아리스토텔레스의 표현에 따르면 키논$_{kinoun}$, 아키네톤$_{akineton}$이라는 말입니다. 이 원동자를 아리스토텔레스는 테오스$_{theos}$라고도 불렀죠. 곧 신이라고 한 것이죠. 이게 기독교적 신의 특성이에요. 정지해 있는 것, 운동하지 않는 것.

모든 법이 기독교적 유일신, 있음에서 나올 수 있고, 또 하나는 없음으로부터 나올 수도 있습니다. 그런데 사실 양쪽에서 다 나옵니다. 법이라는 게 그렇습니다. 없는 것에서 있는 것으로, 기독교식으로 말하면 상승 운동이 있을 수 있고, 프로티누스 같은 사람이 얘기한 것처럼, 해(하나님)로부터 햇살이 나와 퍼지듯이 있는 것으로부터 시작되는 운동이 있을 수 있죠. 햇살이 있는 곳에서 없는 곳으로, 밝은 쪽에서 어두운 쪽으로 점점 내려오면서 어둠으로 향하는 하향 운동도 있습니다.

현상계에서는 상승 운동과 하강 운동이 섞여 있죠. 그런데 양극단 측면에서 보면, 모든 법의 근원인 있는 것과 없는 것의 극점에서 보면 움직이지 않는다는 것이에요. 그래서 '제법부동'입니다. 움직이는 것은 전부 그 안에서 일어납니다. 있음과 없음의 울타리 안에서 모든 인연이나 연기가 일어나는 것이고, 그 밖으로 벗어나지 않습니다. 내가 말한 것에 의문이나 다른 의견이 있으면 얘기해 주세요. 어느 쪽에 더 바탕을 두는가에 따라서 불교와 기독교 사상의 아주 다른 결이 나타날 수 있어요. 있음 중심이냐, 없음 중심이냐?

_{학생} 제법이라 할 때는 있음과 없음을 통틀어서 말하는 거라서, 있음의 영역도 아니고, 없음의 영역도 아닌 것들…….

윤구병 바로 그거예요. 있음과 없음이 양극을 이루면, 그 안에 있는 것들은 모두 있음과 없음과 관계를 맺는 것이고, 그래서 있는 것도 아니고 없는 것도 아닙니다. 불교에서 제법무상이라고 한 이유입니다.

도법 법성이나 제법에 대해서 생각으로만 막 치닫지 말고, 구체적으로 실질적으로 얘기해 봐야 해요. 지금 여기, 이 자리에서 법성이라는 개념으로 표현된 것을 찾아봐야 실제로 이해할 수 있게 돼요. 법성은, 제법은 도대체 뭘 지칭하는 걸까? 물건을 놓고 따지든지, 땅을 놓고 얘기하든지, 뭘 지칭하는 게 있어야 돼요. 윤구병이라는 이름은 난데없이 만들어지는 게 아니라, 윤구병이라고 하는 실물을 만나서 이름이 지어진 것입니다. 그럼 법성과 제법이라는 개념을 통해서 도대체 뭘 드러내려고 하는 걸까요? 드러내고자 하는 대상이 돌멩이인지, 하늘인지, 과거인지, 미래인지, 사람이 생각하는 건지……. 무엇인지가 있을 겁니다. 그게 뭘 지칭하는 걸까요? 이 부분이 정리돼야 앞으로 명료하게 이야기 할 수 있을 거라고 봐요.
　찻잔이라고 할 때, 여기 이 물건이 있어야 찻잔이 되는 거고. 적어도 법성이라고 했을 때 법성이라는 개념으로 무얼 드러내려 했나, 그 대상이 무엇인가를 짚어내야 다음 얘기가 실질적으로 이뤄지지, 그거 없이 생각만 가지고 가면 이런 이야기가 끝없이 되풀이될 수밖에 없지요.

윤구병 (탁자 위에 놓인 것을 가리키며) 이게 뭐냐?

도법 밤이네.

윤구병 이건 뭐냐?

도법 그건 떡이네.

윤구병 밤하고 떡은 같은가, 다른가?

도법 다르지.

윤구병 맞아요. 다르지요. 그래서 밤은 떡이 아니고, 떡은 밤이 아니라고 말합니다. 밤을 떡이라 하고, 떡을 밤이라 하면 서로 뒤엉켜서 이것저것이 구별이 안 됩니다. 아이들한테 이것저것 가려라, 오줌 가려라, 똥 가려라, 이르는 것은 연기의 세계인 이 세상의 모든 것들이 서로 다른 것들과 관계를 맺고 있기 때문에 가려 보라고 하는 것이죠. 논리적인 표현으로 하면 밤과 떡이 다르다는 말은, 밤은 떡이 아니고, 떡은 밤이 아니라는 말인데, 그럼 우리는 왜 밤은 떡이 아니라고 하나요? 왜 떡은 밤이 아니라고 하나요?

학생 밤에 있는 성질이 떡에는 없기 때문이죠. 빛깔이든, 맛이든, 조직이든, 구조든······.

윤구병 맞아요. 이게 나중에는 전부 '있다·없다'로 수렴됩니다. 있는 것, 없는 것으로······. 있는 것과 없는 것이 그렇게 중요한 것은, 이것이 '이것과 저것'을 가리는 궁극적 기준이기 때문이에요. 거기서 파생되는 '이다·아니다'도 그래서 중요하고요. 도법 스님이 잘 이야기하셨어요. 구체적 현상과 결부해서 설명하지 못하면 다 겉도는 공리공론이 됩니다. 이것과 저것을 가려 봐야 하는데, 이것과 저것을 가리는 데 가장 중요한 것은, '같다·다르다', '이다·아니다', '있다·없다'라는 말이고, 모든 것은 궁극으로 가면 '있다·없다'로 수렴됩니다.

__도법__ 예를 들어 의상 스님이 지금 이 자리에서 "법성원융무이상이야"라고 얘기했다면, 그때 의상은 여기에 있는 무엇을 지칭해서 법성이라 말했을까, 이 문제가 정리돼야 다음 얘기가 이어질 수 있어요. 이게 정확하지 않으면 다음 얘기는 모두 헛것이 되고 말아요.

__윤구병__ 스님이 도력으로 의상 스님을 얼른 이 자리에 모시고 오세요.(웃음)

__도법__ 불교에서 보면 법이라는 말은 법칙, 사물, 사건, 이런 걸 표현할 때 주로 써요. 그리고 교법이란 말에서처럼 부처님의 가르침이란 뜻으로 쓰기도 합니다. 그중에서 하나를 고른다면 사물로 보는 게 좋겠다고 생각합니다. 여기 탁자 위에 있는 차를 담는 주전자처럼 생긴 그릇은 차관이라는 사물입니다. 법성이란 무엇인가, 하는 질문은 차관이란 무엇인가, 하는 질문과 같은 것이지요. 지금 성性자 때문에 문제가 되고 있어요. 우리는 이것을 성질과 속성으로 얘기했어요. 그렇다면 차관의 성질, 차관의 속성, 이렇게 얘기할 수도 있겠지요. 그런데 나는 그냥 '그 자체의 참모습'으로 보면 좋겠습니다. 그렇게 보면 차관은 온 우주적으로 관계 맺으면서 존재하는 것이라는 얘기지요. 무이상이란 말이 나온 이유입니다. 분리돼서 따로 있는 것이 아니라, 온통 관계 속에 있게 된 것이라는 뜻이죠. 이 차관 자체는 두루두루 어울려 있는 것이에요. 이 작은 차관 안에는 흙도 있고, 물도 있습니다. 뿐만 아니다. 시간도 공간도 사람도 하늘도 땅도 두루 그 안에 어울려서 이뤄졌기 때문에, 이것 하나, 저것 하나 둘로 나뉘어 있지 않다는 것이죠. 법성을 설명한 첫 구절은 차관이라는 한 사물을, 정확한 표현인지는 모르겠지만, '공간적 입장'에서 설명한 것이라고 봅니다.

다음 둘째 구절에 나오는 제법은, 다시 차관을 예로 들면, 차관이 그러하듯 이 다른 사물, 여기 있는 물병도, 밥도, 다른 모든 것도 그런 존재라는 의미입니다. 이어서 그 존재를 시간적으로 설명하면 과거에도, 미래에도, 현재에도, 흔들림 없이 한결같이 그렇다고 설명하는 것입니다.

법성으로 표현된 사물 자체는 공간적으로 보면 두루두루 어울려 나뉘지 않고, 시간적으로 보면 과거, 현재, 미래를 통틀어 한결같음을, 흔들림 없이 본래 고요하다고 하는 겁니다. 또 다른 측면에서 풀어 보면, 동요라는 게 뭐냐. 사물 자체는 시시비비가 없는데, 오히려 인간의 사고가 개입해서 이러쿵저러쿵 시비하며 시끄럽게 한다는 뜻으로도 해석되죠. 인간의 관념이 개입되다 보면 선악시비가 생기고 시끄러워지는 겁니다. 모든 존재 자체에는 본래 시시비비가 없다는 겁니다. 본래부터 그 안에 시시비비 요동치는 것이 있지 않았다는 뜻으로 이해합니다.

<u>윤구병</u> 우리가 공부 모임을 시작할 때, 세 살 배기도 까막눈 시골 노인도 알아듣는 말로 풀어 보자는 전제가 있었지요. 존재나 무라는 개념은 보통 사람은 안 쓰니까 우리도 쓰지 말자, 그랬지요. 도법 스님이 사물 얘기를 하시는데 굉장히 어렵지요? 시골 노인이나, 초등학교 학생들은 스님 얘기를 하나도 못 알아들어요. 중은 중끼리, 정치하는 놈은 정치하는 놈들끼리 서로 못 알아듣는 말로 하니까 민주 세상이 안 오는 겁니다. 다 알아듣는 말로 탁 까놓고 얘기하자, 누구든지 알아듣는 얘기로.

<u>도법</u> 허허, 내 얘기는 어려울 것이 없는데. 의상 스님이 왜 〈법성게〉를 만들었을까? 사람들한테 살아가는 데 필요하고 도움이 되게 하려고 만들었습니다. 사람들에게 가장 현실적이고 직접적인 것은 뭡니까? 결국은 시간적으로는 지금, 공간적으로는 여기입니다. 지금 여기 우리가 현실적이고 직접적으로 직면한 건 뭡니까? 현실적이고 직접적인 것 중에 하나를 고른다면 차관입니다. 이걸 이 물건이라고 해도 좋아요. 나는 그걸 법성이라는 말로 표현했다고

보는 것이죠. 이 물건을, 이것을, 이 차관이라는 것을 법성으로 표현한 것으로 본다는 이야기입니다. 이걸 잘 파악하고 이해를 해야, 실제 이것을 어떻게 써야 할지가 제대로 잡힌다고 보는 거고요. 〈법성게〉에서는 이 물건을 두 가지로 설명하고 있습니다.

초기불교 당시 개념으로 보면 하나는 무아이고, 다른 하나는 무상입니다. 무아와 무상 측면에서 설명하고 있는 것이 이 두 구절입니다. 굳이 설명을 보태면 법성원융무이상은 이 세상 그 어디 그 무엇도 분리 독립된 것은 없다는 무아의 대승적 표현이고, 제법부동본래적은 이 세상 그 어디 그 무엇도 고정 불변하는 것이 없다고 하는 무상의 대승적 표현인 것입니다. 제법은 아까 말한 것처럼, 이 물건이 그러하듯이 다른 물건들도 그러하다는 뜻으로 보면 될 거 같습니다.

<u>윤구병</u> 지금 도법 스님이 또 어려운 말로 가 버리시네. 기껏 쉬운 말로 해놨더니 무상, 무아라는 말로 가 버렸어요.

<u>도법</u> 쉬운 말로 하는 건 윤 선생이 하셔야 하고.(웃음) 내가 이걸 설명하는 이유는, 불교에 대한 기본적인 이해가 필요하기 때문입니다. 보통 상식을 가진 사람이 이해하도록 말을 만들어 내는 것은 윤 선생님의 실력으로 해야지.

<u>윤구병</u> 도법 스님 흉내를 내서 얘기해 봅시다. 자, 이거 컵이다. 일본말로 하면 고뿌, 우리말로 하면 잔이다. 잔은 중국말이겠네. 도법 스님 말씀은 이런 것입니다. 이걸 바로 봐야 한다. 하나하나를. 지금, 여기서. 시간과 공간의 측면에서 있는 것을 바로 봐야 한다. 무엇으로 어떻게 있는지 잘 봐야 한다는 이야기입니다. 좋아요. 우리는 거짓된 걸 참된 걸로 보면 안 되니까요. 거짓된 건 거짓된 걸로, 참된 것은 참된 걸로 봐야 합니다.

늘 하는 물음이지만, 우리는 어떨 때 참말이라고 하고 어떨 때 거짓말이라고 하는가? 있는 것을 있다고 하고 없는 것을 없다고 하는 게 참말이고, 있는 걸 없다고 하고 없는 걸 있다고 하면 거짓입니다. 같은 걸 같은 거라고 말하고 다른 걸 다른 거라고 말하면 참말입니다. 같은 것을 다른 것이라고 말하고 다른 것을 같은 것이라고 말하면 거짓말입니다. 그런데 이게 전부 현재형으로 표현되고 있어요, 우리말로 하면. 있다, 없다, 있는 것, 없는 것.

근데 우리가 좋다, 나쁘다고 하는 것을 생각해 봅시다. 우리가 여기에 모여서 지금 이 공부를 하고 있는 까닭은, 마음자리가 더 좋아지기를 바라기 때문이죠. 서로 주고받는 이야기도 좋고요. 그런데 좋다, 나쁘다는 있는 것을 떠납니다. 현재를 떠납니다. 없는 것도 떠납니다. 좋다, 나쁘다는 아직 오지 않은 것과 맺어집니다. 있을 것이 있고 없을 것이 없으면 좋고, 있을 것이 없고 없을 것이 있으면 나쁜 것입니다. 우리 몸의 병을 예로 들어봅시다. 병은 없을 것이 있어서 나쁜 것인데, 배고플 때 밥도 마찬가지죠. 밥이 있어야 할 때에 밥이 없으면 나쁩니다. 근데 이건 현재를 떠납니다. 있을 것, 없을 것은 미래를 지칭하는 말입니다. 우리는 미래와 연관해서 좋음과 나쁨을 가리는 거죠.

실제로 불교계가 좋아지고, 사람 마음자리가 바로잡히기 위해서는 어떻게 해야 하나요? 그 때문에 이 자리가 마련됐다고 봅니다만, 이건 현재만 가지고는 안 되는 거지요? 지금, 여기도 중요하지만 앞으로 올 날, 앞으로 우리가 맞이할 자리도 중요합니다. 그러니까 현실을 받아들이는 것과 그것을 긍정하는 것은 서로 다릅니다. 있는 것을 그대로 참과 거짓의 관점으로 보되, 더 나은 미래를 머릿속에 그리거나 보지 않으면 현실 추수, 현실 순응적으로 된다고 봐요.

도법 근데 현재 문제를 풀지 않고서는 미래를 어떻게 해볼 수가 없는 것 아닌가요? 그러니까 현재 문제를 다루는 게 맞는 거죠. 미래 준비를 위해서도 현재를 다뤄야 하고, 현재 문제를 잘 풀었을 때만이 미래는 가능한 것입니다. 예를 들면 우리가 〈법성게〉를 가지고 이렇게 얘기해서, 보통 상식을 가진 사람들이 보고, 이해하고, 아 이런 거구나! 그러니까 삶에 이렇게 쓰면 되겠네, 쓰니까 참 좋네, 이렇게 되면 미래는 좋아지는 것입니다. 좋아지지 말래도 좋아지죠. 그렇지 않나요?

학생 도법 스님과 윤 선생님께서 첫 번째 연을 서로 다르게 해석하시는 것 같습니다. 윤 선생님은 첫 번째 연의 두 모습(무이상)의 '둘'을 있음과 없음에 대한 통찰로 계속 해석하는 것 같고요. 도법 스님은 사물 전체가 관계 속에서 어울려 있다는 점을 강조하면서 풀이를 하는 것 같습니다. 윤 선생님께서 '둘'과 '모든'을 통해 있음, 없음을 다루려는 근본 문제의식이 있으신 것 같은데, 어렵게 들립니다.

도법 자, 참고삼아 좀 다른 얘기를 해봅시다. 사리불이라는 사람은 부처님의 수제자예요. 그가 출가하는 동기, 계기가 있어요. 사리불이 탁발을 하고 있는 부처님 제자 모습을 보고 그의 표정이나 태도가 뭔가 남다르다는 느낌을 받았어요. 그래서 묻습니다.

"당신은 누구십니까?"
"석가모니 부처님 제자입니다."
"당신의 스승은 뭘 가르치시나요?"
"나는 출가한 지가 얼마 안 돼서 잘 모릅니다. 직접 찾아가서 물어보시오."
"그러지 말고 직접 들은 말씀을 좀 들려주십시오."

그 제자가 답한 내용은 게송으로 돼 있습니다.

제법종연생(諸法從緣生) 모든 존재들은 인연 따라 나타나고

제법종연멸(諸法從緣滅) 인연 따라 사라지네.

아불대사문(我佛大沙門) 우리 스승 붓다께서는

상작여시설(常作如是說) 언제나 이렇게 말씀하시네

뒤의 두 구절을 빼고 풀어 봅시다. 아까 우리가 말한 것처럼 제법을 이 물건이라고 하면, 이 물건은 관계와 인연, 조건에 의해서 만들어지고 태어났으며從緣生, 따라서 사라질 조건이 되면 사라진다는 뜻이에요從緣滅. 인연에 따라 생겼고, 인연에 따라 사라진다는 겁니다. 제법은 이 물건을 말하죠. 그것이 찻잔이든, 차관이든, 물병이든, 그 어떤 것도 그렇다는 거죠. 내가 볼 때 법성원융이나 제법부동은 시 구절이기 때문에 글의 맛과 멋을 위해 말하고자 하는 많은 의미를 압축적으로 함축했다고 봅니다. 여기서 말하는 법은 '이 물건'으로 푸는 게 불교에서 기본이라는 생각이 들어요.

그 다음에 있다, 없다를 얘기하는데, '이 물건이 있는 것인가'라고 하면 불교에서는 그건 조건에 의해서 있는 것이지 본래 있는 것이 아니라고 합니다. 이 물건, 이 찻잔이 본래 있는 것이 아니라, 태어날 수 있는 조건에 의해 만들어진 것이라는 거죠. 그래서 불교에서는 이 물건은 있지 않다고 합니다. 그러면 없는 것이냐 하면 없지 않다고 합니다. 왜 그런가. 조건 따라 있듯이, 조건 따라 없어지는 것이므로 없다고 단정하지 않습니다. 있다고 해도, 없다고 해도, 이 물건의 실상을 왜곡되게 단정하는 것 입니다. 이걸 양극단이라고 하는데, 그걸 버리라고 하는 거, 그게 중도입니다. 있다는 것도 버리고, 없다는 것도 버리면 뭐냐? 그냥 이 물건입니다. 이 표현이 선사들이 소리 지르고 주먹질 하는 것으로 나타나는 것입니다. 언어로는 표현이 안 된다는 것이죠. 우리가 있다, 없다고 할 때, 하나에서 둘이 생기는 게 아니라, 직면한 여기 이 사실, 그것이 사람이든 물건이든 조건이 갖춰졌기 때문에 있다는 거죠. 없는 것

도 조건이 없어지면 없어지는 것이지, 본디 있는 것도 본디 없는 것도 아니라는 겁니다. 만약 본래 없는 거라면 조건이 만들어져도 이게 나타나지 않아야 맞죠. 본래 있는 거라면 조건이 사라져도 사라지지 않아야 옳죠. 그 어디 그 무엇도 조건에 의해서만 있기도 하고 없기도 한다, 그런 얘기입니다.

<u>윤구병</u> 스님이 쉬운 말로도 잘하시네.(웃음) 난 어려운 말만 하시는 줄 알았더니…….

<u>도법</u> 불교에서 있음, 없음의 문제를 그런 식으로 설명하죠. 유무, 유무, 유무, 계속 그 얘기죠.

<u>학생</u> 있다 앞에 뭐가 붙는다, 조건에 따라, 그렇게 이해가 됩니다.

<u>도법</u> 그게 연기법이죠.

<u>윤구병</u> 우리가 자꾸 생각을 추스르고 추스르다 보면 맨 나중에 맨 얼굴로 있음이 나타나고, 있는 것이 나타나고, 없음이 나타나고, 없는 것이 나타나게 됩니다. 보통 연기 세계에 있는 것들은, 있는 것도 아니고 없는 것도 아니고 뒤섞인 것입니다. 그걸 끝까지 밀고 나가서 떼놓고 보자는 얘기죠. 움직이지 않는 지점까지 떼놓고 봐야만 모든 게 움직이지 않는다는 말이 어디에서 나왔는지가 분명해집니다.

<u>학생</u> 스님 말씀은 결국 통념이나 관념에 사로잡히지 말고 자유롭게 사고하라는 것 아닌가요?

도법 마치 봉사들의 코끼리 싸움처럼 습관적으로 통념에 따라 삶을 바라보고 다루게 되면 결국은 끝없는 분열과 갈등과 대립과 고통의 삶을 살게 되니까, 지금 바로 주체적으로 정신 차려 삶을 바라보고 다룸으로써 자유로워져야 된다는 거죠.

학생 그 얘기가 있음과 없음의 구별처럼 늘 살아 있어야 되는데 굳어질 수도 있습니다. 윤 선생님의 문제의식, 즉 극단으로 밀고 가 보자는 것은 굳어지고 통념화되는 것에 도전해 보자는 것으로 이해합니다. 철학적으로 있음, 없음이 아니라, 그보다는 우리가 모든 걸 다 철저하게 의심해 보자는 것이죠. 그래야 우리가 도달할 수 있는 지점이 있지 않을까 생각합니다.

도법 그렇게 하되, 내가 요구하는 것은, 우리가 지금 붙들고 있는 제법, 법성, 법이라는 것이 구체적으로 똥인지, 밥인지, 사람인지, 그 대상을 정확하게 해놔야 한다는 겁니다. 그렇지 않으면 생각만 가지고 돌아다니게 되니까요.

윤구병 스님 말씀이 맞는데, 그게 잘못 굳어지면 안 되겠죠. 기독교에서 하나님은 뭐냐? 있는 것을 신격화하고 인격화해서 하나님으로 바꾼 거죠. 사람들을 그 틀에 꽉 묶어 놓고 있지 않습니까? 불교도 사람들이 무無자 화두를 앞에 놓고 일생 동안 면벽하고 꼼짝 못하게 하고 있어요. 그걸 실체화라고 하는데, 있는 것과 없는 것을 실체화해서 그런 비극이 생기는 겁니다. 그렇지 않은 선에서 끝까지 한번 밀고 가 보자는 게 내 생각입니다. 자, 다음 구절 한번 읽어 봅시다.

학생 네.

무명무상절일체(無名無相絶一切)
증지소지비여경(證智所知非餘境)

윤구병 〈법성게〉 서른 구절 가운데 이 네 구절이 제대로 풀리면 나머지는 어지간히 풀릴 거라고 봅니다. 근데 오늘 또 이 두 구절을 다 풀고 가자고?

도법 앞이 잘 안 풀릴 땐, 뒤를 얘기하다 보면 앞의 것을 알아들을 수 있는 뭔가를 포착할 수도 있지 않을까요?

학생 도법 스님께서 법이든 법성이든 이게 뭐냐, 그걸 구체화시켜 놓고 하자 말했는데, 논의를 깊이 있게 지속하면 저절로 드러나지 않을까 생각합니다.

윤구병 왜 스님 법명이 도'법'이겠어?(웃음)

도법 설명을 잠깐 해보죠. 사실 네 구절이 모두 지금 '이것'에 대해 얘기하는 겁니다. 이 물건의 이름은 차관입니다. 이 물건 자체가 스스로 차관이라는 이름을 가지고 나온 게 아니죠? 사람이 필요에 따라 인위적으로 이름을 붙인 거죠. 원래 이름이 없었어요. 이게 무명無名이죠. 차관이라고 하는 물건에 이름을 붙여놓고 보면 다른 것과 분리되어 독자적으로 있는 것 또는 분리되어 있다고 알고 믿게 되는데 그것을 상相이라고 합니다. 차관 자체는 분리되어 독자적으로 있는 것도 아니고, 차관이라는 이름을 가지고 나온 것도 아닙니다. 그게 무상無相이고 무명無名이죠. 본래는 없는 것인데 사람들이 분리시키거나 이름을 붙임으로써 이것에 대해 시시비비를 하게 됩니다. 예를 들어 이 차관에 누가 술을 담아 먹는다고 합시다. 이걸 차관이라고 철석같이 생각하는 사람들에게는 용납이 안 되는 일이죠. 차 전문가들은 깜짝 놀라죠. 그것이 바로 관념이고 통념입니다. '차를 담아먹는 그릇이야' 하고 사무치게 확신하는 사람은 거기에 누가 술을 담아먹는 걸 보면 난리를 피웁니다. 인위적으로 만들어진 관념에 갇히는 것이죠. 자유로워질 수가 없습니다.

<u>윤구병</u> 그래서 술을 곡차라고 하지 않나요?(웃음) 절일체는 이 물건에 그런 것들이 다 떨어져 있다는 말이죠.

<u>학생</u> 하지만 차관을 만든 사람은 이 물건을 만들 때 그런 용도를 예상하고 만들었을 것입니다. 다른 용도로 쓰일 수도 있지만, 애초 만들 때 의도했던 용도는 다른 용도보다 중요하게 생각돼야 되는 것 아닐까요? 회칼을 흉기로 휘두르는 사람에게 우리가 그건 회칼이지 사람 찌르라고 만든 게 아니다, 라고 얘기해야 하는 것 아닐까요?

<u>도법</u> 물론 필요하면 당연히 그렇게 해야죠.

<u>학생</u> 떨어져 있다는 말이 무슨 뜻인가요?

<u>도법</u> 없다는 말입니다. 이름도, 상도 사람의 필요에 따라 나누고 붙이는 것이지 본래는 없다, 이 물건 자체에는 그런 것들이 다 떨어져 본래 없다, 그런 건 다 사람이 붙여놓은 것이다, 불교 언어로 하면 법의 실상, 존재의 실상, 그 자리엔 본래 없다, 또는 본래 발붙일 수 없다는 뜻입니다.

<u>학생</u> 앞에서는 다 연결됐다고 해놓고, 여기서는 왜 끊어졌다고 말하죠?

<u>도법</u> 연결되어 있기 때문에 분리된 것은 없다, 이름도 만들어진 것이지 본래

는 없다고 하는 것이죠. 그래서 유즉무有卽無, 무즉유無卽有 얘기가 나오는 거지요. 없다고 하는 것도 설명이 되고, 있다고 하는 것도 설명이 되고.

윤구병 꼭 야바위 놀음 같아요. 잘못하면.(웃음)

도법 색즉시공, 자타불일불이自他不一不二가 다 그런 말이죠.

학생 선사들은 늘 분심忿心을 내라 하고, 의심하라고 합니다. 불교는 의심하라 하고, 기독교는 의심하지 말라 하고, 불교는 가진 자들의 종교라 자꾸 없는 걸 강조하는 것 같고, 기독교는 없는 자들의 종교라서 있는 걸 강조하는 것 같다는 생각도 들어요. 왕자가 교주인 종교와 목수가 교주인 종교여서 그런가요?

윤구병 부처가 출신 성분이 나빠요.(웃음)

학생 그러니까 앞에 진공, 묘유 이런 말을 했는데, 무념무상을 절일체로 다시 표현한 것 같습니다.

도법 그런 거지요. 문장을 만들려다 보니 이런 저런 말을 가져왔다고 보는데, 실제는 이 물건 자체는 두루 어울려 두 가지 모습, 나뉜 모습이 없습니다. 이 물건 자체는 시시비비 동요함이 없어서 본래 고요합니다. 이 물건 자체는 정해진 이름도 분리된 모양도 없습니다. 이런 것들에 대한 또 다른 표현들이라고 봅니다.

윤구병 그렇게 이야기를 해 버리면 또 어려워져요. 칸트가 말한 '물자체物自體, Das Ding an sich까지 가 버리게 되죠. 바로 이것, 사물이 아니라, 바로 이것이라고 가리키는 것, 그게 뭔지는 모르는데, 우리의 감관, 지각에도 안 들어오고, 어려운 말로 하면 인지 대상도 안 되는 게 물자체입니다. 스님이 찻주전자를 예로 들어서 말씀하시는데, 불교에서 말하는 '이 뭐꼬?是甚麼' 할 때 '이것', 지금 우리가 하는 이야기가 바로 그건가요?

도법 '이 뭐꼬?'도 똑같은 질문이 돼요. 이 물건이 뭐냐? 사람들은 차관이라고 믿고 있는데 술을 담아 먹습니다. 그러니 꼭 차관이라고만 규정할 수도 없죠. 〈법성게〉 앞 네 구절 중에 제일 문제되는 곳이 '증지소지비여경'입니다. 앞에 말한 얘기들, 나뉘지도 않고, 이름도 모양도 없고, 동요하지 않는 그 물건은 깨달은 사람만 알고 다른 사람은 모른다는 겁니다. 증지證智는 깨달은 지혜, 증득한 지혜, 완성된 지혜라는 뜻으로 봅니다. 그러니까 '그것은 오로지 깨달은 지혜라야만 알 수 있지, 다른 어떤 길도 없다'는 겁니다. 그러기 때문에 불교인들은 오로지 깨달음을 향해 달려갑니다. 깨닫지 않고는 그 누구도 도저히 알 수 없다고 하기 때문에 너나없이 깨달음에 목을 맵니다. 나는 이게 불교의 심각한 문제라고 생각하죠. 기존의 불교와 내가 보는 불교가 부딪치는 지점입니다. 증지를 깨달은 지혜라고 번역하는 것도 괜찮은데, 그럴 경우 신비화된 깨달음의 의미가 달라져야 합니다. 지금 많은 한국 불자들이 깨달음을 신비하게 생각하는데 그 생각이 달라져야 해요. 오히려 몰랐던 걸 알았다, 잃었던 걸 찾았다, 가려졌던 것이 벗겨졌다, 갑갑했던 것이 시원해졌다, 어두웠던 것이 밝아졌다 등의 의미로 해석돼야 하죠. 깨달음은 신비로운 어떤 것이 아닙니다. 굳이 증지를 번역하자면 '경험적 지혜' 정도가 될 거 같네요. '사실적으로 경험해 보니까, 겪어 보니까 실제를 알겠더라.', '경험적 지혜로 알 수 있을 뿐 다른 길은 없다.' 이렇게 해석돼야 한다고 봅니다. 그러니까 그가 누구이든 상관없이, 물을 마시면 목마름이 해결되는 것은 경험적으로 알 수 있다는 이야기인 거죠.

<u>학생</u> 스님은 증지가 직접해보면 바로 알 수 있는 경험적 앎을 의미한다고 하시는데, 윤 선생님은 어떻게 보십니까?

<u>윤구병</u> 나는 지금 다 걸려 있어요. 무명에도 걸려 있고, 무상에도 걸려 있고, 이름에도 모습에도, 없는 것에도 걸려서 목이 꽉 막혔어요. 해결이 잘 안 됩니다. 모든 게 다 끊어졌다는 것도 해결이 잘 안 됩니다. 끊을 절絕, 한 일―이 있어요. 절은 실이 끊어졌다는 얘기입니다. 인연이 끊어졌다는 말도 되죠. 그런데 이게 도대체 뭔 말인가, 내가 미련해서 이해가 잘 안 돼요. 하나를 끊으면, 일체라는 게 또 '다'라는 말이니까, 모두 끊어 버린다는 말이죠.

<u>도법</u> 길이 끊겼다, 실이 끊겼다, 일종의 단절이란 뜻인데, 그것은 여러 가지로 해석할 수 있으리라고 봐요. 달리 표현하면 이름도 모양도 발붙이지 못한다, 본래 없기 때문에 발붙일 수가 없다는 뜻으로도 쓸 수 있고요.

<u>학생</u> 순 우리말로 하면 '겪어 봐야 아는 것이지 다른 길이 없네.' 이렇게 되나요?

<u>도법</u> 그렇지.

<u>윤구병</u> 나는 지금 머리가 바싹 말랐어. 술이 들어가야 뭐가 풀릴 것 같아.(웃음)

<u>학생</u> 존경받는 원로 언론인 김중배 선생은 '술이 미디어다'라고 했습니다. 술이, 곡차가, 하나하나 다 끊어져 버린 것들을 이어 주겠죠.

4장

김대중의 빨강은 본래 있던 것인가?

4장
김대중의 빨강은 본래 있던 것인가?

학생 오늘 공부를 시작하기 전에, 궁금한 게 있어서 여쭙니다. 조계종단에서 스님들의 육식 문제를 다룬 적이 있었습니다. 이게 간단한 문제 같지만, 규율 문제는 현실 생활과 괴리되거나 모순을 불러일으키는 경우가 있습니다. 금육을 지키라고 하는데, 식당에서 파는 거의 모든 음식에 고기가 들었거나 그 흔적이 있습니다. 스님이 고기를 먹는 문제 자체보다는 그 모순을 어떻게 정리하시는지, 그게 궁금합니다.

도법 육식은 피할 수 없어요. 산중에서는 가능하겠지만, 절을 벗어나면 아주 어렵습니다. 식당 음식들, 설렁탕, 곰탕은 물론이고, 비빔밥, 냉면, 하다못해 국수에도 멸치국물이 들어 있고, 고기 고명도 쓸 수 있어요. 음식을 먹다가 고기가 나오면 그걸 한 점 한 점 들어낸다고? 그럼 땅콩은 먹고, 멸치는 안 먹는다?

그런 식으로 하나하나 짚어 보면 붓다는 대단히 치사한 사람이 되고 맙니다. 생각해 봅시다. 붓다가 얻어먹는 밥은 사람들이 무수한 생명을 죽이고 피땀 흘리는 고생 끝에 만들어집니다. 그런데 붓다라는 인물이 그 음식을 얻어먹으면서도 내 손으로 직접 살생하지 않기 때문에 나는 특별히 거룩한 사람이다, 라고 하는 꼴이 되는데 상식적으로 얼마나 우스운 일인가요. 참으로 치사한 일이죠. 안 그런가요?

붓다는 고기를 먹지 말라고 말한 게 아니고, 고기를 찾아서 먹지 말라고 했어요. 일부러 잡아먹거나, 사다 먹거나, 부탁해서 얻어먹는 것을 하지 말라고 했어요. 원래 승려는 걸식했잖아요? 받는 대로 먹는 거지요. 고기를 받으면 고기를, 감자를 받으면 감자를 먹죠. 태국이나 남방 쪽 스님들은 음식 가리지 않습니다. 붓다의 식생활은 탁발이었습니다. 정성으로 주는 음식을 가리지 않고 감사히 맛있게 잡수셨습니다. 그러니까 중요한 것은 탁발 정신이라고 봅니다. 일반 시민들이 부담 없이 드시는 보통 음식, 예를 들면 소박한 백반 정도를 먹는 것이 탁발 정신에도 맞고 현실적으로도 자연스럽지 않을까요.

<u>윤구병</u> 승복에 진짜 어울리는 것이 뭔가요? 내가 볼 때는 값비싼 채식 전문 식당에 앉아 있는 스님보다, 허름한 식당에서 한 오륙천 원짜리 곰탕 한 그릇 먹는 분이 더 스님 같아요.

<u>도법</u> 고기를 먹냐 안 먹냐, 이게 중요한 게 아니고, 식욕 식탐에 지배받는 노예로 먹는가 그렇지 않은가가 중요합니다.

<u>윤구병</u> 지난번에 〈법성게〉를 읽는데 갑자기 둘이라는 말이 나왔어요. 그래서 하나가 뭐고 둘이 뭐냐 하는 것에 대해서 얘기를 좀 더 할 필요가 있다고 했어요. 이건 철학적인 내용을 품고 있다는 점에서도 주목해야 하지만, 사실 불교뿐만 아니라 기독교 그리고 노장 사상에서도 늘 끊임없이 하나와 둘, 그리고 '존재와 무_{有無}'가 나오기 때문에 이것을 정리하고 가야만 합니다.

특히 게송 가운데 첫 번째 구절(법성원융무이상)부터 세 번째 구절(무명무상

절일체)까지가 중심에 있으면서, 추상적인 뜻의 둘도 아니고 하나도 아니라는 말부터無二相, 근본 문제가 다 나옵니다. 움직이지 않는다不動든지 모든 법諸法이라든지, 그리고 없다는 무無자도 나오고, 이름과 모습도無名無相 나옵니다. 이 문제를 길게 얘기하다 보면 나머지 것들은 풀릴 수 있지 않을까 생각했는데, 어떻게 하면 좋을지 고민스럽습니다.

도법 얘기 흐름을 따라서 자연스럽게 흐르는 게 좋겠어요. 우리는 지금까지 〈법성게〉 앞 네 구절 가지고 얘기했어요. 근데 뭔가 잘 정리가 안 되고 있는데, 뒷부분 얘기를 해 가다 보면 앞에서 못 본 게 정리될 수도 있지 않을까 합니다.

윤구병 그러면 증지소지비여경證智所知非餘境은 다시 도법 스님 이야기를 듣고 넘어갑시다.

도법 난 불교를 끌어안고 45년 동안을 끙끙대 온 셈이죠. 근데 계속 아리송해요. 성철 스님을 위시로 깨달았다는 사람, 참선을 오래 했다는 사람과 이야기를 나눠 봐도, 아리송한 건 마찬가지예요. 우리가 공부하고 있는 이 자리는, 해도 해도 아리송한 게 아니라, 두 눈으로 보고, 두 손으로 만질 수 있도록, 그러니까 명료한 얘기가 되도록 해보자고 해서 마련된 것이죠.

그래서 나는 인드라망 생명평화 무늬 그림 가지고 얘기를 많이 합니다. 그 그림은 달을 가리키는 손가락이 아니라 우리가 봐야 할 달을 그린 겁니다. 〈법성게〉 얘기를 하려면 다시 그 그림을 가지고 하는 것이 좋겠습니다. 대승불교 수행 체계로 제시된 게 신해행증信解行證입니다. 초기불교는 고집멸도苦集滅道이고요. 대승불교가 제시한 신해행증의 내용이 무엇인지 단순화시켜 봅시다. 화엄으로 말하면 청정법신비로자나불이고, 더 단순화하면 '본래부처'가 됩니다. 본

이철수 화백이 재미있게 그린 인드라망 생명 평화 무늬.

래부처 정신은 뜻으로 보면 초기불교에서도 찾을 수 있지만 실제로 사용하는 경우는 거의 보이지 않습니다. 본래부처는 대승불교에 와서 생긴 겁니다. 청정법신비로자나불의 세계관이 단순화되면 본래부처가 되는데, 『화엄경』첫 구절에 나옵니다.

『화엄경』에는 이렇게 돼 있어요. '참 신기하고, 신기하다. 너무 기이하고 신비하다. 알고 보니 중생들이 본래부터 원만구족圓滿具足한 부처더라. 모를 땐 중생이었는데 알고 보니 부처더라. 실상이 그런데도 본인들 스스로가 부처인 줄 모른다. 모르는 것에 머물지 않고 죄 많은 중생으로 알고, 중생으로만 살려고 한다'라고 되어 있습니다.

부처인 줄 알고 부처로 살면 되는데 스스로 모른다는 겁니다. '깨닫고 보니까'는 '알고 보니까'라는 뜻입니다. 몰랐을 때는 인간이 무력하고 허망한 중생이었는데, 알고 보니까 대단한 부처더라, 라고 하는 것이 『화엄경』 첫 구절 내용입니다.

단순명료하게 본래부처로 제시되어 있는데도 불교인들은 계속 다시 부처가 돼야 한다고 강조하고 있어요. 사실은 논리적 모순이죠. 부처가 아니면 부처 되자고 해도 맞지만 이미 부처인데 다시 부처 되자고 하는 건 논리적으로 안 맞습니다. 그래서 끝없이 논란만 되풀이 되는 이야기는 그만하고 현실적으로, 눈에 보이고 손에 잡히도록 해석도 하고 설명도 했으면 좋겠는데 잘 안 되는 거예요. 그런데 생명평화 무늬 그림을 가지고 해 보니까 명료해지는 겁니다.

그림을 보세요. 우리는 이 그림을 '인드라망 무늬, 생명평화 무늬'라고 이름을 붙였어요. 다른 말로는 '어울림 삶'이라고도 합니다. 저 무늬를 '어울림 삶'이란 글자로 표현한 거죠.

『화엄경』 언어로 보면 청정법신비로자나불, 본래부처를 시각화한 것이고, 화엄 세계를 시각화한 것이라고 할 수도 있어요. 인드라망으로 설명하면 우주는 하나의 그물이고, 모든 존재는 그물코처럼 서로 얽혀 있어요. 그러니까 여기서 말하는 법성이란 지금 여기 직면한 한 물건의 참모습, 나의 참모습, 한 물건의 본래 모습, 나의 본래 모습이라는 의미이고, 이 그림은 참모습을 나타낸 것이죠. 좀 더 부연하면 법성, 나의 참모습은 지금 여기 두루두루 어울려 있기 때문에 현상은 나뉘어 있는 것처럼 보이지만 실제로는 따로 나뉘어 있지 않습니다. 일반적으로는 제일 아래쪽의 사람만을 떼어내어 나라고 생각합니다. 그런데 실제 나의 참모습은 전체가 그대로 나이고 나 그대로 전체라는 이야기입니다. 저는 법성원융무이상이 이걸 말하고 있는 것이라고 봐요. 나뉘어 있지 않은 참모습 법성, 이 점을 이해하면 우리말로 풀어내고 적절한 표현을 찾는 데 도움 되지 않을까 싶습니다.

<u>윤구병</u> 이 '부적'은 누가 그렸어요?

<u>도법</u> 홍익대학교 안상수 교수가 그랬죠. 어느 그물코를 집어 들어도 전체가 들려 올라갑니다. 모든 것은 서로 분리되어 있지 않다는 뜻입니다. 사람과 네 발 짐승, 새, 물고기, 나무, 숲, 식물, 해와 달, 우주 삼라만상을 단순하고도 사실적으로 시각화한 것입니다. 전체든 부분이든 같이 돌아간다, 따로 떨어지지 않는다, 모든 것은 연결됐다, 두루두루 어울려 이루어져 있기 때문에 나뉜 두 개 모습은 원래 없다는 것이죠.

도대체 화엄에서 말하는 청정법신비로자나불이라는 게 어떤 물건을 표현하고 있는 것일까? 한국에서 이 점을 보통 사람이 이해할 수 있도록 설명할 수 있는 사람은 아무도 없다고 생각해요. 예전에 동국대 불교대학 학장을 지내신 스님과, 해인사 승가대학 학장 노릇도 하고 미국 유학도 다녀온 스님과 같이 점심을 한 적이 있었습니다. 그 자리에서 내가 불교라는 게 도대체 아리송하다, 너도 모르고, 나도 모른다, 사람들이 명료하게 알아듣게 하는 게 필요하다고 말했지요. 그분들도 '그렇다'고 하더라고요. 대부분의 불교 지식인들은 청정법신비로자나불이 도대체 뭐냐고 물으면, '불신충만어법계佛身充滿於法界, 보현일체중생전普現一切衆生前'이라고 대답해요. 질문이나 답변이나 어렵기는 마찬가지예요. 윤 선생님 이 구절 기억하세요?

<u>윤구병</u> 몰라요. 난 요새 어제 들은 것도 오늘 기억이 안 나요.(웃음)

<u>도법</u> 아니, 그것도 모르시나, 참.(웃음) 우리말로 풀면 '부처님의 몸은 우주에 충만해서 아니 계신 곳 없으시고, 언제 어디에서나 모든 중생의 눈앞에 나타나 있다'는 뜻이지요. 그러면 지금 우주에 충만해 있는 부처라는 게 도대체 어떤 물건이고, 어떤 의미냐? 지금 모든 중생 앞에 나타나 있다는데 도대체 지금 그게 누구냐, 뭐냐? 이 질문에 대해 알아듣게 설명할 수 있어야 하는데 설명이 안 되는 거예요. 장황하게 설명하는데 오리무중인 겁니다. 아니, 눈

앞에 있다고 하면서 그걸 모른다, 명료하게 설명을 못한다는 게 말이 됩니까? 절에서 매일 하는 축원문에도 있습니다. 그런데도 지금 눈앞에 나타난 부처가 누구냐, 하는 질문에 시원한 설명을 못하니 모두 갑갑한 상황이 되고 맙니다.

그런데 생명평화 무늬 그림을 가지고 설명을 하면 손에 잡힐 듯이 명료하게 되는 거예요. 생명평화 무늬 그림은 청정법신비로자나불, 본래부처, 나의 참모습인 법성을 시각화한 것입니다.

이쯤에서 신해행증 체계에 맞추어 살펴볼까 합니다. '모를 때엔 사람이 업보중생이었는데 알고 보니 사람이 본래 거룩한 붓다'라고 하는 본래부처에 대해 잘 이해하고 확신하는 것이 신해행증信解行證 가운데 신信입니다. 그렇다면, 내가 본래부처라면 이제 어떻게 행동을 해야 하나, 즉 실천해야 할 본래부처의 행에 대해 잘 아는 일이 남습니다. 실천해야 할 내용을 『화엄경』에서는 십바라밀행十婆羅蜜行 또는 육바라밀행六波羅蜜行이라고 말하죠. 더 간단하게 말하면 반야바라밀행인데, 한문 번역으로는 도피안到彼岸입니다. 보통 도피안을 고통의 이 언덕此岸에서 평화의 저 언덕彼岸으로 건너간다고 설명합니다. 전 한 걸음 더 나아가 반야바라밀행을 완성적 실천으로 해석합니다. 신해행증 체계에 맞추면 십바라밀행, 육바라밀행을 효과적으로 잘 실천할 수 있도록 하는 미묘한 수단, 방편을 잘 이해하는 것이 해解에 해당합니다. 본래 붓다와 반야바라밀행을 잘 파악하고 이해했다면 그 다음은 어떻게 해야 할까요. 즉각 아는 대로 실천해야죠. 실천하는 것이 바로 행行입니다.

다음엔 증證, 바로 증지소지비여경證智所知非餘境의 증입니다. 증은 보통 '깨달음의 경지'라고 합니다. 이 구절은 일반적으로 '증득한 사람만 알 수 있을 뿐 다른 사람은 모른다'라고 해석하죠. 그러니까 깨달음의 경지에 이른 증득한 사람만 알 수 있을 뿐이라는 것이죠. 당연히 보통 사람은 바로 접근할 엄두를 낼 수 없죠. 계속 참회하고 참선하고 그 과정에서 깊은 삼매 체험하고 신비한 깨달음을 얻어야만 알 수 있다고 하니 어쩌겠습니까. 지금 여기 현실에서 내가 어찌해 볼 수가 없죠. 눈물을 머금고 먼 훗날을 기약할 수밖에 다른 길이 있겠어요? 결국 불교의 깨달음은 평범한 내가 매일 겪어야 하는 현실에선 아무 쓸모없는 것이 되고 맙니다. 참 딱하고 기가 막히는 일입니다. 어떻게 해야 할까요. 궁리하고 궁리한 끝에 전 '증지'를 실천하는 즉시, 십바라밀을 행하면 그 즉시 경험적으로 알 수 있다는 뜻으로 해석했습니다. 실천하지 않고는, 행동하지 않고는 알 길이 없다. 실천하는 지혜로만 알 수 있을 뿐 다른 길은 없다, 이렇게 해석하고 보니 비로소 불교를 현재의 삶으로 가져올 수 있게 되었습니다. 일반적으로 불교를 깨달음을 추구하는 종교라고 하죠. 수행도 깨달음을 추구하는 실천이라고 하고, 보살도 깨달음을 추구하는 사람으로 해석합니다. 나는 다르게 봅니다. 오히려 불교는 깨달음을 추구하는 종교가 아니라, 깨달음을 실천하는 종교, 불교 수행도 깨달음을 추구하는 행이 아니라 깨달음을 실천하는 행, 보살도 깨달음을 추구하는 사람이 아니라 깨달음을 실천하는 사람이라고 해야 된다고 보죠. 따라서 대승불교의 신해행증은 깨달음을 실천하는 체계로 제시한 것이라고 이해합니다.

일반적으로 사람들은 신해행증의 과정을 거친 다음에야 비로소 깨달음에 도달한다, 또는 실천할 수 있다고 해석합니다. 그런데 그렇게 해석하면 깨달음이 신비화될 수밖에 없고 동시에 깨달음은 영원히 먼 훗날의 얘기가 되고 맙니다. 현재 삶 속의 것이 되려면, 신해행증을 깨달음의 실천 체계로 봐야 하고, 행위를 하는 대로 바로 이루어진다, 증명된다는 증으로 봐야 됩니다. 요약하면 누구나 스스로 본래부처임을 잘 알아 확신하고(信), 어떻게 행동해야 하는지 잘 이해하고(解), 일상생활에서 적재적소에 맞게 확신하고 이해한 것을 실천하고(行), 실천하면 그 즉시 이루어진다(證), 그러므로 '실천하는 지혜로 알 수 있을 뿐 다른 길은 없다'라고 해석돼야 맞고 바람직하다고 보는 겁니다.

<u>윤구병</u> 잘 들었습니다. 그런데 스님은 도법이라는 이름이 있죠? 본래부처라

는 이름도 있고. 게다가 또 모습이라는 상相도 있어요. 인드라망 그림 봐요. 다 그려져 있잖아요. 실제로는 이름도 있고 상도 있습니다. 스님은 확신을 가지고 우리에게 남은 건 실천뿐이라 얘기하시는데, 세 번째 구절을 봅시다. 무명무상절일체無名無相絶一切, 이름도 상도 없다, 모든 것과 끊어졌다는 것이죠. 제법諸法이 그렇다는 것입니다. 우리 맘을 움직이는 모든 것이 이름도 없고, 모습도 없고, 모든 것과 끊어졌다는 것입니다. 그 다음에 증지소지비여경이 나오죠? 다 끊어졌을 때, 아무것도 안 보이고 안 들릴 때는 어떻게 해야 하지요?

나는 혜초가 천축국에 간 것도 이 때문이라고 봅니다. 그에게는 아무것도 안 보이고, 안 풀리고, 자기 힘으로 안 되니까 실제로 고비 사막 건너서 인도까지 간 것입니다. 2조 혜가慧可가 초조 달마達磨를 찾아가서 눈 오는 겨울날 밤새 무릎을 꿇고 앉아서 한 마디 해달라고 요청했지만, 달마는 콧방귀 뀌면서 돌아보지도 않았어요. 결국 한 팔을 베어 바친 후에야, 신심을 보여준 다음에야 한 마디 해 줬습니다. 한 마디 해 주는 게 목침으로 대가리를 깨는 수도 있고, 소리를 질러 뒤로 자빠지게 하는 수도 있지만, 어쨌든 혼자 깨우칠 수 없으니까 스승을 찾아간 것이다, 나는 그렇게 봅니다.

예전에 이현주 목사가 『선문염송禪門拈頌』을 흉내 내서 '삶에서 가장 중요한 질문'이란 질문들을 가득 적고 스스로 답을 한 후에 책을 내는데, 나한테 추천사 써달라고 해서 읽어보니 정말 슬기로운 말들이었어요. 적절한 질문과 알맞은 대답이었지요. 그런데 난 못 쓰겠다고 했죠. 출판사 편집자가 이유라도 알려달라고 하더라고. 『선문염송』은 한 마디 한 마디가 이해되지 않는 게 절반이 넘습니다. 질문도 대답도 이해되지 않습니다. 그건 대화입니다. 스승한테 묻고, 스승이 대답한 것입니다. 자기가 아무리 생각해도 해답이 안 나오니까, 온갖 역경을 무릅쓰고, 목숨 걸고 멀리까지 찾아가서 물었고, 그 물음에 대한 대답이 있는 대화록입니다. 근데 이걸 가지고 자기 혼자 자문자답한다? 그럼 스스로 다 깨친 사람인데, 자문자답을 내놓고는 사람들이 공무원 시험 보는 것처럼 이런 질문에 이렇게 대답하면 된다고 쓴 것이 과연 중생에 도움이 될까? 그래서 나는 못 쓰겠다고 했습니다. 독백은 독백이고 대화는 대화입니다.

그리고 실천으로 모든 문제가 해결된다면 내가 보기엔 이런 공부를 할 필요가 없어요. 중국에서는 공부가 쿵푸입니다. 몸으로 하는 거죠. 〈법성게〉를 읽다 보면, 나도 꽉 막혀요. 내가 잘 알아서 하는 이야기가 아니에요. 무명무상절일체, 여기가 꽉 막혀. 스님이 해답이라고 여기는 게 증지소지비여경인 것 같은데, 이름도 없고 모습도 없고 모든 것과 끊어졌는데 무엇으로 증지證知할 것인가? 앎이라고 했는데, 이 앎이라는 게 우리 감각을 통해서 눈으로 보고, 귀로 듣고, 냄새 맡고, 살과 살이 부딪쳐서 아는 앎인가? 우리가 실천을 한다면 그건 몸으로 하는 건데, 실천하는 이 몸은 무엇인가? 우리가 감각을 떠나서 실천할 수 있다고 얘기하는데, 이때 실천할 수 있는 주체는 뭔가? 나머지는 아무것도 아니다? 논리적으로만 보면 이름도 모습도 없고 모든 게 끊어졌기 때문에 머리로 이것을 정의할 수밖에 없어요. 서양서도 그렇습니다. 삼각형이 뭐냐, 원이 뭐냐, 라고 할 때, 삼각형과 원, 그 자체는 눈에 안 보이니까, 머리로 정의합니다. 머리로 윤곽을 그리는 것입니다. 하지만 머리로 증지하는 건 아닐 겁니다. 그럼 무엇으로 증지를 하느냐, 이 말입니다. 머리로 증지를 하는 건 아닌데…….

도법 윤 선생께서는 직접 경험, 실천하는 것의 중요성에 대해 의문을 제기하고 계시는데 예를 들어 보겠습니다. 여기 배곯는 사람이 있습니다. 많은 과정을 거쳐서 이것은 밥을 먹어야 해결되지 다른 길은 없다고 확신하게 되었습니다. 그리고 그 확신에 따라 직접 밥을 먹었고, 그 순간 배곯음의 문제가 해결되었습니다. 문제가 해결되면 그것으로 충분한 것 아닌가요. 밥을 먹어서 배곯음이 해결되는 순간 밥에 대한 온갖 갈망 온갖 이러쿵저러쿵하는 분별이 다 끊어지고 떨어져 나갑니다. 편안해지고 자유로워집니다.

학생 무명무상절일체無名無相絶一切에서 주어가 뭔가요?

윤구병 제법이라 할 수도 있고, 법성이라 할 수도 있고, 여러 가지 생각이 가능하겠죠.

학생 그러니까 무명무상절일체의 주어는 법성 혹은 제법이고, 법은 존재하는 것을 의미하는데, 그게 이름도, 형상도, 어떤 다른 속성도 없다, 그래서 그걸 알려면 내가 실천적 차원에서 본다든지, 두드린다든지, 겪어 봐야 아는 것이지 다른 방법이 없다, 이렇게 소박하게 이해하고 있습니다.

윤구병 문제는 이런 겁니다. 〈법성게〉는 깨친 사람의 노래, 오도송의 하나죠? 의상 대사라는 깨친 사람이 한자를 빌어서 옛날 말로 적어 놓은 것인데, 이것은 뒷사람에게 깨침을 주기 위한 것이죠. 그런데 우리처럼 깨치지 못한 사람들은 어떤 말을 해도 뒷사람에게 깨침을 주지 못하고, 깨침을 주지 못할 바엔 아무리 좋은 말로 번역해도 소용없는 일이라는 겁니다.

도법 우리가 불성이나 법성이란 말을 쓰죠? 이게 쓰임이 다 달라요. 불교에서는 불성이 유정에 해당되고, 법성은 유정과 무정에 다 해당되니 훨씬 더 보편성을 띠고 있죠. 불성은 사람이라든가 감정이 있는 존재(유정)를 대상으로 했을 때 사용하고, 법성은 감정이 있든지 없든지 어떤 존재에도 다 적용되는 낱말이죠. 불교 개념들의 쓰임새는 애매모호하게 돼 있는 게 아니라 사실은 명확하게 돼 있어요.

윤구병 천 년이 넘는 세월 동안 밥 먹고 경전만 연구하는 사람이 수두룩합니다. 요즘처럼 바쁘게 살면서 나처럼 겉핥기로 보는 사람은 옛사람들이 하나하나 파헤쳐 놓은 것을 따라가기는 불가능해요. 글자 하나하나에 대해 설명하고, 이것을 다시 전체로 엮어 놓은 것을 우리는 도저히 못 따라가요.

근데 만일에 그 과정에 꼭 필요한 것이라면 경전 공부만 하면 되겠죠. 그러나 깨우침은 경전 공부만 가지고 안 된다고 해요. 경전이 산더미처럼 쌓였더라도 그것만 읽고 깨우친다는 사람은 하나도 없습니다. 도법 스님은 몸으로 때워야 한다, 머리는 소용없다 여기고, 산지사방으로 돌아다니고 했습니다만······.

그런데 법성(마음결)이 증지를 한다고 하는데, 일체유심조라는 말도 있어요. 모든 게 마음에서 나온다는 뜻이죠. 근데 옛날에는 '몸'과 '맘'이 한 말이었습니다. 우리말 모음 아·어·오·우·이는 왔다 갔다 변한다고 말을 했습니다. 우리는 증득을 못하지만, 몸맘과 맘몸이 하나가 되는 단계가 있을 거예요. 그래서 경전은 머리로 하지만, 경전 공부처럼 접근해서는 이걸 알 수 없다는 생각이 들어요.

<u>학생</u> 무명무상에서 '명'이 '이름'인데, 이름이 없다면 이름을 붙이면 되는 거 아닌가요? 이름은 인위적인 건데, 이름 없는 게 특별히 중요한 게 아닌 것 같고요. 이름 없다는 게 중요하려면 이름에 대한 다른 의미가 있어야 할 것 같습니다. 서양 용어로 하면 본질이라든지, 그렇게만 불려야 하는 그 말의 성격이라든지.

<u>윤구병</u> 그건 나중에 추상화 단계가 높아졌을 때 할 일입니다. 안경, 컵, 책 이런 게 다 이름인데, 이름이 없으면 구별이 안 되죠. 구별하지 않으면 살아갈 길이 없어요. 구별의 기초 단위, 그게 이름입니다. 이것과 저것을 가리는 바탕이 되는 것이죠. 최초의 이것과 저것이 뭐냐고 질문한 거고, 추상 단계가 가장 높은 곳에서 이것과 저것은 있는 것과 없는 것밖에 없습니다. 거기서 출발할

건가, 아니면 구체화된 사물에서 출발할 건가 하는 문제인데, 스님은 앞에서 아무리 '있다'와 '없다'로 따져 봐도 소용이 없다, 구름 잡는 얘기다, 눈으로 보고, 코로 냄새 맡고, 귀로 듣는 것들로부터 출발을 해야 한다는 생각이 상당히 굳으신 거고…….

<u>학생</u> 두 분 생각이 만날 수 없나요?

<u>도법, 윤구병</u> 관계없어.

<u>윤구병</u> 스님은 스님 말대로 하고, 나는 내 말대로 하는데 서로 걸림은 없어요.

<u>학생</u> 무명을, 모든 사물은 서로 구별되는 것이 없다는 뜻으로 해석하면 되나요?

<u>윤구병</u> 그건 어떤 눈으로 보느냐의 문제입니다. 어디에서, 어떻게 보니까 모습도 안 나타나고 이름도 안 나타난다고 하느냐, 이런 문제죠. 이건 아까 도법 스님이 얘기한 법성에서 보면, 마음에서 보면 그렇다는 것입니다. (책상을 치며) 마음을 내놔 봐!

<u>도법</u> 우리가 전제를 정리할 필요가 있을 것 같아요. 불교는 붓다가 출가하고, 고행을 버린 다음, 중도 수행을 통해 깨닫고, 일생을 살았다고 하는데 그 목적이 무엇이냐고 묻는 것에서 시작됩니다. 그 물음에 대해 한마디로 말하면 고苦로부터의 해탈이죠. 사람들이 살아 보니 고통스럽고, 본인도 살아 보니 고통스럽고, 세상 꼬락서니도 돌아보니 고통스럽고……. 물론 고통이 구체적으

로 뭐냐고 물으면 여러 가지 답변이 나오겠죠. 어쨌든 고통으로부터 자유로워지고, 편안해지고 싶죠. 그런데 현실은 그렇게 안 되죠. 결국 붓다의 경우를 생각하게 됩니다.

일찍이 붓다는 고통으로부터 벗어나는 길이라고 알려진 정신 통일의 길을 갑니다. 그 길에서 최고의 경지라고 하는 비상비비상처정非想非非想處定까지 올라갑니다. 그런데 해답을 못 찾습니다. 다음은 고행의 길을 갑니다. 그 길에서도 최고의 경지인 죽음 직전까지 갑니다. 그런데도 해답을 못 찾았습니다. 특별한 길, 신비한 길, 다 해 봐도 안 풀려서 그 길을 버리고 다시 원위치 합니다. 백지 상태에서 본인 방식으로 관찰하고 사유합니다. 인간의 고통은 어디서부터 시작되는가?

지금 본인이 직면한 고통의 존재인 자신의 실상을 거듭 관찰하고 사유하는 것이죠. 그 과정에서 존재의 실상, 고통의 실상을 알게 됩니다. 붓다는 직면한 실상을 잘 모르기 때문에, 왜곡되게 알고 살기 때문에 고통스럽게 된다고 결론 내립니다. 잘 모르는 것을 무명, 무지, 미혹, 우치라고 표현하는데 결과적으로 무지로 인하여 고통의 결과가 나타남을 알았습니다. 결국 고통에서 해탈하려면, 근본 원인인 무지로부터 벗어나야 합니다. 결론적으로 볼 때 아무리 심오하고 오묘하고 신비해도 고통의 문제를 해결하는 데 도움 되지 않으면 그건 불교가 아닐 뿐만 아니라 삶에 필요 없는 쓸모없는 물건인 거죠.

〈법성게〉도 마찬가지입니다. 사람들이 무지 때문에 고통스러운 삶을 만들기도 하고, 겪기도 하니까, 그들을 고통으로부터 벗어나게 하려면 실상에 대한 무지로부터 깨어나게, 실상에 대해 잘 알게 해야 합니다. 그래서 〈법성게〉를 지은 것입니다. 〈법성게〉 논리로 보면, 법에 대해 잘 모르니까, 그것이 원인이 되어 고통과 불행을 겪게 된다, 다시 말하면 법성에 대해 잘 모르니까 고통과 불행의 삶을 살게 된다는 것입니다. 고통의 문제를 잘 해결하려면 존재의 참모습인 법성에 대해 잘 알아야 한다는 거죠.

나는 현실에서 구체적으로 경험했던 사례를 예로 들어 해석하고 설명하는 편인데, 〈법성게〉 앞부분 네 구절도 그렇게 설명하겠습니다. 여기 정치인 김대중이 있다고 합시다. 누구는 그 사람을 빨갱이라고 합니다. 근데 빨갱이 반대는 뭐죠?

학생 파랑이죠.(웃음)

도법 누구는 아니라고 합니다. 빨갱이 반대는 검둥이라고 칩시다. 누구는 빨갱이라 하고, 누구는 검둥이라고 하면서 서로 죽기 살기로 싸웁니다. 그 과정에서 본인도 죽을 지경이고, 너도 나도, 한국 사회도 긴 세월을 고생했어요. 지금도 벗어나지 못하고 허덕이고 있는 게 우리 현실 아닌가요?

시시비비의 원인이 되고 있는 김대중이란 실존 인물을 놓고 〈법성게〉를 풀어 봅시다. 검둥이라고도 하고 빨갱이라고도 하는 물건(김대중)이 여기 있어요. 법성을 김대중이라 칩시다. 실제 김대중이라는 물건을 보니까, 처음엔 온 우주가 두루 어울려 이뤄진 한 물건일 뿐이었는데 사람들이 그 물건에다 김대중이라는 이름과 절뚝거리는 모양으로 규정을 하고 거기에다 빨갱이다, 검둥이다 하고 딱지를 붙여 죽이네, 살리네 하고 삶을 아수라장으로 만들고 있습니다. 처음엔 이름도 모양도, 빨갱이도 검둥이도 없었습니다. 다만 사람들이 자기 필요에 따라 만들어 내고 그 안에서 시시비비를 하고 있는 것입니다. 굳이 말하자면 자승자박이지요. 그렇게 되는 첫 원인은 실상에 대한 무지입니다. 그럼 어떻게 해야 무지로부터 깨어나게 될까요? 실상을 참되게 알게 될까요? 〈법성게〉에선 직접 실상을 확인해 보면 깨어나게 된다, 실천해 보면 바로 알게 된다고 설명하고 있습니다. 그 구절이 바로 '증지소지비여경'입니다.

이제 전체적으로 정리해 봅시다. 사람들을 고통스럽게 하는 시시비비 문제를 해결하기 위해 문제의 김대중이라는 물건을 확인해 봅시다. 그 물건의 실상을 몇 가지로 짚어 보면 첫째, 법성원융무이상, 그 물건의 참모습은 온 우주 두루 어울려 이루어진 존재로 두 모습 없고 둘째, 제법부동본래적, 그 물건처럼 다른 물건들도 한결같이 시시비비 시끄러움 없어 본래 고요합니다. 셋째, 무명무상절일체, 그 물건의 참모습 그 자체엔 김대중이라는 고정된 이름도 모양도, 빨갱이도 검둥이도 본래는 없었는데 사람들이 제멋대로 이름 달고 모양 정하고 딱지 붙여서 죽일 놈 살릴 놈, 죽네 사네, 하고 아우성치고 있는 겁니다. 왜 그럴까, 어떻게 해야 할까요? 넷째, 증지소지비여경, 그 물건의 현재 실상을 확인해 보면 그 안에는 무수한 '-둥이'들이 함께 들어 있습니다. 빨갱이, 검둥이, 흰둥이, 초록둥이 등 천만 개의 '-둥이'들이 김대중이라는 한 물건 안에 함께 들어 있습니다. 그러므로 어느 한 가지로 단정하는 것은 그 물건의 실상에 대한 심각한 무지요, 왜곡입니다. 굳이 따져보면 그 물건은 그 어느 '-둥이'도 아니거나, 그 모든 '-둥이'가 됩니다. 그렇다면 빨갱이다 검둥이다 하는 우리의 아우성은 얼마나 바보같고 한심하고 미친 짓인가, 실상에 대한 무지가 얼마나 큰 비극인가, 하는 것을 알 수 있습니다.

윤구병 방금 스님이 대단히 위험한 말을 했는데, 이쯤 정리하고 다음 글로 넘어갑시다. 나중에 보면 우리가 얼마나 위험한 발언을 했는지를…….(웃음)

도법 아, 삼계三界가 본래 화택火宅인데, 뭘…….(웃음) 세상살이가 다 불타는 집 속에서 사는 것이지.

윤구병 다음 구절 한번 읽어봅시다.

학생 다음 구절을 읽고, 참고로 정화 스님이 풀이한 것을 읽어 보겠습니다.

진성심심극미묘(眞性甚深極微妙)
불수자성수연성(不守自性隨緣成)

깊은 것은 낮은 것을 떠날 수 없고
낮은 것 또한 깊은 것의 근본이 되니
낮은 것이 이미 낮은 것만이 아니며
깊은 것 또한 깊은 것만이 아니라

깊으면 깊은 대로 낮은 것을 품고
낮으면 낮은 대로 깊은 것을 실으니

깊고 낮음을 떠나면서
깊고 낮음이 한 생명으로 있는
가장 미묘한 것
참된 성품

그래서 참된 성품이
가장 미묘한 것이 아니라
깊고 낮음을 떠난 곳에 이르면

참된 성품이라고
이름 지을 수도 없고

그 모습을 그려볼 수 없으면서도
낮음을 이루고

깊음을 이루어
깊고 낮음의 경계를 벗어난
함께 어울린
생명의 활발발한 모습을 일러

참된 성품은 깊고 깊으며 가장 미묘해

<u>도법</u>   진성심심극미묘라고 했는데, 참된 성품이 무엇이고, 미묘하다는 것은 무엇인가요?

<u>윤구병</u>   여기서 진성眞性이 아주 명확한 것 같지요? 성性 자에는 날 생生 자가 있죠? 살아 있는 것이지 죽은 게 아니라는 겁니다. 거기 마음 심心 변까지 있어요. 그냥 목숨이 아닙니다. 우리말로 하면 참삶입니다. 마음도 담겨 있는 삶입니다. 그럼 참이 도대체 뭐란 말일까요? 도법 스님은 어물쩍 넘어갔습니다. 참과 거짓을 따질 게 뭐 있냐고 하면서, 그냥 넘어갔어요. 무식해서 그래.

<u>도법</u>   눈앞에 윤구병이 딱 보이는데, 거기에 진짜니 가짜니 뭘 붙여. 이렇게 딱 보이잖아.

<u>윤구병</u>   어떤 걸 참이라고 하고, 어떤 걸 거짓이라고 하나요?

<u>도법</u>   윤구병을 도법이라고 하면 거짓말이고, 윤구병을 윤구병이라고 하면 참이지. 윤구병이 곧 우주고 우주가 곧 윤구병이라고 하면 참이고, 윤구병과 우주, 우주와 윤구병이 분리된 남남이라고 하면 거짓이지.

<u>윤구병</u> 우리가 추구하는 참삶이라는 것은 뜻이 아주 깊은데……. 미묘하다는 말은 함부로 쓰는 게 아니에요. 미微는 공간적으로 볼 때 티끌같이 아주 작다는 뜻이고, 묘妙는 운동·시간의 관점에서 볼 때 쓰는 말입니다. 때로 보거나 곳으로 보거나, 실제로는 이게 대단히 깊고, 이제 저제로 나눌 수 없는 지점이 있어요.

그 다음 불수자성수연성은 매우 중요한 구절입니다. 어떻게 번역하면 좋을까요? 불수자성不守自性은 '스스로 제 삶을 고집하지 않고'라고 풀 수도 있고, '지키지 않고'라고 풀 수도 있죠? 수연성隨緣成은 인연에 따라 이뤄진다는 건데, 이것도 뜻이 두 가지로 볼 수 있어요. 자기 의지로서 자성을 버린다는 뜻과, 실제로 자성을 지킬 수 없다는 뜻이 있을 수 있는데 어느 쪽이 더 자연스러울까요?

<u>학생</u> 앞에 나온 글귀들과 연결해 보면 표현의 흐름이 법성, 제법, 진성, 자성으로 이어지고 있는 만큼, 인간 의지라는 차원보다 대자연의 질서나 법칙 차원에서 그것을 드러내 주는 것으로 볼 수 있지 않나요? 자성을 참삶이라 한다면, 참삶은 본래 지켜야 될 어떤 것이 아니라, 인연에 따라 생기는 것이라는 점을 자연법칙 차원에서 얘기한 것 아닌가 생각합니다. 윤 선생의 말씀 중 두 번째, 의지가 아니라 본래 그렇다는 것 말입니다.

<u>도법</u> 법성을 나의, 그대의 참모습이라고 풀었듯이 제법도 진성도, 자성도 그렇게 보면 좋지 않을까 싶네요. 그렇게 보면 참모습 자체가 지극히 미묘하지요. 내용을 짚어 봅시다. 법성, 제법, 진성, 자성, 즉 존재의 참모습은 어떤 형태로도 분리 고정되어 있지 않고 언제나 주어진 조건에 따라 또 다른 무엇인가로 태어납니다. 바로 이 점이 미묘한 거죠. 미묘한 게 따로 있는 게 아니라는 말이죠.

한 번 생각해 봅시다. 물이 논에 들어갔는데 물이 철저하게 자기 속성, 기질, 성격을 붙잡고 있으면 벼가 자랄 수 없죠. 물이 논에 들어가서 자기 속성을 고집하지 않기 때문에 벼가 자라는 게 가능합니다. 이것이 존재의 미묘함인 거죠. 여기서 수연성은 벼가 자라는 것을 말해요. 일정한 조건, 인연, 관계에 의해서 벼가 자라는 것이니까요.

윤구병 좋은 설명입니다.

학생 법성이 대자연의 질서라면, 자성은 나를 말하는 건가요?

도법 자성은 나무면 나무의 참모습, 불이면 불의 참모습과 같은 개체의 참모습을 말한다고 보면 될 거 같아요.

윤구병 법성과 제법이 보편적인 것이라면, 진성과 자성은 좀 더 구체적인 삶과 연계되는 것으로 바꾼 것이라 생각해요.

도법 물이라는 것은 논에 들어가면 벼를 자라게 하고, 고구마 밭에 들어가면 고구마를 영글게 하죠. 자기의 속성을 움켜쥐지 않아요. 그러기 때문에 심심미묘하다고 표현한 겁니다. '법성은 참으로 심심미묘해서', 이렇게 풀어도 뜻은 같습니다. 진성이란 말을 쉽게 생각하면 좋을 것 같아요. 법성이라고 해도 괜찮을 텐데 굳이 진성이라고 한 까닭은 문장의 맛과 멋 때문이 아닌가 싶어요. 법성은 왜 참으로 심심미묘할까, '자성을 지키지 않고, 인연에 따라 이루기 때문이다', 이렇게 풀이하면 될 것 같습니다. 미묘하잖아요. 쉽게 얘기하면 물이 인연에 따라 꽃을 피워 낸다는 겁니다. 이게 미묘하다는 거죠. 물이 물로만 있을 것 같은데 그렇지 않고, 물이 꽃을 피워 낸다 이 말입니다. 생각할수록 미묘하죠.

^{학생} 꽃을 피게 하는 물의 속성, 그것을 진성이라고 하나요?

^{도법} 심심미묘.

^{학생} 조금 전에 진성은 참삶이라고 얘기했습니다. 내가 물이라는 걸 고집하지 않고, 너다움을 부추겨 주는 작용을 했을 때, 그게 심심미묘하다는 것인가요? 그게 물의 진성이라고 하는 건가요?

^{도법} 정리해 보면 법성, 제법, 진성, 자성은 뜻으로 보면 거의 같은 의미인데 실제 상황에 적용할 때는 문장의 멋과 맛을 위해 또는 이쪽과 저쪽을 구분하기 위해 표현을 달리 했다고 봅니다. 다만 좀더 따져 보면 진성은 자체로도 의미를 갖지만, 자성은 진성처럼 모두에 적용되지는 않는 것이지 싶네요. 물이라는 개별체에 적용할 때 그건 자성이고, 진성은 보편적으로 적용되는 걸로 보면 될 것 같아요.

^{학생} 물이 자성을 내려놓고 벼에 들어가 벼를 자라게 하는 것, 이게 참삶, 진성이라고 할 수 있을 것 같습니다.

^{윤구병} 그러니까 '자성을 내려놓고, 또는 지키지 않고, 실제로 끈(인연) 따라 이루네', 이렇게 풀 수도 있어요. 닿는 데 따라서, 만나는 데 따라서 이것도 이루고 저것도 이룬다고 말할 수 있어요. 나와 컵 사이에는 두 가지 관계가 있을 수 있죠. 하나는 만나는 관계이고 다른 하나는 맞서는 관계입니다. 만나는 관계는 상생한다는 것이죠. 상생이라는 말은 우리말로 만나는 것이라고 말할 수

있어요. 마주 난다生, 서로 그늘지지 않게 돕는다는 뜻이죠. 맞선다는 것은 서로 장애가 된다는 것을 말합니다. 서로 가린다, 막는다는 뜻이에요. 우리가 어떤 것과 만날 때, 함께할 때는 맞서는 측면과 만나는 측면이 있는데, 이때 실제 인연이라는 것은 맞서는 게 아니라, 만나는 것으로 볼 수 있을 거라고 생각합니다.

<u>학생</u> 맞서다는 '마주 서다'?

<u>윤구병</u> 지난 시간에 한번 말한 적이 있는데, 어떤 모습이 있고 거기에 상대한다고 할 때 우리는 그걸 대상이라고 합니다. 독일어로 하면 이해하기 쉬운데, 게젠슈탄트Gegenstand라는 단어로, 마주 서 있다는 뜻입니다. 일본식 한자로는 대상對象이라고 하죠. 영어는 오브젝트, 불어는 오브제인데, 둘 다 라틴어에서 나온 말이죠. 이건 가로질러 막는다는 뜻입니다. 대상에는 우리와 맞서는 측면이 있고, 도움을 주고받는, 만나는 측면이 있다고 봐요.

<u>도법</u> 아까 설명한 것 중에 좀 흡족하지 않은 데가 있어요. 법성과 불성의 차이는 유정과 무정 개념으로 나뉘는 것처럼, 오늘 우리가 공부한 것 중에 법성과 진성도 같은 뜻으로 해석하고 쓸 수도 있지만 법성은 진성처럼 제법, 자성에도 적용될 수 있겠네요. 따라서 '법성의 진성은 참으로 심심미묘해서' 이렇게 풀어도 좋을 것 같아요.

그럼 뒤에 나오는 자성은 같은 내용인데 뭘 얘기하려는 건가? 법성은 어떤 물건이든지, 라는 뜻이 될 거 같고, 자성은 각각의 물건이 취하는 태도가 자기 색깔을 갖는 것, 유지하는 것이라고 할까요? 물은 솥에 들어가 쌀이 밥이 되게 하지만, 물의 고유성을 상실하지 않는다는 의미가 되지 않을까 싶네요.

윤구병 '제 삶 버리고 끈 따라 이루네.' 이런 뜻이죠?

도법 미묘하기 때문에 수연성이라 할 수 있고, 수연성하기 때문에 미묘하다고 할 수도 있겠죠.

학생 진성과 법성이 같다고 보면, 우리가 지난 시간에 법성을 물결이나 흐름결로 풀이한 것과 어긋나지 않나요? 흐름결이 적절한 풀이말인지 다른 말을 찾아야 할 건지 생각을 해볼 필요가 있을 것 같습니다. 참삶, 마음결로 하면 뜻도 통할 거 같습니다.

윤구병 여러 가지로 얘기해 보고, 통일시키는 것은 나중에 합시다.

도법 다음이 뭐지? 다음까지만 읽어 봅시다.

윤구병 스님이 공부 늦바람 나셨어.(웃음)

학생 이번에도 다음 구절을 읽고 정화 스님의 풀이를 함께 읽어 보겠습니다.

일중일체다중일(一中一切多中一)
일즉일체다즉일(一卽一切多卽一)

하나 속에 모든 것이 있고, 모든 것 속에 하나가 있으며(一中一切多中一)

들꽃 하나도
단지 하나의 들꽃이 아니죠.

모든 것이 들꽃으로 하나 되어
피어나는 것입니다.
그래서 모든 생명들은
그 다름 속에 다른 모두를 담아서

다름으로 피어나는
활동이 됐습니다.

하나 그대로 모든 것이며, 모든 것이 그대로 하나이니(一卽一切多卽一)

다름으로 피어나는 하나하나는
이미 그 속에 모두를 담아서 피어나는
생명의 활동으로

다름 다름마다 그대로
모든 것의 얼굴이 되면서도
다름으로 하나

그래서 하나하나가
모두의 얼굴이 되니
하나가 모든 다름이 되고

다시 다름이 다름을 잃지 않고서도
서로를 살게 하는 데서
하나의 생명이니

다름 다름이 하나의 생명으로

다름이 되어

하나가 그대로 모두를 있게 하는 하나

그래서

다름 다름은 하나에서 다름

<u>윤구병</u> 그 다음이 일미진중함시방—微塵中含十方이죠? 내가 늘 이 구절을 표절하곤 하는데 여기에 나오네요. 우선 도법 스님 말씀을 듣고 실마리를 잡아 봅시다.

<u>도법</u> 〈반야심경〉에 '색즉시공, 공즉시색, 색불이공, 공불이색'이란 구절이 나와요. 이 구절을 설명하는 내용들이 하도 어려워서, '에이 모르겠다.' 하면서 나는 내 방식대로 풀곤 합니다. 화엄 철학에 상입相入, 상즉相卽 논리가 있어요. 색불이공, 공불이색이 상입이라면, 색즉시공, 공즉시색은 상즉에 해당됩니다. 여기서는 일중일체다중일이 상입에 해당되고, 일즉일체다즉일은 상즉에 해당됩니다. 이걸 어떻게 해야 쉽게 설명할 수가 있을지…….

인드라망 그림을 다시 봅시다. 이 그림 전체가 하나의 그물이고, 그림 하나하나는 그물코입니다. 일중일체다중일이란 풀이하면 하나 안에 일체가 들어 있고, 여럿 안에 하나가 들어 있다는 뜻입니다. 그물코 하나를 집어 올리면 그물 전체가 달려 올라오는 것을 말합니다. 하나 가운데 일체가 들어가는 겁니다. 여럿 안에 하나가 들어 있다는 것은 설명하지 않아도 알 수 있는 것입니다. 일중일체다중일 이것이 상입입니다. 낱낱 그물코들이 하나의 그물코에 포섭된다, 들어간다 할 수 있습니다.

상즉 논리는 색즉시공, 공즉시색, 있는 그대로입니다. 사람이 곧 그대로 우주이고, 우주가 곧 그대로 사람이다, 이렇게 되는 것이죠. 그물코와 그물이 있는 그대로 동시에 인정된다, 살아 있다, 드러난다고 할 수 있는 거죠. 상입은 하나는 드러나고, 다른 건 다 숨겨지는 것입니다. 하나 속에 전체가 다 들어가 버리니까요. 상즉은 이것, 저것이 다 그대로, 색은 색대로 공은 공대로 드러나는 것이죠.

일중일체다중일은 상입 논리로 표현된 것이고, 일즉일체다즉일은 상즉 논리로 표현된 것이죠. 상즉 논리인 색즉시공은 색과 공이 둘 다 인정되고 둘 다 드러나는 반면, 상입 논리인 색불이공은 하나는 드러나고 하나는 숨겨집니다. 지금까지 화엄 사고로 나름 설명해 봤는데 실제적으로 볼 때 아무래도 인드라망 무늬를 가지고 〈법성게〉를 해석하는 게 제일 쉽게 접근하는 방법이 아닐까 합니다.

학생 여기서 '하나 그대로 모든 것이며'와 '하나 속에 모든 것이 있고'는 같은 말인 것처럼 들립니다.

도법 얼핏 보면 그 말이 그 말인 것처럼 보입니다. 우리가 중도적 사고를 안 해서 그래요. 위의 것은 '하나 속에 모든 것이 포함되어 있고'이고 그 다음 구절은 '하나는 모든 것과 연결되어 있고'의 뜻이죠. 〈법성게〉는 화엄의 세계관과 철학을 함축해 놓은 것인데, 크게 보면 방금 말한 상입과 상즉 두 가지입니다. 존재나 세계를 상입으로 또는 상즉으로 설명합니다.

좀 더 펼쳐보면 육상원융六相圓融[6]과 십현연기十玄緣起[7]로 설명합니다. 육상원융

---

6 화엄종의 교리로, 세상의 모든 존재는 총상(總相)·별상(別相)·동상(同相)·이상(異相)·성상(成相)·괴상(壞相)의 여섯 가지 상(相)을 갖추고 있으며, 그 전체와 부분 또 부분과 부분이 서로 원만하게 융화되어 있다는 말이다. 각각의 개별적 존재로 구성된 전체는 시간적으로나 공간적으로 끊임없는 연기(緣起)에 의해 연결된다는 것인데, 우주 전체를 하나의 통일적 화합체로 보는 견해이다. (두산백과)

7 모든 현상은 걸림 없이 서로가 서로를 받아들이고, 서로가 서로를 비추면서 융합하고 있다는 법계 연기

은 동시에 내가 존재함으로써 너를 존재하게 하고, 너를 존재하게 함으로써 내가 존재하도록 하는 내용을 여섯 가지 모습으로 설명하는 것을 뜻하고 십현연기는 여러 가지 인연 화합으로 이루어지는 열 가지 모습을 총체적으로 설명하는 것을 뜻하는데 내용은 서로 다르지 않습니다.

<u>윤구병</u> 불교에는 수가 많이 나타납니다. 1이나 2, 육바라밀, 팔정도 등등 많아요. 여섯이란 수는 앞-뒤, 왼쪽-오른쪽, 위-아래로 이 전체 우주를 여섯으로 나타낸 것이고, 여덟로 볼 때는 여기에다 안팎이 더 들어간 것입니다. 내가 '있다, 없다'를 자꾸 얘기하고 거기에 꽂힌 것은 우리는 여럿 모두를, 이것이 화엄 세계를 말하는 건데, '다'라고 합니다. 여러분들이 어렵다고 하는, 있음과 없음이라는 우리말이 참으로 심심미묘합니다.

<u>도법</u> 알기 쉬워서 심심미묘한 거요, 어려워서 심심미묘한 거요?

<u>윤구병</u> 알기 쉬워서. 그러니까 우리말로 '없는 것이 없다'는 말은 '다 있다'는 뜻이죠. 없는 걸 없다고 하는데 왜 전체인 '다'가 나오고, 여럿, 모두가 나올까요? 우리말이 그래요. 있는 것이 없다면 하나도 없다는 말이 됩니다. 있는 것과 하나가 그렇게 서로 맺어지는데, 있는 것은 없는 것과 어떻게 맺어지는가 하는 문제죠. 이건 세 살 어린애도 알아듣는 말입니다. 우리나라 사람은 머릿속이 어떻게 돼 있기에 있다, 없다는 거 가지고 거기서 하나와 여럿을 끌어내느냐, 이게 나한테는 큰 수수께끼였어요. 그래서 내가 '있다, 없다' 화두를 끈질기게 붙들고 있는 거죠.[8] 평생 무자 화두 붙들고 늘어지는 스님들이 있는데,

---

(法界緣起)를 열 가지 방면으로 설명한 화엄 사상의 연기론.(시공 불교사전)
8   '있음과 없음'의 철학에 대해서 자세히 알고 싶은 독자는 윤구병의 『철학을 다시 쓴다』(보리, 2013) 참조.

유나 무를 가지고 밝힐 수 없는 것들이 우리말로 하면 또렷이 밝아지는 게 있어요.

<u>학생</u> 두 구절에서 중中자와 즉卽자만 다릅니다. 중은 이해가 되는데, 즉은 무슨 뜻인지 잘 모르겠습니다.

<u>도법</u> 손바닥과 손등의 관계입니다. 손을 한번 보세요. 어디까지가 바닥이고 등인지 분리가 되나요? 분리할 수 없어요. 두 가지가 동시에 다 있죠. 그 모습을 손등이 곧 손바닥, 손바닥이 곧 손등이라고 하는데 여기에서 곧이 바로 '즉'입니다.

<u>윤구병</u> 그렇게 비유적으로 하시지 말고…….

<u>도법</u> 비유가 아니라, 있는 사실을 얘기하는 거예요.

<u>윤구병</u> 선문답이 늘 골치 아프고 알쏭달쏭한 것은 비유적으로 얘기하기 때문이에요. 비유하지 말고 직유로 그것도 아니고 그냥 곧이곧대로 해 봅시다. 하나가 모두고, 하나가 다고, 그리고 다나 모두가 하나다, 라고 할 때, 모두는 여럿을 먼저 생각해야 나오는데, 하나가 여럿으로 갈라져야 하겠죠? 하나를 끊어서切 모두가 되는 겁니다. 하나가 여럿이고, 여럿이 하나다, 라고 하게 될 때…… 내가 지금 무슨 말을 하는 거지?(웃음)

<u>학생</u> '일체'하고 '다'는 같은 말 아닌가요?

<u>윤구병</u> 똑같은 말이지. 다나 모두나. 그런데 이놈의 모두나 다가 어디서 나왔

나, 하는 거예요. 웬 도깨비가 대낮에 뛰어나왔나? 하나밖에 없는 세상에서.

도법 불교는, 연기론은 제1원인을 인정하지 않습니다. 다른 종교는 제1원인을 인정하죠. 그것이 신이든, 뭐든.

윤구병 그래서 없는 것에서부터 출발하는 겁니다, 불교는.

도법 불교는 온통 관계로만 설명합니다. 제1원인이 없어요. 공에서 색이 나왔나요? 그렇지 않다는 겁니다. 그럼 색에서 공이 나왔나요? 아닙니다. 공이 곧 색이고 색이 곧 공이죠. 이게 불교식 사유 방식의 특징입니다.

윤구병 제정신이면 이런 말 안 하지.(웃음)

도법 그런데 우리는 자꾸 제1원인을 전제하고 문제를 풀고 있는 겁니다. 무엇에서부터 무엇이 나왔을 것이다, 이런 식의 전제를 합니다. 그런데 불교, 곧 연기론은 그게 아닙니다.

학생 색즉시공이라면 색과 공이 같다는 말은 아니지 않나요? 다르지 않다는 말이지.

도법 다르기도 하고 같기도 하다, 라고 말할 수 있어요. 불일불이不—不異, 이렇게 표현되기도 하고.

학생 즉卽이 무슨 뜻인가요?

윤구병 만나다, 접촉하다, 닿아 있다, 그런 뜻이에요.

도법 여기 손이라고 하는 한 물건이 있습니다. 손이란 물건의 실상을 말로 표현하려면 어떻게 해야 할까요? 세세하게 설명하지 않고 단순화시키면, 이쪽은 손등, 다른 쪽은 손바닥이라고 합니다. 그럼 손바닥과 손등을 어떻게 표현할 수 있을까요? 손바닥이 곧 손등이고, 손등이 곧 손바닥이다, 라고 표현합니다. 달리 정확하게 말할 도리가 없어요. 분리시킬 수 있나요? 여기까지는 손바닥이고 저기까지는 손등이다, 이렇게 분리시킬 수 있나요? 말로는 분리시킬 수 있을지 몰라도, 실상은 그렇지 않습니다. 방도가 없어요. 중간 위쪽을 손등이라고 하고, 그 아래를 손바닥이라고 할 수 있겠어요?

윤구병 스님은 멍청해. 스님 말 듣고, 사람들이 계속 웃고 있잖아요.(웃음)

도법 그게 알았다는 얘기잖아.(웃음) 그것도 몰라? 왜 그렇게 눈치가 없어.

학생 스님의 손바닥 예는 중에 가깝나요, 즉에 가깝나요?

도법 둘 다에 적용됩니다. 중은 이것이 저것 안에 포함된다는 상입이고, 즉은 이것과 저것이 함께 드러나 있다는 상즉입니다. 상입은 서로 품어 안는다는 의미이고, 상즉은 서로 함께 있다는 말이죠. 일중일체다중일은 상입 논리인데, 손의 사례를 보면, 손바닥 측면을 드러낼 경우 손등은 숨겨지죠. 손등은 안 드러나니까 여기서는 손바닥만 보이게 되는 겁니다. 이때 손등은 손바닥에 들어갔다고 하죠. 이것이 일중일체다중일, 상입 논리예요. 손바닥 속에 손등이 싹 들어간 거죠. 상즉 논리는 있는 그대로, 손바닥도 손등도 그대로 있는 겁니다. 두 가지가 다 살아 있는 논리죠. 이것이 일즉일체다즉일, 상즉 논리죠. 손바닥도 손등도 동시에 다 인정되고 드러나죠.

<u>학생</u> 그러니까 손바닥과 손등이 서로 닿아 있다는 뜻 아닌가요? 그래서 일즉일체다즉일은 '하나는 곧 모든 것이다'라고 할 수도 있고, '하나는 모든 것에 닿아 있다'라고 할 수도 있을 것 같습니다.

<u>도법</u> '닿아 있다'라고 하면 뭔가 부족한 것 같아.

<u>윤구병</u> 왼쪽과 오른쪽, 앞과 뒤, 위와 아래로 나누면 여섯 개인데, 안팎의 문제가 미묘합니다. 하나를 두고 안과 밖을 얘기하지, 서로 나뉜 것을 두고 안팎이라고는 안 합니다. 안팎을 생각할 때는 서로 스며들어서 안팎을 이루고 있느냐, 아니면 안이 곧 밖이고 밖이 곧 안이 되어 있느냐, 이 관점에서 생각해보는 것도 이 문제를 단순화시키는 데 도움이 될 거 같아요. 안팎의 문제는 참 어려워요.

5장

10의 52승, 갠지스강 모래는, 하나!

5장
10의 52승, 갠지스강 모래는, 하나!

윤구병 오늘 숫자 이야기 조금 하고 나면 그 다음은 크게 어려운 부분은 없을 것 같습니다. 뒷부분은 각자 연구를 해서 다음 시간에 자기가 풀이한 것을 하나씩 발표해 보기로 하죠. 스님 얘기 잠깐 듣고 시작합시다.

도법 〈법성게〉 전체 내용 중 지금까지 공부해 온 부분만 번역해 봤어요. 〈법성게〉뿐만 아니라 불교를 해보면 우리는 자꾸 직면한 대상과 관계없이 다른 얘기를 하게 됩니다. 사실 그렇게 하면 이야기는 끝없이 꼬리를 물지요. 현실을 봅시다. 우리는 언제 어디에서나 늘 무엇에 직면하게 되어 있습니다. 자기 자신이든지, 돌멩이든지, 사람이든지, 무엇인가를 1차적으로 직면하게 됩니다. 우리가 삶이나 세상을 얘기하려면, 우선적으로 직면하고 있는 걸 대상 삼아서 해야 합니다. 〈법성게〉에서 법성도 직면한 무엇, 그것이 세계일 수도, 존재일 수도, 너 또는 나일 수도 있습니다. 그런 차원에서 나는 내가 직면한 법성을 지금 여기 나 또는 그대로 삼고 번역을 해 봤습니다.

여기 한 사람 있으니

그의 본래 참모습은
온 우주 두루두루 어울려
한 번도 나뉜 적 없고

긴긴 세월 흐르고 흘러도
언제나 그 모습 그대로이며

본래 정해진 이름도 없고
따로 정해진 모습도 없으니

오로지 증명(실천)하는 지혜로 알 뿐
그 밖의 다른 길 있지 않네

그의 본래 참모습은
지극히 심오하고 미묘하여

자신을 고집하지 않고
인연 따라 온갖 모습 이루니

하나 안에 일체가 깃들고
여럿 안에 하나가 깃들며

하나가 그대로 일체요
일체가 그대로 하나이며

한 먼지가 온 우주 품어 안고

온갖 먼지들도 또한 그러하네

이렇게 해봤어요. 특별한 이유는 없고 다른 분들도 스스로 번역해 보라고 독촉하는 독촉장 의미가 있습니다.(웃음)

윤구병 일중일체一中一切 대목에서 맨 처음 하나라는 숫자가 나왔습니다. 또 여럿多이라는 숫자가 나왔어요. 도법 스님 번역한 것에도 나왔고요. 맨 처음 구절에서는 둘二이 나왔죠?(法性圓融無二相) 불교에서는 하나, 둘, 셋 …… 열, 모두 다 중요하게 여깁니다. 그럼 불교에서 나오는, 하나에서부터 열까지 각각의 수 풀이를, 예를 들어가면서 한 번 해보세요. 숫자가 들어간 불교 용어를 아무거나 말해 봅시다.

학생 우선 삼귀의三歸依가 생각납니다. 불자가 가장 먼저 귀의하는 세 곳, 부처佛와 가르침法과 승가僧. 스님 공동체가 있습니다. 그리고 삼법인三法印[9], 사성인四聖人[10], 팔정도八正道[11]도 있고요, 대승불교의 육바라밀六波羅蜜[12]도 있습니다.

윤구병 지금까지 하나, 둘에 관한 이야기가 나왔는데, 이제 불법승 같은 셋 이야기도 나왔네요. 불교에서는 삼세불(과거불, 현세불, 미래불)이란 말도 나오

---

9 불교에서 말하는 3가지 불변하는 진리. 제행무상인(諸行無常印), 제법무아인(諸法無我印), 열반적정인(涅槃寂靜印)을 말한다.
10 수행과 깨달음 정도에 따른 4가지 단계. 수다원(須陀洹), 사다함(斯陀含), 아나함(阿那含), 아라한(阿羅漢果)을 말한다. 아라한이 가장 높은 단계이다.
11 고통을 소멸하는 불교 수행의 8가지 길. 정견(正見)·정사유(正思惟)·정어(正語)·정업(正業)·정명(正命)·정념(正念)·정정진(正精進)·정정(正定)을 말한다.
12 생사의 고해를 넘어 열반에 이르기 위해 필요한 6가지 덕목. 보시(布施)·지계(持戒)·인욕(忍辱)·정진(精進)·선정(禪定)·지혜(智慧)를 말한다.

는데, 이처럼 3과 연관된 것들이 많이 나옵니다.

지난번에 얘기한 것처럼 하나, 둘만 나오면 그 다음엔 모든 것이 다 나옵니다. 현재 세계 여러 군데에서 원시 부족 생활을 하는 사람들의 수 개념을 살펴보면, 하나와 둘 다음에는 '많다'라고 건너뛰는 부족도 있습니다. 지금도 셋을 '많다'로 표현하는 부족들이 많아요.

<u>학생</u> 에스키모 사람들은 담비 가죽을 팔 때, 한 개나 두 개까지만 판다고 합니다. 열 개 달라고 하면 다음에 오라고 합답니다. 두 개 다음에는 '많다'라는 개념이기 때문에 그런다는 얘기를 들었습니다.

<u>윤구병</u> 세 개가 왜 많은 것과 연결될까요? 이 문제는 만만치 않아요. 삼세라고 할 때도, 과거, 현재, 미래가 시간만 가지고 따지는 것인지는 한 번 생각해 봐야 합니다.

불교에서는 헤아릴 수 있는 범위의 가장 큰 수자를 항하사恒河沙라 해요. 항하는 갠지스 강이고, 항하사는 그 강의 모래알을 전부 합친 개수를 말하죠. 누가 헤아려 본 것일까요? 10의 52승이라고 합니다. 1조가 10의 12승이니까, 짐작이 가나요? 그 다음에 그것보다 더 큰 수, 언어로 표현할 수 없는 수를 불가사의不可思議라고 하죠. 항하사와 불가사의가 다른 게 뭐냐, 하는 의문도 셋과 연결돼서 나옵니다.

4는 사성제, 사무량심, 사념처, 물질로 하면 지수화풍 사대 같은 게 있지요. 예전에 내가 이거를 질문을 했던가요? 왜 1 곱하기 1은 1이고, 1에다 아무리 승수를 무한대로 높여 봐도 1인가? 0은 0을 보태거나 곱하거나 왜 한결같이 0이 되나? 혹시 답변해 줄 사람 있나요?(잠깐의 침묵)

<u>학생</u> 없는 것은 아무리 곱하거나 더해 봤자 없는 것이기 때문에 0이고, 하나

는 오로지 하나로서, 1은 완전한 수이기 때문에, 완전한 것 그 이상은 없기 때문에 그런 것 아닌가요?

<u>윤구병</u> 지난번에 기독교는 1에 기대고, 불교는 0에 기대는 거 같다고 얘기했습니다. 기독교는 있는 것에 기대고, 불교는 없는 것에 기대는 것 같다고요. 불교에서는 왜 기독교처럼 또렷하게 모든 게 하나가 되는, 그 지점을 유일신으로 신성시하거나 떠받들지 않고, 공空이나 무無 같은 걸 화두로 붙들고 늘어질까? 이건 사실 하나를 갈기갈기 찢어서 다 흩어 버리는 것입니다. 공이나 무처럼 없는 것으로 위계질서를 세울 수는 없지요. 있는 것 하나는 맨 위 꼭대기에 자리 잡습니다. 일본식으로 하면 만세일계萬世一系[13]죠. 그런데 불교는 그게 안 됩니다. 나를 따르라 하면 "네가 조사냐? 네가 부처냐?" 하면서 살불살조殺佛殺祖 전통에 따라 패 죽이겠다고 나설 겁니다.

자, 지금 얘기하던 건 숙제로 두고 한 단계 뛰어 넘어가 봅시다. 지난번에 내가 또 물어봤습니다. 3의 2승은 9가 되고, 3에 3을 더하면 6이 되는데, 2는 더해도 곱해도 4가 된다. 왜 그런가요?

<u>학생</u> 그거 안 물어보셨습니다. 불한당 두 집 살림 하시는 거 아닌가요?(웃음)

<u>윤구병</u> 다른 데서는 할 데가 없어.

<u>도법</u> 아무튼, 했다고 치고 넘어갑시다.

---

[13] 일본 천황가의 혈통은 한 번도 단절된 적이 없다는 주장.

윤구병 곱셈법에서는 1승은 아무런 의미 없으니까, 자승이 가장 기본적이죠. 수학에서는 곱하면 어떤 세계가 열리나요? 수학에서는 곱하기와 더하기가 어떻게 다르다고 하나요?

학생 수학적으로요? 곱한 수만큼 더한다는 거죠.

윤구병 그것이 철학적으로는 무슨 뜻일까요?

학생 곱하기는 자기 복제 아닌가요?

윤구병 이를테면 우리는 시간을 선형으로 생각하는 경우가 많지요. 그런데 선은 보이진 않습니다. 우리 눈에 시각화할 수 있는 것은 면입니다. 과거는 이미 없고, 미래는 아직 없다고 할 때, 이건 선형화시킨 시간입니다. 보이지 않는 외줄로 흐름이 이어져서 과거, 현재, 미래로 이어진다고 우리는 생각합니다.

학생 흐른다는 건 수평 개념인가요, 수직 개념인가요?

윤구병 어떻게 보든 상관없어요. 뉴턴이 관성의 법칙을 내세웠는데, 정지하고 있는 건 영원히 정지하고, 운동하고 있는 건 영원히 운동을 한다는 겁니다. 밖에서 힘이 주어지지 않는 한 그렇죠. 스님, 불교에서는 겁劫을 어떻게 얘기하나요?

도법 긴 시간을 얘기할 때 겁이라고 하죠.

학생 우주 하나가 생성되고 소멸되는 기간? 설악산 흔들바위가 먼지가 될 때까지?

윤구병 겁이라는 한자를 파자하면 갈 거去와 힘 력力입니다. 운동이나 변화는 힘의 작용을 전제하죠. 가게 하는 힘, 가는 힘, 뭐든지 그렇습니다. 생각이 머릿속에서 움직이든, 우주 전체가 움직이든, 움직이면 앞의 것이 사라져 버리니까요. 겁이나, 잠깐 무슨 생각이 떠오르는 거나, 우주 전체가 바뀌는 거나, 생각 속에서는 큰 차이가 없다고 볼 수도 있어요. 〈법성게〉에서도 나중에 그런 얘기가 나옵니다.

더하기는 기억에서 따져보면, 마지막 한 생각에 뒤 이어서 또 다른 생각이 이어질 때, 그것을 우리는 더하기로 봅니다. 곱하기는 그걸 자승, 3승하는 것이고요. 기하급수죠. 이를테면 2를 자승하면 4, 3승하면 8, 4승하면 16, 이런 식으로 커집니다. 이것을 공간 위 도표로 나타내 봅시다. 수직으로 2센티미터, 수평으로 2센티미터를 긋고 넓이를 내면, 가로 세로 1센티미터짜리 4개가 나옵니다.

선은 1, 2, 3, 4로 죽 이어져서 더디 가는데, 수직과 수평이 손을 잡으면 면이 엄청나게 늘어나죠. 공간적 영역 확장은 엄청나게 빨리 이뤄지는 겁니다. 산술급수가 아니라 기하급수적으로 늘어나는 거죠. 있는 것과 없는 것에서 2라는 숫자가 나온다고 했어요. 있는 것 하나 없는 것 하나. 있는 것과 없는 것이 관계를 맺으면, 서로 이어지면 곧 무한이 나오게 됩니다. 그러니까 셋이 많다는 것입니다. 아니 셋이란 말을 쓰지 않더라도, 둘이 관계를 맺으면 곧 무한이 나옵니다. 불교에서 나오는 유심론이라든지, 콩알을 계속 반으로 쪼개는 이론 같은 얘기들이 나오면, 도법 스님처럼 무식한 중들은 골머리를 썩게 되니까 "다 버리자, 우리 실천하자." 이런 소리를 하게 되는 거예요.(웃음)

도법 난 그런 거 쳐다보지도 않아. 나 지금 귀 막고 있어요.(웃음)

윤구병 나중에 시간 있으면 더 하기로 하고, 5는 뭘까요? 불교에서 5는 뭐가 있나요?

학생 오온五蘊, 오력五力, 오개五蓋…….

윤구병 다섯이란 숫자는, 둘과 셋이라는 아주 고약하고도 기본적인 숫자를 합한 것입니다. 그 다음 6은 육바라밀 말고 또 뭐가 있나요?

학생 육근六根, 육경六境, 육식六識, 육도六道…….

윤구병 아무튼 숫자를 좋아하는 불교는 0을 맨 밑에 놓고 가면서 각각의 숫자에다가 이런저런 상징을 붙여 놓았어요. 7에는 뭐가 있나요?

학생 칠각지七覺支, 삼칠일三七日, 초이레, 과거칠불過去七佛…….

윤구병 8은?

학생 팔정도八正道, 팔만사천법문八萬四千法門, 팔만대장경八萬大藏經, 팔방八方…….

도법 사월 초파일.(웃음)

윤구병 그 날은 내 생일인데…….(웃음) 9는?

학생 9는 뭐가 있을까요?

윤구병 9는 〈법성게〉에서도 나오죠. 구세 십세. 이게 무슨 말인가요? 9가 갖고 있는 기묘한 성격에 대해서 들어 보거나 생각해 본 사람 있나요?

학생 중국에서 9는 가장 큰 수를 의미합니다. 구사일생처럼. 중양절重陽節은 9가 두 개 겹친 음력 9월 9일이고요.

윤구병 1에서부터 8까지 각각의 수를 9로 나누면, 0 다음 소수점 아래는 계속해서 반복되는 수 계열이 나옵니다.
1 나누기 9는? 0.11111111111111111……
2 나누기 9는? 0.22222222222222222……
3 나누기 9는? 0.33333333333333333……
이런 현상은 8까지 계속됩니다. 그럼 9 나누기 9는?

학생 1이죠.

윤구병 1로 떨어진다고? 참말로? 그걸 1로 떨어진다고 생각하지 말고, 0.9로 9를 놓아 보세요. 9를 9로 나눌 때, 1이 아니라 0.9로 떨어진다고 생각해 보세요. 그럼 9 곱하기 9는 81로 되고, 이게 계속 되면 0.9999999999999……가 됩니다. 무한히 지속되는 거죠. 이게 정말 떨어지나요? 안 떨어지나요?
나눠서 떨어진다고 생각하는 게 서양의 수리 체계입니다. 1 나누기 1은 1이죠. 그런데 1 나누기 1이 왜 1이야? 1 나누기 1을 0 다음에 9(0.9로)를 놓고 해 보세요. 그럼 0.999999999999……가 됩니다. 나눌 때 딱 떨어진다고 보느냐, 떨어지지 않는다고 보느냐, 이런 데 의심을 갖는 것은 어리석은 질문이라고 볼 사람도 있어요. 딱, 딱 떨어진다고 생각하면, '흐음~ 편하다'라고 생각이 될 거예요. 그런데 모든 것은 이어져 있어요. 딱 떨어져 있는 것은 하나도 없습니다. 계속해서 그냥 공간 속에서 1이 반복이 돼서, 공간 속에서 두 번 되풀이되고, 시간 속에서 두 순간 지속되는 걸 보고, 그것을 '무엇'이라고 부르는 겁니다. 그 까닭은 어떤 것이든 두 번 이상 되풀이해서 나타나거나 두 순간 이상 지속되어야 머릿속에 새겨질 수 있기 때문이에요. 이걸 흔히 기억이라고 부르죠. 그런데 우리는 살기 위해 이것 저것을 나누고, 가리고, 떼어 놓는 것입니다. 금을 긋는 거지요. 우리는 속으로 헤아린다고 말합니다. 셈은 헴에서 나온 말이죠. 속셈이 뭐냐 하는 말은 속으로 뭘 헤아리고 있냐고 묻는 거죠. 불교에서는 사량분별思量分別이라고 해요. 언젠가는 끊어야 하는데, 탁, 끊어야 하는데, 그래야 살아갈 수 있는데……. 예컨대 우리가 기타를 친다고 해봅시다. 50센티미터가 넘는 기타 줄을 피크$_{pick}$로 퉁긴다면, 활로 바이올린 소리를 낸다면, 높이가 다른 음절은 얼마나 많이 들어 있을까요? 헤아릴 수 없을 만큼 많이 들어 있지요. 그런데 피크나 활을 댈 때 다른 소리는 어떻게 나나요?

<u>학생</u> 현의 길이에 의해서…….

<u>윤구병</u> 그렇지. 음의 배열에는 일정한 길이나, 질서들이 있어요. 아마 우리 귀가 무질서한 것은 일부러 없애 버릴지도 모릅니다. 삶에 도움이 안 되니까요. 기타 현 안에 들어 있는 무수히 많은 소리들을 하나하나 떼어 내서 건반 악기로 만든다고 합시다. 하나의 건반을 칠 때 그 각각의 소리가 나오도록 말이죠. 그럼 그때 건반 악기의 크기가 얼마나 될 거 같나요?

<u>학생</u> 무한대죠.

윤구병 그런데 만약 우주가 유한하다면?

도법 뭔 소리 하는 거여? 손에 잡히는 얘기를 하라니까.

윤구병 기타 줄이 손에 안 잡히나요?(웃음)

학생 소리는 진동입니다. 기타의 현을 튕길 때, 진동이 몇 번이냐에 따라서 소리가 달라지는 것이기 때문에, 진동수에 따라 소리가 무한하게 나올 수 있습니다. 그걸 건반으로 하면 무한대로 나와야 맞죠. 그런데 좋은 소리는 정수로 떨어지는데, 그렇지 않은 소리는 진동수가 소수점 아래로 떨어집니다.

윤구병 그건 우리 귀가 그렇게 잘라 낸 거지.

학생 실제로 진동수를 재 보면, 도레미파……는 정수로 떨어집니다. 물론 그건 사람들이 정한 거죠. '라' 음을 정확히 몇 번의 진동수로 정할지를 두고 논란이 있었는데, 국제회의에서 440번 떨리는 것을 표준으로 삼기로 했죠. 880번 떨리면 한 옥타브 높은 '라'가 되고요. 정수로 딱딱 떨어진다는 얘깁니다. 그 사이에는 441번 떨리는 것도 있고, 441.1번 떨리기도 하고, 441.2번 떨리기도 하고, 442번 떨리기도 하죠. 그것을 건반으로 표현한다면, 건반 개수는 무한대가 될 수밖에 없습니다. 그러니까 서양에서 8음계, 12음계를 정할 때, 사람들의 귀에 듣기 좋은 것을 평균해서, 음의 체계를 만들었는데 이것을 평균율이라고 합니다.

윤구병 피타고라스학파에서 완전 화음이란 2대1, 3대2, 4대3 비율을 맞추면 된다고 주장한 것과 비슷한 내용이죠?

학생 그렇습니다. 피타고라스가 대장간에서 망치질 하는 소리를 듣고 음을 발견했죠. 1킬로그램 망치와 2킬로그램 망치와 4킬로그램 망치, 그러니까 2로 곱한 숫자의 망치 소리는 같은 소리이면서 옥타브만 하나씩 올라가고요. 피타고라스가 발견한 것은 3배일 때, 즉 3킬로그램 망치로 쳤더니, 2킬로그램 망치보다 5도 높은 음이 나오더라는 것이죠. 2킬로그램 망치 음이 '도'였다면, 3킬로그램 망치 음은 '솔'이 되는 거죠. '솔'은 다시 5도 높은 '레'를 낳고, 이렇게 음계가 완성됐다는 얘깁니다. 지금 주제와 별 상관없는데, 좀 아는 대목이 나와서 말이 길어졌네요. 요점은 무지개 색깔을 보통 7개로 헤아리지 않습니까? 하지만, 사실은 빛의 파장에 따라 무한대의 색이 있는 것이죠. 음도 그것을 어느 정도 식별 가능한 7개로 자른 것과 비슷하다고 할 수 있겠습니다.

윤구병 좋아요. 사실은 수학이 우리 인류와 맺는 관계는 크게 두 가지가 있다고 봐요. 하나는 점성술 비슷한 수비학數祕學[14]인데, 수를 신비화하는 경향으로 이어집니다. 다른 하나는 수학자나 물리학자들이 다루는, A=B 같이 등식equation으로 이어지는 수의 체계입니다. 현대 수학자들은 다시 수비학 쪽으로 돌아가고 있어요. 현실 생활에 아무 도움 안 되는 그 이론은 자기만 알거나 전 세계에서 두세 명밖에 모르는데, 거기에 빠져 들어가서 정교하게 증명합니다. 내가 20년 전, 기차를 타고 가는데 내 옆자리에 우연히 수학자가 앉았어요.

"어디 가십니까?"
"국내에서 열리는 수학자 대회에 갑니다."
"거기 가면 뭐 하나요?"

---

14 숫자에서 우주의 신비를 읽어내려는 학문 또는 수를 사용해서 사물의 본성, 특히 인물의 성격·운명이나 미래의 일을 해명·예견하는 고대 서양의 점술을 말한다. 피타고라스가 최초의 수비학자이다.

"참석자들이 서로 이야기도 나누고 논문에 대해 토론도 하죠."
"거기에서 다른 사람이 발표하는 논문을 이해하나요?"
"아무도 이해를 못 합니다."
"선생님 수준이 낮아서 그런 겁니까?"
"아니에요. 새로운 증명을 내세울 때 그것을 이해하는 사람이 없습니다. 그만큼 수학 분야가 다양화됐고, 연구 분야가 서로 다르기 때문에, 수를 늘어놔도 뭔 뜻인지 모릅니다."
"수학은 증명인데, 내용을 알아들어야 그 공식이 옳은지 그른지 밝혀낼 수 있는 거 아닌가요?"
"나는 인터넷으로 미국 수학자 한 사람과 서로 검증을 주고받습니다. 국내에서는 내 이론을 이해하는 사람이 없어요. 이런 건 수학계에서는 만연한 현상이죠."

아인슈타인이 $E=MC^2$이라는 공식을 내세웠을 때 그 공식을 이해한 사람은 전 세계에서 세 명도 안 됐다고 합니다. 거의 수비학 수준이죠. 그건 그렇고 인도 사람이 특히 뭘 헤아리기를 좋아했던 것 같아요. 2와 3이 가지고 있는 기묘한 특성을 말하기 위해서 이런 얘기를 합니다. 2는 더해도, 곱해도 4죠. 9는 3의 자승이고요. 가로축으로 세 단위 가고, 세로축으로 세 단위 간 다음, 그것을 공간화하면 9가 됩니다. 3에 3을 곱하면 그렇게 되는 거죠. 자승은 실제로는 우리 시각이 공간적 지각을 한다는 것을 전제로 하는 것입니다. 평면화시키지 않으면 뭐가 뭔지 몰라요. 유클리드 기하학에서 말하는 직선은 눈에 안 보입니다. 거기에서는 과거든, 현재든, 미래든 아무것도 안 드러나지요. 그리고 이것도 저것도 안 갈라집니다. 그래서 공간화하자는 겁니다. 가로축 세로축으로 공간화하면 평면이 드러나게 되죠. 3을 가로, 세로로 놓으면 9가 나오게 되는 거죠. 〈법성게〉의 구세십세호상즉九世十世互相卽에서는 9세와 10세가 나옵니다. 그럼 9세가 뭐고 10세가 뭔가요? 근데 그 전에 10이 나오네요. 일미진중함시방─微塵中含十方이라고 했는데, 그럼 시방이 뭔가요?

학생 10개 방위라는 뜻이죠. 동서남북 사방과, 간間사방 그리고 상하.

윤구병 햐! 중국말로 하지 말고 우리말로 하자고.

도법 아, 그것도 못 알아들어요?(웃음)

윤구병 앞·뒤, 왼·오른, 위·아래, 안·밖, 여덟 개는 나옵니다. 안팎은 따지고 보면 굉장히 어려운 말입니다. 나머지 두 개가 뭔가요?

학생 시방에서 안팎 개념은 없는 거 아닌가요?

윤구병 왜 없어요? 맘 안에 있는 것도 있고, 눈앞에 펼쳐 있는 것도 있잖아요.

학생 의상 스님이 쓴 시방은, 인도에서 가져오고 중국에서 발전시킨 개념 아닌가요?

윤구병 우리가 방위까지 외국에서 받아 써야 하나? 우리도 앞뒤, 위아래 다 가릴 수 있는데.

학생 그럼 시방을 우리 개념으로 창조해보자는 건가요?

윤구병 바로 그렇지. 잊어버린 것을 되찾아보자는 거지요. 불교 용어사전을 보면 대체로 그렇게 나옵니다. 동서남북 사방에다가, 그 사이 간사방하고 위아래를 더해서 시방으로 삼는다고요. 난 그렇게 생각 안 해요. 아무 의미가 없어요. 공간 개념만 들어가 있는 것으로 시방을 이해하면 아무 공부도 안 돼요. 한번 생각 좀 해 봅시다.

학생 시간인가요? 과거, 현재, 미래는 세 개인데……. 앞뒤? 시간 앞뒤, 공간 앞뒤 하면 네 개가 되고요.

윤구병 공간적으로 앞뒤를 표현했으니까, 시간 앞뒤를 다른 말로 표현해 봐요.

학생 시간의 앞뒤요? 현재를 빼면 어제와 하제?

윤구병 팔방까지는 공간적인 규정이니 그 다음으로 시간을 공간화 해보자는 겁니다.

학생 들고 나고? 가고 오고?

윤구병 들고 나고는 안팎과 관계있는 말인 것 같고, 올 데 갈 데 없네, 오갈 데 없네, 이것도 공간 개념입니다. 우리가 이렇게 시간을 공간적으로 한번 나타내 보는 것은 고기를 잡으려고 그물을 던져 보는 것과 같아요. 꼭 그렇다는 건 아니지만, 이렇게 그물을 던지면 고기가 더 잘 잡히기도 하잖아요. 예전에는 시간 공간이 다르고, 시공간은 선, 면, 공간의 1~3차원에 시간 차원 하나 더해서 4차원이라고 배웠어요. 그런데 이제 시공간은 하나라고 배우죠. 하나를 다른 모습으로 드러내는 것이지, 시간 따로 있고 공간 따로 있는 게 아니라는 거죠.

   아까 9의 성격을 살펴봤어요. 1에서 8까지 하고, 한 단계 뛰어넘어서 9까지 봤습니다. 1부터 8까지 각각의 수를 9로 나눠 봤죠. 0 다음에 되풀이되는 수가 1에서 9까지 다 나와요. 같은 것이 반복되는 무한수열이 나오기도 하고. 이걸 떼 놓고 봐야 할까요? 우리가 살아가는 데에서는 일단 떼어 놓아야 됩니다. 이것저것을 갈라놓고 구별해야 되죠. 구별하지 않으면 살 길이 없으니까요. 구별되면 다음엔 헤아림이 있고 셈을 하는 거죠.

   <u>학생</u> 떼어 내야 산다는 것은 우리의 어떤 생물학적 조건 때문에 그런가요?

   <u>윤구병</u> 그렇기도 합니다. 암수가 처음 만날 때, 감수분열을 하죠. 애기 보에 알이 하나 들어갈 때, 암컷 수컷 각각 유전자가 절반으로 감수분열을 한 상태에서 둘이 짝을 지어서 온전한 것이 됩니다. 그 다음에는 나뉘고, 나뉘면서 세포 분열을 하죠. 이건 온전한 것을 그대로 둘에서 넷으로, 넷에서 여덟로, 나뉘면서 이어지고 이어지면서 나뉘는 겁니다.

   <u>학생</u> 숫자 9의 성격을 설명하실 때 나뉘지 않고 계속 이어지는 속성에 대해 말씀하셨습니다. 그것은 지금의 삶과 죽음 이후의 삶도 끊어지지 않고 이어졌다는 의미로 받아들여도 됩니까? '구세십세'가 '호상즉' 하는 것처럼.

   <u>윤구병</u> 좋은 질문입니다. 따지고 보면 삶, 죽음이 따로 없어요. 내가 부처 눈을 빌려서 보면 그래. 그런데 나는 중생이니까 죽는 건 싫어.

   <u>학생</u> 구세, 십세가 〈법성게〉에서만 나오는 건가요?

^{도법} 아니지. 불교 경전에 많이 나와요. 백팔번뇌의 수를 그런 식으로 헤아리지요.

^{학생} 의상대사가 구세와 십세가 서로 같다고 하는데, 구세와 십세가 구체적으로 뭘 말하는 건지 모르겠습니다.

^{윤구병} 이렇게 설명해 볼 수도 있어요. 피타고라스학파가 10(1+2+3+4)이라는 수를 테트락티스Tetractys, 곧 완전수라고 봤어요. 그런데 완전수를 보는 관점은 다 달라요. 우리나라와 중국은 열을 완전수로, 백을 완전수로 보기도 합니다. 우리나라에서 '열'을 완전수로 본 증거도 있는데, 백제를 십제라고 표기한 적도 있다는 사실이죠.

중국이 '백'을 완전수로 봤다는 것은 백성百姓을 보면 알 수 있지요. 백은 전체 성을 다 아우르는 의미로 완전수인 셈이죠. 인도에서는 '천'을 완전한 수로 봤어요. 천수천안관세음보살, 월인천강지곡 등에서 이런 게 나타나죠. 이건 열을 완전수로 보는 것과 크게 다르지 않은 것이죠.

피타고라스학파는 10을 완전수로 보았죠. 점을 1로 보고, 선은 두 점을 이은 것으로, 면은 세 점을 이은 삼각형으로 봤는데, 삼각형은 기하학의 기본 도형입니다. 점은 개수에 따라 점, 선, 면으로 됩니다. 삼각형 면에 점 하나 위로 올리면 사면체가 되죠. 이 세상의 모든 우주 만물은 점 아니면 선, 아니면 면, 또는 입체로 드러난다. 그래서 10을 완전수라고 생각한 거죠.

인도에서도 처음에는 10을 완전수로 봤을 수도 있어요. 0이 생기기 전에는 열이 아니고 9를 완전수로 봤을 수도 있지요. 삼각형이 점 세 개로 이루어졌고, 여기에 하나를 더해서 네 개가 되면 사면체가 되는데, 우리 의식 속에서 그것을 그리기는 힘들었을 거예요. 시각은 평면만 파악하는데, 넷으로는 입체가 되기 때문이죠. 4는 피타고라스학파에 따르면 입체를 상징하는 숫자예요.

이렇게 돼서 9도, 10도 완전한 수인데, 10은 0이 발견된 후 1 뒤에 0을 붙인 것이죠. 사실 10에서 중요한 것은 1이라는 숫자예요. 하나로 수렴되는 것이죠. '일미진중함시방'에도 보이듯이, 하나로 수렴되는 게 중요하고, 그러면 모든 것이 딱 떨어지죠. 1은 하나이고 9는 무한인데, 우주 만물을 9라는 수로 나눠 보니까 실제로 무한으로 이어졌습니다. 동일한, 헤아릴 수 있는 수가 꼬리를 물고 무한하게 나오는 세계가 열리더라는 뜻이 되기도 해요.

<u>학생</u> 보통 구세와 십세를 해석한 것을 보면, 구세는 과거의 과거, 과거의 현재, 과거의 미래, 현재의 과거, 현재의 현재, 현재의 미래, 미래의 과거, 미래의 현재, 미래의 미래를 말하고, 십세는 현재의 일념-念을 합해서 된다고 설명합니다.

<u>도법</u> 그때의 '염念'은 생각으로만 해석되는 게 아니라, '순간'으로도 해석을 할 수 있어요.

<u>학생</u> 구세 중에는 지금 이 순간이 이미 들어 있는 거 아닌가요?

<u>도법</u> 현재는 머물러 있지 않기 때문에 구세에 담을 수가 없죠.

<u>학생</u> '현재의 현재'가 일념 아닌가요?

<u>윤구병</u> 내가 볼 때 물리학이나 자연과학적인 상상은 공간 중심으로 전개되는데, 종교나 생명체의 본성에 관한 탐구, 우리가 무엇이냐, 자성이 뭐냐, 삶이 뭐냐, 생명이 뭐냐, 하는 것을 물을 때는 실제로는 시간을 놓고 생각을 해나갑니다. 철학이나 종교에서 시간의 문제가 가장 어려워요. 동양이나 서양이나

마찬가지죠.

고교 2학년 시절인가, 그 언저리에 『페스트』, 『이방인』을 쓰고 노벨상을 받은 알베르 카뮈를 읽은 적이 있었어요. 그 사람이 쓴 『정오의 사상』은 자기 생각을 적어 놓은 수필집인데, 지금까지 기억에 남는 구절이 있어요. 우리 의식과 시간의 관계를 이야기한 부분이죠.

지독한 치통을 앓고 있는데 병원에 찾아갔더니, 앞에 여러 환자가 기다리고 있다. 이때 자기 차례를 기다리는 시간과, 연인이 만나서 눈 맞추는 시간의 길이가 서로 같겠느냐 하는 내용이었어요.

시간과 공간은 전부 뒤엉켜 있어서 또렷이 갈라선 게 아니지요. 우리가 갈라 봐야겠다고 하면 그럴 수는 있겠지만 실제는 전부 뒤엉켜 있지요. 이를테면 공간적인 사고는 이것과 저것을 갈라 보는 것을 바탕으로 삼지요. 여기 있는 것은 저기에 없고, 저기에 있는 것은 여기에 없어요. 그 다음에 공간적으로 생각할 때 우리는 늘 끝을 봅니다. 이 컵이 어떤 것이라고 표현할 때 우리는 겉만 보는 것이죠. 투시안이 없으니 꿰뚫어보지 못하는 거죠. 겉만 본다는 것은 안은 못 보고 갓만 본다, 끝만 본다는 뜻이에요. 이 컵과 이 컵이 아닌 부분이 만나는 지점이 이 컵의 끝이지요. 우리가 어떤 사물을 이것저것 갈라 본다는 것은 사물의 갓을 보고, 겉을 보고, 끝을 본다는 것이지요. 이게 공간적인 사고의 한계입니다. 우리는 죽어도 살눈(肉眼)으로 속을 못 들여다봅니다. 그래서 물리학자들은 쪼개는 것입니다. 쪼개면 생기는 '안'에 숨겨져 있던 것이 밖으로, 겉으로 드러나죠. 새로운 갓, 끝이 드러나는 것입니다.

그런데 크기를 가진 것은 아무리 쪼개고 쪼개도 여전히 크기가 없어지지 않아요. 이어진 것들의 성격이 그런 거죠. 이어진 것은 크기가 없는 걸로 분리되지 않지요. 모든 우주, 십세 이상의 모든 우주에 대해, 의식의 칼날을 세워 쪼개도, 여전히 겉과 보이지 않는 속이 있어요. 그래서 공간적 사고로 보면 이 세상 어떤 것도 파악할 수 없지요. 더구나 생명 현상은 공간적 사고만 가지고는 파악이 안 되고요.

그러면 우리가 시간을 봐야 되는데, 시간을 본다는 게 뭔가요? 시간을 공간화시킨다는 것입니다. 그런데 시간은 공간화되는 게 아니에요. 공간화된 시간은 시간의 참된 성품을 지니지 못하지요. 이건 상입을 하거나, 스며들거나, 시간 속에 함께, 혹은 실제로는 일념으로, 자기가 전체 시간이고 전체 시간이 자기가 되거나 하는 것이죠.

내가 이런 경험을 해본 적이 있어요. 내 개인으로는 강렬한 경험이었죠. 1981년에 충북대에서 철학과가 새로 생겨 대학 선생을 공채로 뽑았는데 내가 합격했지요. 전두환 집권 초기였습니다. 그때 우리가 처한 상황이 말도 안 되는 것이었죠. 공채를 통해서 대학 선생이 됐지만, 대학 선생으로 살아간다는 게 부끄럽기 짝이 없었어요.

분명히 이런 말도 안 되는 상황에 대해서 할 말을 해야 되는데, 내가 겁에 질려서 아무 말도 못했습니다. 하도 살벌하니까. 언제 어떻게 붙들려가서 어떻게 죽을지도 모르니까. 그래서 서울에서도 대표적인 판자촌의 하나인 난곡동에 방을 하나 얻었어요. 그때는 우리 사회가 이쑤시개를 수출해서 먹고 살 때였어요. 모터를 돌려서 이쑤시개를 일일이 하나씩 만들었지요. 그거라도 해서 살아야겠다고 생각해서 난곡에다 방을 얻은 거죠. 난곡은 산꼭대기라 물이 드물었어요. 여기저기 물을 찾아다니다가 절집 밑에서 샘이 퐁퐁 솟는 것 봤죠. 물이 흘러가더라고요. 처음에는 아, 이렇게 여기저기서 솟아난 물이 모여서 시내가 되고, 이게 모여서 강이 되고, 이게 모여서 바다로 가는구나, 이렇게 생각했지요. 자연스런 흐름이라고 생각했어요. 그런데 그게 아니더라고. 물길이 중간에 끊어져 버리면 물이 제 모습을 잃어버리는 건데 때로 눈에 보이고, 어떤 때는 땅속으로 스며들어서 안 보이지만, 퐁퐁 솟는 물과 바닷물은 하나입니다. 이어져 있으면 하나입니다. 그것이 끊어져 버리면 물이 아니게 됩니다.

학생 지난 시간에 '일즉일체'를 얘기하면서 상즉과 상입에 대해 설명하셨는데, 상당히 어렵게 느껴집니다.

도법 현상으로 보면 식물, 사람, 동물, 물고기, 해가 다 따로따로이지만, 내용으로는 모두 서로 연결되어 함께 있다는 것입니다. 상즉이란 서로 닿아 있다, 동시에 인정된다, 드러난다는 뜻이고, 상입은 한쪽에서만 바라보는 것인데, 손바닥 쪽에서 보면 손바닥은 드러나고 손등은 숨게 되는 것을 말하는 거죠. 인드라망 그림으로 말하면, 사람이란 그물코를 들면 전체가 다 사람이란 그물코에 따라오게 됩니다. 다른 건 드러나지 않고 사람만 드러나죠. 다른 건 다 스며들어가는 것이 상입 논리입니다. 상즉은 그물코들이 동시에 다 드러나는 것입니다. 이 그물코도 저 그물코도 각각 있는 그대로 인정된다, 드러난다는 말입니다. 상입, 상즉을 단순화시키면 그렇게 됩니다.

학생 씨앗을 놓고 볼 때, 사과 씨앗 하나에는 사과 성품이 들어 있고, 씨앗이 되기까지 필요했던 햇빛, 물 같은 것이 그 안에 들어 있다는 설명으로 봐도 되나요?

도법 그렇게 볼 수도 있지.

학생 일미진중함시방, 일체진중역여시, 이 두 구절은 공간 속에서의 상입 논리이고, 뒤이어 나오는 무량원겁즉일념(無量遠劫卽一念 헤아릴 수 없는 끝없는 시간이 사실은 한 순간이요), 일념즉시무량겁(一念卽是無量劫 한 생각, 한 순간이 바로 헤아릴 수 없는 끝없는 시간이다), 그러니까 시간 속에서의 상입상즉 논리로 해석된다고 보면 될 것 같네요.

<u>도법</u> 맞아요. 일념의 염念은 순간을 말하는 겁니다.

<u>학생</u> 바로 뒤에 나오는 구세십세호상즉(九世十世互相卽 구세와 십세가 서로서로 맞닿아 있네)은 시간과 공간 개념이 합쳐서 된 건가요?

<u>도법</u> 아니, '구세십세호상즉'과 '잉불잡란격별성'까지가 시간 개념이지. 구세는 과거의 과거·현재·미래, 미래의 과거·현재·미래, 현재의 과거, 현재, 미래를 뜻하고 십세는 앞의 구세와 끊임없이 흘러가는 현재의 순간을 포함한 것을 표현한 것인데, 말하고자 하는 뜻은 시간도 서로 맞물려 돌아가지만, 혼란스럽지 않고 질서정연하게 전개된다는 이야기이죠.

<u>학생</u> 그럼 구세, 십세가 상즉 상입도 하고, 잉불잡란격별성도 한다는 이야기인가요?

<u>도법</u> 맞아요.

<u>학생</u> 초발심시변정각初發心時便正覺부터는 새로운 주제가 나오는 것 같습니다. 생사열반상공화生死涅槃常共和, 이사명연무분별理事冥然無分別, 십불보현대인경十佛普賢大人境 부분도 일단 풀어 보는 게 좋을 것 같습니다.

<u>도법</u> 초발심시변정각은 '깨달음을 실천하겠다고 처음 낸 그 마음 그대로가 바른 깨달음'이라는 뜻이고, 생사열반상공화는 '중생의 삶인 고통스런 생사와 붓다의 삶인 평화로운 열반이 따로 떨어져 있지 않고 항상 서로 함께 어울려 있다'는 뜻이에요. 이사명연무분별에서 이理는 이치를 말하고, 사事는 현상을 말하죠. 이치는 눈에 안 보이는 것이고, 현상은 눈에 보이는 것이지만 그 두

가지가 떨어져 있지 않다는 뜻이라고 보면 됩니다. 십불보현대인경의 십불은 깨달음의 실천을 통해 이룬 결과를 열 가지로 나누어 이름 붙인 것이고, 보현은 깨달음을 실천하는 보살행의 대표적인 인물입니다. 참된 깨달음의 진리는 투철하게 실천하는 자가 주인이라는 뜻입니다.

〈법성게〉 전체로 볼 때 첫 두 구절은 한 물건의 참모습을, 다음 두 구절은 인간의 의식이 인위적으로 개입하면 어떻게 되는지 또 그 문제를 어떻게 다루어야 좋은지에 대한 설명입니다. 총론에 해당되는 부분이라고 할 수 있죠. 그 다음부터 잉불잡란격별성까지는 주로 한 물건의 참모습이 인드라망으로 이루어져 있다는 사실을 공간적으로 시간적으로 설명하는 것이라고 봅니다.

초발심시변정각부터는 사람의 실천에 관한 내용이라고 할 수 있어요. 내 생각에 『화엄경』 또는 〈법성게〉에서 말하고자 하는 것을 다 담은 한 구절을 선택한다면 초발심시변정각, 바로 이 구절을 꼽고 싶어요. 이 구절은 『화엄경』 또는 〈법성게〉에서 말하는 알아야 할 것과 실천해야 할 것을 잘 알고 실천하면 그것이 부처의 삶이요, 불교의 전부라는 의미입니다. 다시 말하면 나의 참모습과 어떻게 삶을 살아야 하는지, 인생 화두를 잘 알고 실천하면 그대로 붓다의 삶이라는 뜻이죠.

학생 능인해인삼매중能人海印三昧中은 어떻게 풀어야 할까요?

도법 문헌에 따라 능인으로 적힌 곳도 있고, 능입能入으로 적힌 곳도 있어요. '능인'은 부처를 지칭하는 것이고, 능입은 부처를 지칭하는 것은 아니지만 결국은 같은 뜻을 가집니다. 〈법성게〉에는 불교 세계관과 실천론도 들어 있는데, 처음 앞의 두 구절은 본래의 세계관이고, 그 다음 두 구절은 본래 세계관과 함께 인간관계와 실천관을 설명한 것입니다. 전체적으로는 세계관, 실천론, 실천의 결과, 세 가지 내용으로 되어 있습니다. 매우 함축적인 내용이지만, 단순히 이론만 제시하고 있는 건 아니죠.

  능인은 실천 주체를 뜻하는 말인데, 이때의 주체는 역사 속 석가모니 붓다를 말합니다. '깨달음을 실천하는 역사적 주체'라는 뜻입니다. 능입도 내용으로 보면 능인과 같은 뜻입니다. '능'이 실천 주체라면 '입'은 실천 주체인 능이 해인삼매에 들어갔다는 뜻이에요. 그러니 결국 같은 내용이죠. 여기에서 해인삼매를 어떻게 이해할 것인가가 매우 중요합니다. 전통적으로는 해인삼매를 삼매 중에 최고의 삼매, 근본 삼매라고 합니다. 일반적으로 해인삼매를 설명할 때 맑고 고요한 바다에 밝고 둥근 달이 선명하게 나타난 모습에 비유하죠. 비유를 찬찬이 뜯어보면 달이 나타나도록 하는 바탕이 바로 맑고 잔잔한 바다입니다. 그렇게 보면 달과 바다는 불일불이不一不二, 부즉불리不卽不離의 관계죠. 해인삼매의 비유를 〈법성게〉 내용에 연결시켜 생각해 봅시다. 원융무이하고 부동본래적인 법성, 법계가 뚜렷하다는 것은 밝고 둥근 달이 나타난 것과 같아요. 법성, 법계가 뚜렷하게 나타나도록 하는 그 바탕이 바로 해인삼매이죠. 나는 법성, 법계가 뚜렷이 나타난 그 상태 그 자리를 해인삼매로 보았기 때문에 '언제나 한결같은 그 자리에 서서'라고 풀었습니다. 그래야 지금 여기에서 구체적으로 실천하는 불교가 될 수 있기 때문입니다.

  능인해인삼매중能人海印三昧中, 번출여의불사繁出如意不思議, 우보익생만허공雨寶益生滿虛空, 중생수기득이익衆生隨器得利益 부분을 이렇게 풀어봤습니다.

  '능인은 해인삼매, 본래의 그 자리에서 주체적인 뜻대로 자유자재의 솜씨를 발휘하여, 중생을 이익케 하는 보배 비를 허공 가득 내리게 하여, 사람들마다 준비한 그릇만큼 온갖 이익을 얻게 하네.'

<u>윤구병</u> 내가 문헌학을 귀담아 들은 적이 있는데, 그걸 참고로 얘기해 보겠습니다. 고대 서양에서 플라톤 전집을 만들 때에는 갈대로 만든 종이(파피루스)에다 글을 썼어요. 중세에 와서는 양피지에 썼고요. 손으로 베껴 적었기 때문

에 오자가 많았어요. 들 입入 자와 사람 인人 자는 상당히 비슷하니까, 두 개의 (다른) 필사본이 있는 것으로 볼 수 있어요. 능인해인삼매중은 〈법성게〉 말고 다른 데도 나오는데, 인자로 보고 싶어 하는 사람은 어질 인仁자인데 사람 인자로 잘못 썼다고 보는 거고, 입으로 보고 싶은 사람은 어질 인을 사람 인자로 쓰는 건 당치 않아 보이겠죠. 입入 자를 어느 필사본에서 인으로 잘못 쓴 거라고 생각하는 거죠. 이렇게 해석은 다양할 수 있어요. 〈법성게〉 해설하는 사람들 사이에도 이런 다툼이 있다. 이 정도로 생각하면 될 것 같습니다.

학생 파식망상필부득叵息妄想必不得이 무슨 뜻인지 이해가 잘 안 됩니다. 망상을 쉬지 않으면 얻는 게 없다는 뜻인가요? 망상을 쉬어야 하는데 쉬지 않는다는 게 무슨 소린지, 쉬지 않으면 얻는 것이 없다는 건지, 도무지 모르겠습니다.

윤구병 그것도 논란이 되는 부분인데, 두 가지로 해석하지요. 선사들은 앞 해석을 많이 선택하고, 일반적으로는 뒤 해석을 선택합니다.

학생 망상을 쉬지 않는다는 게 선사들의 해석이란 말인가요?

도법 차근차근 가닥을 잡아 이야기해 보죠. 이 단락의 처음 구절은 시고행자환본제是故行者還本際인데, 앞 구절과 연결해서 봅시다. 이 부분을 풀어 보면 '석가모니 붓다(능인)가 법성을 잘 알고 살아 보니 나와 너 모두가 평화롭고 행복하더라, 그러니 이제 깨달음을 실천하려는 그대들도 본래의 그 자리에서(해인삼매), 굳이 망상을 쉬려고도 열반을 얻으려고도 할 것 없이, 곧바로 아무 조건 없는 좋은 방편을 주체적으로 잘 활용하여, 집안 살림에 필요한 모든 것을 얻으며 동시에 한량없는 공덕을 지닌 무궁무진의 보배들로 참다운 우리 세상(법계)을 아름답고 빛나게 잘 꾸며야 하네'라고 할 수 있어요.

여기서 '망상을 쉬려고도 열반을 얻으려고도 하지 않고'는 별도의 설명이 필요할 것 같아요. 굳이 해석한다면 생사도 열반도 말만 있을 뿐 실제는 없다는 건데, 그럼 그 조건은 뭘까요? 〈법성게〉로 보면 법성, 한 물건의 참모습을 잘 알고 실천하면 바로 그 순간 열반의 삶이 되고 참모습을 잘못 알고 실천하면 바로 그 순간 그 자리가 생사의 삶이 된다는 이야기입니다. 여기에서 중요한 것은 번뇌를 없애거나 열반을 얻으려고 하는 것이 아니고, 번뇌 생사를 벗어나는 조건, 열반의 삶을 사는 조건인 한 물건의 참모습인 법성을 잘 알고 실천하는 데 있다는 점입니다.

_{학생} 무연선교착여의_{無緣善巧捉如意}도 뭔지 잘 모르겠습니다. 여의가 여의주인가요?

_{도법} 그렇죠. 여의주란 맘먹은 대로, 뜻한 대로 되는 구슬이라는 뜻이죠. 그것만 가지고 있으면 뭐든지 되도록 하는 구슬이죠. 여기서는 '본인의 주체적인 좋은 뜻으로'라고 읽으면 괜찮을 듯합니다.

_{윤구병} 이렇게도 한번 생각해 봅시다. 같을 여_如 자 반대되는 건 무슨 글자인가요? 네, 다를 이_異입니다. 그럼 우리가 같다 또는 다르다 하는데, 어떨 때 같다고 하고 어떨 때 다르다고 하나요? 같다는 것은 한데 합할 수 있다는 것이고, 다르다는 것은 갈라놓을 수 있다는 것입니다. 보통 사람들이 주고받는 말로 하자면, 이 주전자는 컵과 다르다고 얘기하고, 이 컵은 저 컵과 같다고 이야기합니다.

이것을 참과 거짓을 가릴 수 있는 말로 바꾸어 봅시다. (앞에 놓은 책을 집어 들고) 왜 이 책과 주전자가 다르다고 하는지 물으면, 이 책은 이 주전자가 아니니까 다르다고 합니다. 왜 아니냐고 물으면, 이 책에 있는 어떤 것-그것이 모

습이든, 빛깔이든, 성질이든-이 주전자에는 없고, 이 책에 없는 어떤 것이 이 주전자에는 있기 때문에 우리는 아니라고 하고 다르다고 합니다.

근데 여의라는 말은 불교에서 굉장히 자주 나오는 말입니다. '여'는 〈금강경〉 첫 구절에 나오죠. 여시아문如是我聞, 난 이와 같이 들었다는 뜻이죠. 여의如意는 뜻이 같다는 뜻도 있고, 내 뜻대로 된다는 뜻도 있어요. 여의는 여러 가지로 번역이 돼요. 여의주로 볼 수도 있다고 생각해요. '무연선교'는 하나로 볼 수도 있고, 무연과 선교를 따로 떼어 놓고 볼 수도 있겠고요.

도법 무연자비無緣慈悲라는 표현도 있어요. '최고의 자비'를 표현할 때 쓰는 말입니다. 무연자비는 또 여환자비如幻慈悲라고도 하죠. 무연은 조건 없는 자비, 이렇게 번역하면 좋을 것 같아요. 조건이 있으면 대상이 규정돼서 이 사람은 마음에 들어서 해주고, 저 사람은 마음에 안 들어서 안 해주게 됩니다. 무연자비는 조건이 없고, 어디에도 묶이지 않고, 차별도 없죠. 실체가 없어요. 실체가 있으면 걸리고 막힙니다.

선교는 아주 '훌륭한 수단'이라는 말입니다. 그러니까 '무연선교'는 '조건 없는 자비를 아주 뛰어난 수단/방편으로', 이런 뜻이지요. 착여의란 말은 어떻게 풀어야 할까요?

윤구병 여의를 착捉의 목적어로 봐야 한다고 생각했는데, 꼭 그럴 필요는 없을 것 같다는 생각이 들어요. 목적어로 봐야 한다고 생각했기 때문에 여의주라는 물질적 대상을 상징한다고 보았는데, 그럴 필요가 없어요. 광명 스님은 이 부분을 "연 없이 훌륭한 기교를 뜻대로 잡아"라고 번역했네요.

학생 착捉의 목적어가 무연선교라는 말인가요?

윤구병 그럴 수 있죠. 도치법이 가능하니까요.

도법 조건 없는 좋은 수단으로……. 그런데 착여의?

윤구병 "무연을 선교로 뜻 맞게 잡아", 이렇게 풀 수도 있어요. 여러 가지로 해석이 가능합니다.

도법 착여의는 좋은 뜻을 주체적으로 마음껏 잘 쓴다는 말입니다. 칼자루가 내 손에 있다, 그런 뜻이지요. 칼자루가 내 손에 있으면 내 마음대로 하는 거지요. 도깨비 방망이가 내 손에 있다, 이런 뜻이에요.

학생 광덕 스님은 "인연 없는 방편 지어 마음대로 잡았느니"라고 번역했습니다. 무연선교를 목적어로 삼았습니다.

도법 "무연자비를 뛰어난 수단으로", 이런 뜻으로 보면 될 거 같습니다.

윤구병 그것도 훌륭합니다.

도법 〈법성게〉가 말하고 있는 내용을 이해하는 안목을 갖고, 그 내용대로 마음을 쓰고, 말하고, 행동하는 상태가 되면, 곧 이런 세계관을 실천하면, 무연선교, 무연한 자비로 살 수 있다는 얘기입니다. 무연자비를 훌륭한 수단으로 삼아 자유자재로 쓴다, 응용한다, 이런 의미로 이해하면 어떨까 싶어요.

윤구병 스님, 자비가 뭐요? 자비심을 가지고 나한테 그 뜻을 얘기해 줘 봐요.(웃음)

도법 글쎄, 뭘까요? 자비는 발고여락拔苦與樂이라고 하지요. 발에 가시가 박히면 아프잖아요. 가시를 빼주는 것이 비(발고)이고, 즐거움을 주는 것이 자(여락)입니다.

윤구병 옛날에 내가 해인사에서 펴내는 월간 〈해인〉지에 자비를 파자해서 쓴 글이 있어요. 한자로 자慈는 현현심玄玄心입니다. 왼쪽 오른쪽 검을 현玄 두 개가 있고, 그 밑에 마음 심心이 있어요. 검을 현을 감을 현이라고도 하죠. 이건 하늘이라는 뜻이에요. 하늘마음이고, 마음하늘입니다. 합성을 하면 자가 되고, 파자를 하면 하늘마음, 마음하늘이 될 수 있어요. 비悲는 아닐 비非 밑에 마음 심을 쓰지요. 아니라고 아니라고 마음으로 돌이질치면서도 끌어안을 수밖에 없는 게 비입니다. 그러니까 슬프지. 이거 다 엉터리없는 얘기일 수도 있어요.

6장
깨달음이 따로 없다는
것을 깨달음

6장
깨달음이 따로 없다는 것을 깨달음

학생 지금까지 저희는 〈법성게〉의 핵심 내용이 들어 있는 앞의 네 구절을 중심적으로 공부하는 데 많은 시간을 쏟았습니다. 그 다음 구절들은 비교적 가볍게 넘어가거나, 다루지 않은 부분까지 있습니다. 오늘 도법 스님께서 〈법성게〉 전체를 풀어 오셨습니다. 잘 듣고 나서 이야기를 진행했으면 좋겠습니다.

도법 우리 공부 모임에서 내가 맡은 역할은 〈법성게〉를 통해서 의상 대사가 말하고자 하는 내용과 뜻을 잘 드러나게 하는 것입니다. 한글로 잘 번역하는 것, 좋은 문장으로 만드는 것은 그 방면에 역량이 있는 여러분들이 하면 되고요. 그런 입장에서 우리말로 풀면서 〈법성게〉 전체의 흐름을 한번 짚어 봤어요. 정리를 하고 넘어간다는 차원에서 살펴봅시다. 제목은 '노래하네, 그대의 삶을'이라고 지어 봤습니다.

〈반야심경〉은 오온五蘊을 가지고 얘기하는 것인데, 오척의 몸(오척지신)이죠. 오온을 얘기할 때 색부터 시작합니다. 오온은 지금 당장 직면한 나와 너를 말해요. 눈으로 볼 수도 있고, 손으로 확인할 수도 있는 것을 말합니다. 불교는 여기 지금 직면한 삶, 직접 확인 가능한 것을 대상으로 얘기하는 거지, 그 이

외의 다른 어떤 얘기도 아니라는 게 내 기본적인 생각입니다.

이쯤에서 어떻게 보면 의상의 형님이기도 하고 친구이기도 한 원효 스님 이야기를 잠시 나누면 내용도 풍부해지고 재미도 있지 않을까 싶네요. 많은 이야기를 할 수는 없고 핵심이라고 할 수 있는 원효의 오도송悟道頌을 옮겨 보겠습니다.

心生則種種法生 심생즉종종법생
心滅則龕墳不二 심멸즉감분불이
三界唯心萬法唯識 삼계유심만법유식
心外無法胡用別求 심외무법호용별구

분별심으로 인하여 온갖 차별 생기듯
분별심 사라지니 감실과 무덤이 다르지 않네
삼계가 한 마음인데 분별심으로 온갖 차별 생기네.
한마음 밖에 진리 없는데 어찌 당나라에 가서 찾으려 하는가

의상의 문제의식과 원효의 문제의식이 만나는 지점이 바로 '심외무법心外無法, 마음 밖에 진리 없다'입니다. 서로 표현은 달리 했지만 직면한 총체적 삶을 뜻하는 직면한 마음을 말한 것은 다르지 않습니다.

그동안 〈법성게〉의 기존 번역본들을 읽어 보면, 뭔가 지금 직면한 삶을 얘기하는 내용이라는 생각이 들지 않아 늘 막연하고 공허했습니다. 어렵겠지만 아무쪼록 직면한 삶을 얘기하는 내용이 되도록 번역하면 좋겠다는 마음으로 해봤고, 법성을 '지금 여기 한 사람이 있네'라고 풀어 본 것도 이 때문이죠.

법성이란 게 뭘까요? 실상사에 내려갔다가 혜주 스님이랑 몇 분이 의상을 연구하고 쓴 책이 있어서 봤습니다. 그 중에 가장 많이 강조된 것은 '법성은

오척지신五尺之身'이라는 말이었어요. '오척지신'이란 당시 보통 사람의 몸이죠. 오척지신을 지금 여기에 있는 존재, 너와 내가 직면한 것으로 풀어 보니 내 생각과 일치하는 데가 많았어요. 그래서 이렇게 다듬어 봤습니다. 직역보다는 뜻을 중심으로 옮겼습니다. 전체 30구를 하나씩 읽으면서 얘기를 해 봅시다.

노래하네, 그대의 삶을

여기 한 사람 있으니
온 우주 두루두루 어울려
긴긴 세월 흐르고 흘러도
본래 정해진 이름도 없고
오로지 증명(실천)하는 지혜로 알 뿐
그의 본래 참모습은
자신을 고집하지 않고
하나 안에 일체가 깃들고
하나가 그대로 일체요
한 먼지가 온 우주 품어 안고
끝없는 영원의 시간이 그대로
지금 여기 한순간이 그대로
과거, 현재, 미래 모든 시간들과
혼란스럽지 않고 질서정연하게
참모습대로 살 마음을 낼 때
참모습 그 자리엔 생사와 열반이
숨겨진 본바탕과 드러난 모습도
그 경지는 아는 대로 실천하는 사람

그의 본래 참모습은
한 번도 나뉜 적 없고
언제나 그 모습 그대로이며
따로 정해진 모습도 없으니
그밖에 다른 길 있지 않네
지극히 심오하고 미묘하여
인연 따라 온갖 모습 이루니
여럿 안에 하나가 깃들며
일체가 그대로 하나이며
온갖 먼지들도 또한 그러하네
지금 여기 한순간이요
끝없는 영원의 시간이며
지금 여기 한순간이 함께 있어도
시간마다 따로따로 이루어지네
바로 그 순간 그대로 정각이니
항상 서로 어울려 함께 있고
미묘하게 어울려 구별할 수 없으니
붓다와 보현보살의 몫이네

붓다행 하는 용맹한 사람 능인은
뜻대로 하는 자유자재의 솜씨로
사람들마다 준비한 그릇만큼
그러므로 붓다행 하는 사람은
굳이 망상을 쉬려고 하지도 않고
주체적으로 아무 조건 없는
집안 살림에 필요한 모든 것을
한량없는 공덕을 모두 지닌
법계의 참다운 우리 세상을
그리고 마침내 실제 중도의
언제나 한결같이 흔들림 없나니

언제나 한결같은 그 자리에 서서
보배를 허공 가득 비처럼 내리게 하여
온갖 종류의 이익을 얻어가게 하네
본래 제자리로 돌아와
특별한 것을 얻으려 할 것도 없이
무애자재의 좋은 방편을 써서
부족함 없이 충분하게 얻으며
끝도 없고 다함도 없는 보배들로
아름답고 빛나게 잘 꾸미네
평상 위에 의연히 앉아
그 사람을 일러 거룩한 붓다라 하네.

법성원융무이상(法性圓融無二相)
제법부동본래적(諸法不動本來寂)
무명무상절일체(無名無相絶一切)
증지소지비여경(證智所知非餘境).

여기 한 사람 있으니 그의 본래 참모습은
온 우주 두루두루 어울려 한 번도 나뉜 적 없고
긴긴 세월 흐르고 흘러도 언제나 그 모습 그대로이며
본래 정해진 이름도 없고 따로 정해진 모습도 없으니
오로지 증명(실천)하는 지혜로 알 뿐
그 밖에 다른 길 있지 않네

'법성원융무이상'이 공간적 관점에서 존재를 설명했다면, '제법부동본래적'

은 시간적 관점 또는 시끌벅적하게 요동치는 인간의 분별 시비가 없는 본래의 상태에 대해 설명한 것입니다. '무명무상절일체'는 사람이 이것은 찻잔이고 저것은 차관이라고 이름 붙이고 인위적으로 나누지만 본래 그런 거는 없었다는 뜻입니다. '증지소지비여경'은, 실상은 인위적으로 이름을 붙이거나 모양을 나누지 않은 본래 그 자리에 있는데, 이것은 경험하고 실천하는 지혜로 알 수 있지 다른 것으로는 알 수가 없다는 뜻으로 〈법성게〉 총론이라고 할 수 있어요. 그 다음에는 그것에 대한 구체적인 설명이 이어집니다.

진성심심극미묘(眞性甚深極微妙)
불수자성수연성(不守自性隨緣成)

그의 본래 참모습은
지극히 심오하고 미묘하여
자신을 고집하지 않고
인연 따라 온갖 모습 이루니

이 두 구절은 주어지는 인연 화합 즉, 조건에 따라 무한히 자유롭게 창조되는 심오하고 미묘한 법성의 모습에 대한 설명입니다.

일중일체다중일(一中一切多中一)
일즉일체다즉일(一卽一切多卽一)
일미진중함시방(一微塵中含十方)
일체진중역여시(一切塵中亦如是)

하나 안에 일체가 깃들고

여럿 안에 하나가 깃들며
하나가 그대로 일체요
일체가 그대로 하나이며
한 먼지가 온 우주 품어 안고
온갖 먼지들도 또한 그러하네

법성원융무이상의 구체적 내용에 대한 설명입니다. 법성에 대한 공간적 해석이라고 할 수 있겠습니다.

무량원겁즉일념(無量遠劫卽一念)
일념즉시무량겁(一念卽是無量劫)
구세십세호상즉(九世十世互相卽)
잉불잡란격별성(仍不雜亂隔別成)

끝없는 영원의 시간이 그대로
지금 여기 한순간이요.
지금 여기 한순간이 그대로
끝없는 영원의 시간이며
과거, 현재, 미래 모든 시간들과
지금 여기 한순간이 함께 있어도
혼란스럽지 않고 질서정연하게
시간마다 따로따로 이루어지네

역시 마찬가지로 이 부분은 법성에 대한 시간적 해석이라고 할 수 있습니다. 과거와 현재와 미래가 서로 맞닿아 이어져 있지만, 그럼에도 과거는 과거대로, 현재는 현재대로, 미래는 미래대로 분명하게 질서 정연하다는 뜻입니다.

초발심시변정각(初發心時便正覺)
생사열반상공화(生死涅槃常共和)
이사명연무분별(理事冥然無分別)
십불보현대인경(十佛普賢大人境)

참모습대로 살 마음을 낼 때
바로 그 순간 그대로 정각이니
참모습 그 자리엔 생사와 열반이
항상 서로 어울려 함께 있고
숨겨진 본바탕과 드러난 모습도
미묘하게 어울려 구별할 수 없으니
그 경지는 아는 대로 실천하는 사람
붓다와 보현보살의 몫이네

본래부처인 자신의 참모습, 즉 법성을 잘 알고 참모습대로 살겠다고 처음으로 마음 낸 것이 초발심이지요. 사실은 인생이 이런 것인 줄을 알고 그렇게 살아야겠다고 마음먹으면 그 자체가 궁극적 깨달음이지, 그 내용 말고 다른 깨달음은 없다는 겁니다. 이건 불교계에서 논란이 많고 해석이 분분한 대목입니다. 처음 발심했을 때 알았던 내용, 이것이 실제 삶으로 무르익으려면 시간과 과정이 필요합니다. '아, 실상이 그러한 거구나'라는 것을 알고, 그 실상대로 살아야겠다고 마음을 먹고, 마음먹은 대로 실천하고, 실천하면 무르익게 되는 것이지, 다른 무엇이 새로 생기는 게 아니라는 말이에요. '생사열반상공화'는 실상대로 알고 살면, 생사가 곧 열반이고 열반이 곧 생사라는 뜻입니다. 이것이 우리 삶의 실상입니다.

    능인해인삼매중(能人海印三昧中)
    번출여의불사의(繁出如意不思議)
    우보익생만허공(雨寶益生滿虛空)
    중생수기득이익(衆生隨器得利益)

    붓다행 하는 용맹한 사람 능인은
    언제나 한결같은 그 자리에 서서
    뜻대로 하는 자유자재의 솜씨로
    보배를 허공 가득 비처럼 내리게 하여
    사람들마다 준비한 그릇만큼
    온갖 종류의 이익을 얻어가게 하네

여기 네 구절은 역사적 사례입니다. 능인은 법성을 잘 알고 살아서 그 삶이 괜찮게 된 역사적 주체인 석가모니 붓다를 말합니다. 실제 경험한 능인이 한결같은 그 자리, 즉 해인삼매의 자리에서 전심전력으로 동체대비의 행을 실천했더니 그 삶이 참 좋더라, 그러니 자네들도 그렇게 살아 봐 그러면 살만해, 라고 말하는 것입니다.

    시고행자환본제(是故行者還本際)
    파식망상필부득(叵息妄想必不得)
    무연선교착여의(無緣善巧捉如意)
    귀가수분득자량(歸家隨分得資糧)

그러므로 붓다행 하는 사람은
본래 제자리로 돌아와
굳이 망상을 쉬려고도 하지 않고
특별한 것을 얻으려고 할 것도 없이
주체적으로 아무 조건 없는
무애자재의 좋은 방편을 써서
집안 살림에 필요한 모든 것을
부족함 없이 충분하게 얻으며

    모범자인 붓다의 권유를 받아 수행자들이 나도 붓다처럼 알고 실천하겠다는 마음으로 심혈을 기울여 실천하면 결과적으로 잘된다는 것을 설명하고 있습니다. 주로 자리自利에 초점이 맞춰져 있습니다.

이다라니무진보(以陀羅尼無盡寶)
장엄법계실보전(莊嚴法界實寶殿)
궁좌실제중도상(窮坐實際中道床)
구래부동명위불(舊來不動名爲佛)

한량없는 공덕을 모두 지닌
끝도 없고 다함도 없는 보배들로
법계의 참다운 우리 세상을
아름답고 빛나게 잘 꾸미네.
그리고 마침내 실제 중도의
평상 위에 의연히 앉아
언제나 한결같이 흔들림 없나니

그 사람을 일러 거룩한 붓다라 하네

여기 네 구절 중 앞의 두 구절은 자신의 참모습, 세상의 참모습을 잘 알고 잘 쓰면 보고 듣는 그 무엇 어느 하나도 보배 아닌 것이 없다, 그러므로 그 보배들로 우리가 살아가는 이 세상을 잘 가꾸고 꾸미기 위해 최선을 다해야 한다, 그래야 본인의 삶도 세상의 삶도 좋아진다, 이런 말을 하고 있는 것이지요. 주로 이타利他에 초점이 맞추어져 있습니다. 그리고 마지막 두 구절은 자리도 이타도, 고요함도 소란함도, 동적임도 정적임도 모두 본래 참모습이 조건 따라 나타나는 것이므로 끝내는 본래 붓다, 한 모습뿐이라는 내용으로 전체를 매듭짓고 있습니다. 그 동안 나눈 이야기들을 나름대로 종합하여 정리해 보았습니다.(박수)

학생 '초발심시변정각'을 이렇게 해석할 수 있지 않을까요? 정각正覺이 따로 있는 게 아니라, 매순간 초발심이 지속되는 것이라고요. 초발심의 연속이 결국은 정각이 아닐까 하는 생각이 듭니다.

도법 그렇게 풀 수도 있겠지.

윤구병 스님이 옮기신 것을 불교의 돈오돈수頓悟頓修, 돈오점수頓悟漸修 논쟁과 연결시킬 수 있나요?

도법 그럴 필요가 뭐 있을까 하는 생각이 들어요. 연결시킬 수는 있겠지요. 사실 돈오에 대한 해석 자체가 각각입니다. 성철 스님이 이 논쟁에 불을 지폈는데, 성철 스님과 보조 스님이 쓴 '돈오'는 말은 같은데 뜻은 서로 달라요.

<u>윤구병</u> 어떻게 다른가요?

<u>도법</u> 비유를 들자면, 여기 얼음이 있는데 이 얼음은 본래 물이었습니다. 보조 스님은 얼음이 본래 물이라는 것을 알아차린 것을 돈오라고 합니다. 얼음이 물이라는 것을 안 것이죠. 그런데 이 얼음이 본래 물이기는 하지만, 물이 되려면 따뜻한 기운을 받는 과정을 거쳐서 녹아야 하죠. 얼음이 세수도 하고 빨래도 할 수 있는 온전한 물이 되려면 따뜻한 기운을 계속 쬐어 줘야 되죠? 얼음이 녹도록 하는 과정, 이게 실천인데, 이것을 점수라고 보는 거죠. 얼음으로부터 물이 되기까지를 돈오점수라고 하는 것이고.

성철 스님은 조사 선문이나 종문에서 얘기하는 건 그게 아니라고 주장합니다. 돈오는 그 얼음이 따뜻한 기운을 쬐어 녹아서 물이 되는 과정까지 끝난 상태를 일컫는다는 거지요. 그래서 돈오돈수가 되죠. 닦을 것이 있으면 다 닦고, 깨달을 것이 있으면 다 깨달은 상태가 돈오인 것이지, 아직 닦을 것이 남아 있는 상태를 돈오라고 하는 건 맞지 않다는 것이 성철 스님의 주장입니다.

<u>윤구병</u> 지금 얘기한 종문은 임제종인가요?

<u>도법</u> 임제종만은 아닌데, 주로 그렇지요. 6조 혜능 이하, 선을 전문 종파로 삼은 문중은 중국에서 시작됐고, 인도에는 없어요. 선은 불교 모든 종문의 기본이어서 하나의 독립된 종단으로 성립되지는 않았죠. 그러다가 중국에 와서 독립된 종단으로 선 것입니다. 이른바 조사 종문이라고 할 때, 성철 스님의 주장은 돈오돈수론을 갖고 수행하는 사람들, 그 문파를 종문이라고 하죠. 조사 선문이라고도 해요. 성철 스님은 종문에서 얘기하는 돈오는 보조와 다른데, 보조 스님이 종문의 돈오를 잘 몰랐다고 비판하는 겁니다.

윤구병 그러니까 특정한 종이 아니라, 선종, 종문 전체를 말하는 건가요?

도법 선종도 여러 가지 파가 있어요. 신수神秀와 혜능慧能은 같은 5조 홍인 밑의 제자지요. 그런데 신수는 돈오점수파로 규정되고, 6조 혜능 쪽을 돈오돈수파라고 해요. 그래서 혜능을 이어가는 사람들을 대표적으로 조사 선문이라고 하고, 신수를 잇는 사람들은 여래선이라고 합니다.

윤구병 스님 생각은 어떤가요? 신수, 혜능 얘기가 나왔는데, 어느 편인가요?

도법 나? 나는 내 편이여.(웃음) 삶의 문제 풀어가는 데 유용하면 이것도 갖다 쓰고 저것도 갖다 씁니다.

윤구병 마음대로 가져다 쓴다?

도법 그래야 되지 않겠어요?

윤구병 재밌네.

도법 난 그게 불교라고 봐요.

윤구병 내가 보기에는 육조 혜능 밑에서는 사기꾼이 굉장히 많이 나올 가능성이 있고, 신수 쪽은 그렇지 않을 것으로 보는데 스님 생각은 어떤가요?

도법 그건 그렇지 않아요. 성철 스님이 돈오돈수를 들고 나온 건 한국 불교의 상황과 관련이 있어요. 우리가 보통 돈오점수론이라고 하는데, 이걸 일반

화된 언어로 바꾸면 초견성初見性 논리를 말해요. 초견성을 하고, 점수 과정이 끝나야 이른바 도인이 되는 건데, 초견성했다고 사기 치고 다니는 사람들이 더러 있었죠. 이런 폐단이 많아지자 성철 스님은 이것이 한국 불교를 망친다고 보았어요. 이걸 바로잡아야 되는데, 그런 논리의 근원이 보조 스님으로부터 나온 거라고 봤고, 그래서 보조를 친 거죠.

<u>윤구병</u> 보조 스님이 사기꾼을 양산할 가능성이 큰 주장을 했다?

<u>도법</u> 그렇죠. 돈오점수론이 한국 불교식으로 육화된 언어가 초견성과 보림론인데, 초견성은 돈오고, 보림은 점수라고 보신 거죠.

<u>윤구병</u> 보림에 대해서 더 자세히 설명을 해 주세요.

<u>도법</u> 그러니까 얼음이 물인 줄을 알고, 구체적으로 얼음을 녹여 물을 만드는 작업과 과정이 보림입니다.

<u>학생</u> 한자로는 어떻게 쓰나요?

<u>도법</u> 보호할 보保자와 맡을 임任자입니다. 보호임지保護任持의 준말로서 '찾은 본성을 잘 보호하여 지킨다'는 뜻이지요. 초견성, 즉 깨달음을 정리하는 시간이라고 할까요? 예를 들자면 이런 겁니다. 여기 이 방이 불이 꺼져서 캄캄한 상태다, 근데 번개가 번쩍 쳤다, 바로 그 순간 방 안이 좀 보이다가, 번개가 이내 사라진다. 하지만 이 경우 번개 치기 이전의 어두운 상태와 번개가 친 다음의 어두운 상태는 다르죠. 번개가 치면 그 어두운 공간에 누가 있다는 것을 압니다. 그렇지만 여전히 이 방은 어두워서 밖으로 나가기가 힘들죠. 그래서 이

방을 늘 밝은 상태로 만들어 가야 하는데 그 과정이 보림입니다. 기억나시죠? 내가 첫 시간에 소개한 헤세의 깨달음과 번개 비유 이야기. 그 비유를 가지고 설명한 겁니다.

윤구병 고려시대 국사 보조普照 법명의 뜻도 그렇군요. 두루 비추라는.

도법 그게 돈오점수론인데, 성철 스님은 늘 밝은 상태가 유지돼야 한다는 거죠. 그래야 진짜 돈오고 진짜 돈수도 되는 것이지, 번개 치는 것만 가지고는 안 된다는 얘기입니다.

학생 '초발심시변정각' 구절 공부하면서 돈오돈수가 나왔었죠. 도법 스님은 중생이 모두 본래부처니까 붓다로 살면 된다고 주장하시는데, 그것은 돈오돈수 쪽에 가까운 것 아닌가요?

도법 굳이 돈오돈수나 돈오점수에 연길시킬 필요가 있을까 싶네요. 본래부처론은 전통적으로 보조, 성철 등 대부분의 스님들이 강조하고 있어요. '초발심시변정각'은 논란이 많은 부분이지요. 『돈오입도요문론頓悟入道要門論』이라는 책을 보면 돈오돈수에 대한 설명이 있어요. 돈제망념頓除妄念 오무소득悟無所得. 앞 글자가 돈오죠. 직역하면 '돈頓이란 망령된 생각을 몰록¹⁵ 제거하는 것'이고, '오悟란 깨달을 게 따로 없음을 몰록 깨닫는 것'을 뜻합니다.

윤구병 아까 내가 신수와 혜능 스님 이야기를 했어요. 두 사람 다 오도송을 남겼는데, 그것을 찾아서 한번 읽어봅시다.

---

15 불교에서는 돈(頓)을 몰록이라 한다. '한꺼번에, 갑자기, 순식간에'라는 뜻이다.

학생 신수 스님 오도송입니다.

 身是菩提樹 신시보리수
 心如明鏡臺 심여명경대
 時時勤拂拭 시시근불식
 勿使惹塵埃 물사야진애

 몸은 보리수요
 마음은 명경대와 같으니
 항시 부지런히 털고 닦아서
 먼지와 티끌이 일어나지 않게 하라

다음은 혜능 스님 오도송입니다.

 菩提本無樹 보리본무수
 明鏡亦非臺 명경역비대
 本來無一物 본래무일물
 何處惹塵埃 하처야진애

 보리는 본래 없는 나무요
 명경은 또한 대가 아니니
 본래 한 물건도 없으므로
 어느 곳에서 먼지와 티끌이 일어나리

윤구병 혜능이 신수의 오도송을 뒤집었잖아요? 한 방 먹인 거지. 근데 내가 보기에는 신수의 길을 따라 가게 되면, 늘 자기가 하는 짓을 반성하고 살펴서, 늘 쓸고 닦고 해서 마음이 청정해질 것 같은데, 혜능은 그걸 '개무시' 했어요. '원래 아무것도 없는데, 티끌이 없는데, 닦고 쓸고 할 게 뭐 있냐', 그래서 도법 스님께 여쭤 본 것입니다. 만일에 혜능 식으로 얘기한다면, 철야정진이 뭔 필요가 있고, 면벽이 뭔 소용이 있나요. 어느 순간 문득 깨치면 되는데.

도법 성철 스님은 장좌불와長座不臥를 했어요. 만날 용맹정진하고. 철조망 쳐 놓고 10년 동안을 사셨죠. 돈오돈수를 주장했지만, 허허허.

윤구병 말과 행동이 다른 거지요.

학생 그건 이렇게 봐야 할 거 같습니다. '함부로 깨달았다고 하지 마라, 나도 이렇게 하고 있다.' 이런 걸 보여 주려고 그런 것 아닐까요?(웃음) 근데 성철 스님은 29살 때에 "나는 깨달았다"고 선언하지 않았나요?

도법 그거 얘기하면 복잡해져 버립니다. 괜히 쓸데없는 얘기만 계속 하게 되고.

윤구병 재미있는 얘긴데.

도법 그게 논란이 하도 많아서 나도 궁금증이 덜어지지 않지만, 실제 삶에 도움이 되지 않기 때문에 돈오돈수고, 돈오점수고 내버려 둬요. 그게 뭐 대단한 것이라고…….

학생 일반 사람들이 갖는 의문은, 깨달았다고 하면서, 돈오돈수라고 주장하면서 왜 계속 용맹정진을 하냐는 것이죠.

도법 이게 사실은 결국 같은 내용이 됩니다. 아까 번갯불 얘기했습니다. 똑같은 어둠이지만, 번개가 치기 전과 후는 다른 것입니다. 보조는 알고 뭔가를 해야 된다는 거고, 성철은 아는 것도 끝나고, 뭔가를 하는 것도 다 끝난 상태를 돈오라고 해야지, 해야 되는 걸 남겨놓고 돈오라고 하면 안 맞는다고 얘기한 겁니다.

학생 그럼 성철 스님은 번갯불이 친 상태는 돈오가 아니라고 얘기한 건가요?

도법 그렇지. 그걸 돈오라고 하면 안 된다는 거예요. 그건 불교적 용어로는 돈오가 아니라 해오解悟라고 하죠. 해오라는 말은 이성적, 논리적으로 이해했다는 정도의 개념입니다. 아무튼 돈오라고 할 때, 알았다는 건 온전하게 무르익은 지경까지, 얼음이 다 녹은 상태가 돼야 비로소 돈오도 돈수도 가능하다는 것입니다.

학생 스님, 지금 얘기하는 돈오돈수 말고요, '나 자신이 원래 부처다. 내가 깨닫고 사는 게 부처의 삶이다', 이런 걸 깨닫는 것도 돈오라고 할 수 있나요? 그걸 깨닫게 되면 늘 밝은 상태로 갈 수 있지 않나요?

도법 본래부처임을 깨닫는 걸 돈오라고 할 수 있죠. 돈오점수라고 할 때 돈오는, 다시 번갯불 비유를 들자면, 번갯불이 번쩍 하는 순간 방 안을 직접 본 것을 표현한 개념으로 볼 수 있다고 생각합니다. 종교 문제를 다룰 때, 뭔가 신비한 체험을 해야 된다는 강박 관념 같은 게 있어요. 신비한 체험을 하지 않으면 별의별 것도 별 거 아니라고 생각하는 경향이 있죠.

그러나 실은 얼마든지 논리적으로 접근할 수 있습니다. 상식적, 논리적으로 파악하고 이해하고 거듭 사유하면 확신이 생기게 되고, 확신에 따라 행동도 하게 되고, 그렇게 되면 무르익게 되는데, 이건 신비 체험과는 관계없습니다. 지나치게 그런 쪽에 관심을 둘 필요는 없다고 봅니다.

학생 깨달을 게 더 없다는 걸 깨닫게 되는 것…….

도법 본래부처니까 더 이상 깨달을 게 없는 거지요.

학생 그럼 우리가 밥 먹고, 애 키우고 살면서, 더 많은 걸 깨달아야 한다는 생각 없이 살아도 충분하다는 이야기인가요?

도법 그것이 가능해지려면 본래부처라는 말의 의미를 잘 알아야 합니다. 부처는 한마디로 원만구족한 존재입니다. 신비로 말하자면 그 자체가 신비의 극치고, 불가사의로 이야기하자면 그 자체가 불가사의의 극치고, 거룩함, 자유, 평화로 말하자면 그 자체가 각각의 극치인 상태를 부처라는 말로 표현하는 것입니다. 어떻습니까, 본인 자체가 온 우주의 최고이고 전부라면 스스로 만족하겠어요, 안 하겠어요? 부족 불만이 없는 상태, 만족 편안함이 일상의 삶이 되는 상태를 부처의 삶이라고 합니다. 그런 삶을 평상심이 도라고 하고, 마음이 곧 부처라고 하는 겁니다.

학생 그렇다면 성철 스님은 그 상태에 이른 거라고 볼 수 있나요?

도법 그건 모르지. 그걸 내가 어떻게 알아. 성철 스님한테 물어봐야지. 깨달은 사람은 그렇게 알고, 그렇게 확신하고, 그렇게 삶을 사는 사람이기 때문에 더 이상 깨달을 필요가 없다는 논리가 성립되는 것입니다. 그 자체가 그런데 거기에 더해서 무슨 망상을 제거하려고 할 필요가 있겠어요.

학생 돈오돈수는 깨달음을 결과로 보는 관점이고, 돈오점수는 상태와 과정으로 보는 관점이라고 봅니다. 두 가지가 다 맞는 얘기라고 생각합니다.

도법 그러니까, 이 종문에서 내세우는 깃발과 저 종문의 깃발이 다를 수 있는데, 성철 스님은 보조 스님이 잘못 알고 개념을 잘못 쓰고 있는 것이 문제라고 말한 겁니다.

윤구병 깨우친 사람, 이를테면 부처나 이런 분은 돌아가실 때까지 성성적적$_{惺惺寂寂}$[16]했던 것이 분명합니까?

도법 모르지, 누가 알아?(웃음)

윤구병 난 이제 늙어서 건망증이 심해서 전기가 오는 것처럼 번쩍했다가도 금방 사라지고, 잊어버려요. 그럼 나 같은 사람은 영영 부처가 못 되는구나 싶어지죠. 어떨 때는 부처 비슷하게 됐다가, 잠깐 벼락 치듯이 그러다가 다음에는 깜깜이가 돼 버려요.

학생 부처님도 경전에 보면 시행착오도 겪고 그랬는데, 하루 종일 오매일여, 몽중일여, 성성적적하지는 않았던 것 같습니다.

---

16 의식은 맑게 깨어 있고 명료하며(惺), 마음은 번뇌가 사라지고 고요한(寂) 상태.

<u>윤구병</u> 위안은 되네.(웃음)

<u>도법</u> 경전을 읽을 때도 당시 역사적 상황을 배경으로 이해하면서 얘기해야 그 의미가 실제적으로 풀린다고 봅니다. 2600년 전 인도의 신념 체계는 범아일여, 브라만과 아트만의 통일 체계입니다. 세상을 창조한 건 신이다, 인간을 창조한 것도 신이다, 따라서 인간을 구원하는 주체도 신이다, 라고 하는 것이 당시 세상을 지배하는 진리이자 신념이었어요.

그런데 석가가 나타나서 그렇지 않다고 말합니다. 그럼 뭐냐? 천상천하유아독존, 본래부처라고 말했습니다. 구원의 주체, 삶을 창조해 가는 주체도 멀리 있는 신이 아니라 네 자신이다, 라고 얘기한 겁니다. '천상천하유아독존'이라는 탄생게가 바로 그것이죠. 중생은 누군가에 의해서 삶이 결정되고 지배받는 것이라고 믿어 왔는데, 석가라는 사람이 시행착오를 거치면서 천착해 보니까, 인간이란 그런 존재가 아니라 스스로 구원하고 창조하는 존재였던 거죠. 인간은 자신의 삶을 창조하는 주체요, 삶을 구원하는 주체로서 대단히 거룩한 존재라고 선언한 것입니다.

<u>윤구병</u> 인간의 간덩이가 온 우주를 덮을 만큼 커졌지요.(웃음)

<u>도법</u> 그때까지 부처라는 개념이 특별한 존재를 지칭하는 것이었는데 부처가 일반명사로 만들어 버린 겁니다. 누구나 다 부처라고 선언해 버렸죠. 대단한 '사건'입니다.

<u>윤구병</u> 근데 보세요, 스님. 옛날에 우리 같은 잡신을 믿는 사람들 처지에서 보면 물도 신이고…….

도법 그렇지.『화엄경』에서도 다 그렇게 얘기하고 있어요.

윤구병 바람도 신이고, 물도 신이고, 땅도 신이고, 해도 신이다. 바람도 물도 해도 땅도 우리보다 다 큰 것이었어요. 이 4대 중에 하나라도 빠져 버리면 다 죽은 목숨이여. 깨우침이고 뭐고 없어. 근데 실제로는 4대를 아우른 우주와 자기 자신과 일치시킵니다.

도법 그게 인드라망 논리입니다.

윤구병 그러니까, 우주와 자기를 일치시킨다, 그게 뭔 말이냐고요?

도법 뭔 말이긴, 뭔 말이여. 말이 아니고 실제가 그렇다 이 말이지.(웃음) 우리가 말로는 나는 나고 너는 너라고 하지만, 실제는 그렇지 않다는 겁니다. 〈법성게〉가 지금 그 얘기를 하고 있는 거예요.

윤구병 지금 이런 순간 지렁이가 되고 싶어, 차라리.(웃음)

도법 지렁이가 돼도 별 수 없어요. 지렁이가 돼도 그건 우주적 존재로서 지렁이일 뿐이에요. 우리의 생각이나 말로는 우주라는 것이 거창하게 따로 있고, 지렁이 다르고 사람이 다르다고 하지만, 그건 인간의 생각이고 말일 뿐이죠. 실상은 온통 다 그물의 그물코처럼 서로 의지하고 연결돼 있고 영향을 주고받기 때문에 하나만 떼어 낼 수 없어요. 저건 필요 없고 하찮은 지렁이니 죽여도 돼 하는 식으로 얘기를 할 수 없다는 겁니다. 그런 사고의 극치가 '두두물물頭頭物物이 부처 아닌 것 없다'는 표현으로 나타납니다. 지렁이도 부처라는 말이 되는 겁니다. 본래부처론 가지고 현실에 적용하면 모든 벽이 허물어질 수밖에 없고, 차별도 허물어질 수밖에 없어요. 남녀, 사람과 자연, 사람과 동물을 둘러싼 모든 차별과 불평등이 허물어지게 됩니다.

7장
산은 산이고 물은 물이다?
아직 멀었어!

7장
산은 산이고 물은 물이다? 아직 멀었어!

<u>윤구병</u> 여기 물리학 공부하신 분 있죠?

<u>학생</u> 네.

<u>윤구병</u> 물리학에서 약한 인간 원리, 강한 인간 원리라는 게 있는데, 이거 설명 좀 부탁드려요. 나는 석가모니가 해석하는 불교가 이 원리와 관련된 것 같다고 생각합니다.

<u>학생</u> 관련이 있는지는 잘 모르겠는데, 현재 우리 논의와 관계없이 설명을 드리겠습니다. 물리학자들이 우주 연구를 오래 했는데, 연구를 하면 할수록 조화롭고 신비롭고 질서가 잡혀 있다는 걸 더 확실히 알게 됐어요. 우리는 왜 조화로운 우주에 사느냐, 이 문제에 대해 물리학자들은 답변을 하고 싶어 했습니다. 이 답변을 위해서 신이 우주를 만들었다는 이야기가 나올 수 있지만, 신이 없는 인간 논리로 이걸 설명하는 게 있습니다. 인간 논리의 경우 유신론적 버전과 무신론적 버전이 있는데, 지금 얘기하는 것은 약간 무신론적 버전입니

다. 신의 존재를 상정하지 않은 채, 어떻게 우리가 살고 있는 이 우주가 이처럼 조화로운지를 설명하는 방식이죠.

예컨대 두 우주가 있는데 한 우주는 조화로워서 생명체도 생길 수 있고 인간도 생길 수 있는 우주이고, 다른 우주는 생명체도 사람도 없는, 먼지만 있는 이상한 우주입니다.

이 두 우주를 놓고 볼 때, 생명도 인간도 없고 먼지만 있는 우주를 보고, 이 우주는 왜 이렇게 오합지졸 같은 우주가 됐냐고 말할 수 없다는 겁니다. 그런 이야기는 생명이 나오고 인간이 있는 우주에서만 가능한 말이니까요. 먼지만 있는 우주에서는 그런 이야기 자체가 나올 수 없다는 것입니다.

이런 부분을 설명하기 위해 물리학자들이 만든 개념이 인간 원리이죠. 인간이 살 수 있는 우주에서만, 즉 우주를 관측할 수 있는 존재가 있는 우주에서만 조화로움을 느낄 수 있다는 겁니다. 원래 우주는 무수히 많은데 그중에 하나가 우리가 살고 있는 우주이고, 그 속에서만 우리가 우주가 조화롭다고 말할 수 있는 것이죠. 이게 인간 원리입니다.

그리고 강한 인간 원리와 약한 인간 원리 두 가지가 있습니다. 강한 원리는 원래 우주의 개수는 같은 시간대에 엄청나게 많다는 건데, 이게 평행우주론입니다. 우주는 또 생겼다가 없어졌다 하기를 반복할 수도 있지요. 그 숫자를 10^{80}개라고 말하는 사람도 있습니다. 갠지스 강 모래알보다 많다는 이야기입니다. 이 숫자의 10배에 해당하는 0을 붙인 수만큼 우주가 많다고 생각하는 사람도 있습니다. 이게 강한 인간 원리입니다. 상상조차 불가능한 숫자이죠.

도법 삼천대천세계네.

학생 약한 인간 원리란 우주는 하나인데, 그 기간이 매우 길고, 그중 특정 기간에만 인간이 산다는 내용입니다. 그 기간 속에서 우주가 참 아름답다고 말할 수 있는 존재가 출현했다는 것이죠.

_{도법} 아주 단순하게 말하면, 사람이 살 수 있는 우주와 먼지만 있는 우주라고 했을 때, 『화엄경』의 사유로 보면 먼지만 있는 우주와의 관계 속에서 인간이 사는 우주도 가능하다고 보는 거죠. 실상이라는 차원에서 볼 때, 먼지 우주 없이 인간 우주가 가능한가, 그렇지 않다는 겁니다.

_{윤구병} 물리학에서는 그것도 인간 원리로 포섭된다고 보는 견해가 있죠. 그리고 'M이론'이라는 게 있죠?

_{학생} 네.

_{윤구병} 그것도 좀 설명해 줘요.

_{학생} 20세기 초에 두 개 현대물리학이 나왔습니다. 하나는 아인슈타인의 상대성이론입니다. 이건 시간과 공간의 관계에 대한 이론입니다. 그리고 물질 운동을 다루는 양자역학이 있습니다. 개별 이론으로는 두 개 다 매우 성공적인 이론입니다. 두 이론 모두 엄청나게 정밀한 실험을 거친 것이죠. 문제는 두 개 이론이 모순되고 상호 충돌한다는 것입니다. 이 두 개를 합쳐야 되는데 못했죠. 아인슈타인도 실패했어요. 두 개를 통합할 수 있는 이론 가운데 하나로 '초끈_{super-string}이론'을 꼽습니다. 우주 전체가 미세한 끈으로 돼 있다는 이론입니다. 그리고 여러 초끈이론 중 하나가 'M이론'이며, 이게 지금 거의 성공에 다가갔다는 이야기들이 있습니다.

초끈이론에서 본 우주론을 설명하면 이렇습니다. 원래 우주에 방정식이 있는데 그 방정식에 해_{解, solution}가 나올 것이다, 그런데 각각의 해마다 하나의 우

주가 대응한다. 원래 우주 개수는 엄청나게 많은데 이 중에서 한 개가 지금 우리가 사는 우주이고, 이것 말고도 생명이 없는 먼지 우주도 있고, 먼지도 무엇도 아무것도 없는 크기가 제로인 텅 빈 우주도 있다. 이처럼 무수히 많은 우주가 나오는데, 이런 모든 우주를 설명하는 것이 초끈이론입니다.

여기서 말하는 우주는 우리가 지금 알고 있는 안드로메다 같은 우주와는 완전 별개의 우주를 말하는 것입니다. 이 모두를 포괄하는 이론을 만들고자 하는 것이 현재 이 지구에 사는 물리학자들이 꾸는 꿈이죠.

<u>윤구병</u> 상당히 흥미로운 얘기를 들었어요. 당장 도법 스님한테서 삼천대천세계라는 말이 나왔지요?

<u>도법</u> 유식불교에서 말하는 의타기성依他起性이 그런 겁니다. 유식불교에는 유식삼성이라는 개념이 있는데, 변계소집성遍計所執性 · 의타기성 · 원성실성圓成實性을 말합니다. 표현이 좀 어려운데, 불가에서 흔히 사용하는 새끼줄 비유를 들어 설명해 보겠습니다. 의타기성은 우주 만물은 인연 따라 생긴다는 말로, 상호 의존해서 만들어진 새끼줄을 말합니다. 새끼줄을 뱀으로 착각해서 공포에 떠는 것은 변계소집성이고, 실상이 뱀이 아니고 새끼줄임을 앎으로써 불안과 공포가 사라진 것을 원성실성이라고 합니다. 불교의 유식론을 일반 사회에서는 인식론이라고 하나요? 유식론은 우리가 사물을 어떻게 인식하는지에 대한 문제를 다루는 것입니다.

<u>윤구병</u> 내가 언젠가 들은 기억이 나는데, 아인슈타인은 '신은 주사위 놀이를 하지 않는다'고 얘기를 했고, 끝까지 '멀티 유니버스다중 우주, multi universe'가 있을 수 없고, 하나의 우주가 있을 뿐이라는 생각에 매달렸다고 들었는데, 맞는 말인가요?

학생 그런 말을 하게 된 계기가 있습니다. 아인슈타인이 일반상대성이론을 개발하고 이론적으로 성공을 했는데, 양자역학도 그 무렵에 나왔어요. 아인슈타인은 양자역학에 불만이 많았습니다. 그래서 양자역학을 비판하면서 나온 말이죠. 양자역학은 "우리가 알 수 있는 것은 정확한 지식이 아니라 어떤 일이 벌어질 것이라는 확률뿐이다. 그게 인간이 알 수 있는 인식의 한계이고, 실제로 우주가 명확하지 않다."는 이론입니다. 양자역학을 옹호하는 주류학자들이 코펜하겐의 보어 같은 사람이고요. 이들과 논쟁하면서 아인슈타인이 한 얘기죠.

윤구병 인간의 원리와 원칙에 따르면, 또 사람의 두뇌로 생각하면 우주를 하나로 봐야 풀리는 지점들이 있어요. 그래서 무한히 크기는 하지만 우주는 하나다, 우주를 지배하는 궁극적 힘은 하나님만 가지고 있어야 한다, 이게 기독교적 세계관입니다. 유일신이죠. 오죽했으면 하나에다 '님' 자를 붙이겠어요. 서양에서는 플라톤, 아리스토텔레스, 플로티노스를 거쳐서 아퀴나스, 아우구스티누스로 이런 전통이 이어져 왔습니다. 바로 서건 뒤집히건, 쪼그라지든 늘어나든 우주는 하나고, 그건 불변이라는 게 전제돼 있지요. 하나가 모든 것을 지배하고 있다고 생각한 것입니다.

불교는 그게 아니에요. 일체개공一切皆空이다, 무無다, 공空이다, 이렇게 무로부터 출발하는 거죠. 수학에서 원점은 0으로 놓습니다. 원점을 기준으로 왼쪽은 마이너스 1, 2, 3…… 오른쪽은 플러스 1, 2, 3…… 이렇게 전개되죠. 만일에 0을 원점에 놓게 된다면, 모든 게 무와 공으로 수렴될 수 있다는 생각이 가능합니다. 빅뱅이론도 하나의 점으로 수렴됐다가 나중에 확산된다는 이론으로 볼 수 있죠. 무를 중심으로 놓느냐, 유일신인 하나님을 중심으로 놓느냐에 따라 세계관이 아주 달라집니다.

나는 무를 중심으로 놓으면, 연기론이나 인드라망 세계관이 있긴 하지만, 극한적인 자율성이 가능하게 된다고 봅니다. 그렇다면 불교를 종교로 봐야 되나, 구제해 줄 다른 신적인 주체가 없는데? 이렇게도 생각할 수 있지 않을까, 하는 생각이 문득 듭니다.

학생 두 분 말씀이 초점이 다른 것 같습니다. 윤 선생님은 불교의 가르침이 우주적이고, 학문적으로 정초된 걸로 보기 때문에 수학이나 물리학 등등 넓은 틀로 보고 싶어 하시는 것 같고요. 도법 스님은 그런 얘기가 삶에 도움이 되지 않는다면 하지 말자는 의견이신 것 같습니다.

참고로, 형이상학적으로 이야기해서, 아인슈타인은 자기가 믿는 신은 스피노자의 신이라고 말했습니다. 스피노자는 우주 전체가 신이라고 봤고요. 자연이 곧 신이라는 거죠. 스피노자는 자연 안에 정신의 측면과 물질의 측면이 있는데, 정신 차원에서 다양한 모습을 띠고 있는 게 우리의 마음이라고 봤습니다. 나 자신이 바로 신의 마음이라고 본 거죠. 내가 기뻐할 때나 슬퍼할 때 우주라는 신이 그런 감정 상태에 있다는 겁니다. 이게 도법 스님의 가르침 중에서, 내가 곧 세계고, 내가 곧 부처라는 생각과 비슷합니다. 내가 삶 속에서 느끼는 순간적인 감정 상태, 즐거움과 고통 이런 게 우주 전체 상태의 다른 측면이라고 말합니다. 이게 스피노자의 윤리학이죠. 내가 어떻게 영원한 행복에 도달할 수 있나, 나의 감정 상태가, 내 자신이 신이라고 느끼는 순간 진정한 행복이 온다, 이게 스피노자가 기독교를 읽은 방식입니다. 우주가 단순히 물질세계만 있는 것이 아니라, 우주 자체가 신의 은총, 자비로 감싸여 있는 거고 내가 거기 참여하고 있다는 겁니다. 그렇게 보면 본래부처론, 초발심을 가지고 계속 살아가는 것, 이게 기독교의 가르침과 비슷한 것 같습니다.

도법 아인슈타인은 '나의 신은 우주의 존재 법칙'이라고 표현했어요. "우주는 법칙에 의해 이뤄져 있고, 우주 자체가 존재 법칙으로 이뤄진 유기적 생명체다. 우주는 달리 어떻게 설명할 길이 없이 신비하다. 나의 신은 존재 법칙이다. 내가 믿는 것은 우주의 존재 법칙과, 인간이 스스로 삶을 창조하는 법칙인 양심, 이 두 가지이다."라고 얘기했어요.

불교 언어로 말하면 존재 법칙은 연기, 공, 무아, 이런 것으로 표현할 수 있고, 양심은 인간의 업의 법칙이라고 할 수 있어요. 존재 법칙 자체는 인간이 어떻게 할 수 없죠. 굶으면 죽는다든가, 먹어야 산다든가, 태어난 자는 반드시 늙고 죽는다든가 하는 것은 인간이 어떻게 할 수가 없는 것이죠. 그런데 이 물건을 어떻게 쓸 것인지는 인간이 주체적으로 선택할 수 있죠. 이 물건을 찻잔으로 쓸지, 술잔으로 쓸지, 무기로 쓸지는 인간이 결정할 수 있는 것이죠. 자연의 법칙, 또는 존재 법칙은 인간의 의지나 노력으로 할 수 있는 게 아닙니다. 하지만 그것을 내 삶에 의미 있게 쓸 수 있을지 없을지는 내가 정할 수 있습니다. 여름 더위 자체는 인간이 어떻게 할 수 없지만, 그 더위에 어떻게 적응하고 그 더위를 어떻게 활용할 것인가는 인간이 하기에 달렸고, 거기에 따라서 여름 살림살이가 편해질 수도 고통스러워질 수도 있는 것과 마찬가지입니다. 그건 인간의 법칙이죠.

<u>윤구병</u> 보통의 지각과 느낌을 가진 사람들, 또는 그 이하를 가진 사람들도 알아듣는 걸로 이야기를 주고받아야 합니다. 이게 요즘 그렇게 소리 높여 부르짖는 바른 소통이라고 생각해요. 그런 점에서는 도법 스님은 나보다 말을 훨씬 쉽게 해요. 나는 말을 가리는데 도법 스님은 한문도 갖다 쓰고, 국문도 갖다 쓰고, 이것저것 갖다 쓰잖아요. 나보다 훨씬 나아요. 인정하긴 싫지만.(웃음)

<u>도법</u> 아, 불교를 얘기하니까 내가 당연히 더 나아야지.(웃음) 그 동네에서 얘기하면 윤 선생이 낫다고 해야 되지만, 이 동네에서는 내가 당연히 나아야지, 경우가 안 그래요?

<u>윤구병</u> 그럼, 그게 경우가 맞지.

<u>학생</u> 우주론 이야기 등 여러 얘기를 듣고 보니 '시고행자환본제是故行者還本際'에 대해 오갈 데, 고향, 제자리 같은 여러 가지 생각이 떠오릅니다.

<u>윤구병</u> 공이나 무라고 보고 한 번 연결시켜서 보면 어떨까요?

<u>도법</u> '본래의 고향' 이런 얘기입니다. 선재동자는 일종의 우주 나그네죠. 온 우주를 다니면서 스승을 만나고 제자리로 돌아오는데, 돌고, 돌고, 돌아왔는데 여전히 선재죠. 출발에서도 선재고 돌아와서도 선재입니다. 화엄에서는 우주를 공간적으로는 무한, 시간적으로는 영원이라는 개념으로 파악하고 있어요. 이런 사유 방식으로 그 안에서 벌어지는 온갖 삶들을 설명하는 게 화엄이죠. 그런데 그걸 한 마디로 요약한 것이, 해인사 법보전 앞에 있는 '원각도량하처圓覺道場何處'라는 글이에요. 원만구족한 깨달음의 세계, 존재의 실상인 원각도량이 어디냐? 하는 뜻이지요. 바꾸어 표현하면 진리의 세계, 부처의 세계, 실상의 세계라고 해도 되죠. 근데 원각도량이 어디 있느냐고 물으니까, '현금생사즉시現今生死即時', 지금 끊임없이 살고 죽고 있는 바로 그 자리다, 딱 이렇게 답합니다. 그러니까 지금, 여기, 이 사실에서 무한도, 영원도, 우주도 얘기돼야지, 여기를 떠나서 부처를 얘기하고, 깨달음을 얘기하고, 조사를 얘기하고, 신비를 얘기하고, 영혼을 얘기해 봐야 다 말장난이라고 말하고 있는 겁니다.

<u>학생</u> 씨앗이 떨어져 떡잎이 되고, 떡잎은 나무로 자라고, 꽃 피우고, 열매 맺고, 다시 씨앗으로 돌아가잖습니까? 환본제還本際가 이런 뜻인가요?

<u>도법</u> 성철 스님이 '산은 산이고, 물은 물이다'라고 말해서 이 말이 장안에 한

참 회자된 적이 있었죠. 그런데 그 말은 성철 스님의 독창적인 말이 아니고 옛 스님들이 늘 사용해 왔던 말입니다. 이 말은 다음과 같은 일련의 과정을 거쳐서 나온 겁니다. '산은 산이요 물은 물이다. → 산은 산이 아니요 물은 물이 아니다. → 산이 물이고 물이 산이다. → 산은 산이요 물은 물이다.' 처음과 끝이 같은 겁니다. 제자리, 본래 자리로 돌아왔다는 뜻이지요. 삶을, 사물을, 세상을 이해하는 안목의 변화를 읽게 하는 사유방식으로 깊이 음미할 필요가 있다고 봅니다.

<u>윤구병</u> 얘기가 산으로 갔다가 바다로 갔다가 하는데, 정리를 좀 합시다. 스님이 지난 시간에 〈법성게〉 전체 풀이를 하셨지요? 스님 얘기를 좀 더 듣고, 다음 시간에는 각자가 법성게 풀이를 한번 해보도록 하는 것이 좋겠어요.

<u>학생</u> 숙제인가요?

<u>윤구병</u> 그래요. 나도 할 테니까, 모두 숙제를 해 오기로 하고, 숙제할 때 도움이 될 만한 얘기를 스님으로부터 좀 더 들어 봅시다.

<u>도법</u> 내 역할은 지금처럼 차 달여 나눠 주고, 여기 있는 사람들이 불교를 많이 아는 사람들이 아니기 때문에 〈법성게〉 뜻을 잘 파악하고 이해할 수 있도록 불교 지식을 전달해 주는 데에 있다고 봅니다. 〈법성게〉의 전통적 해석은 크게 자리행自利行과 이타행利他行, 두 가지로 돼 있어요. 사람의 삶에서 자리와 이타를 진지하게 생각하도록 해준 사례가 테레사 수녀의 자기고백인 것 같습니다. 그분의 태도와 말씀은 어떻게 보면 겸손의 표현이고, 달리 보면 솔직한 표현 또는 실제를 표현한 것이기도 합니다. 테레사 수녀는 신에 대한 갈망, 신과의 만남, 하나 됨을 간곡하게 기도했지만, 갈망이 해소되지 않았어요. 그래서 그랬는지

명확하진 않지만 '나의 삶은 늘 어둠 속이었다'고 고백하신 걸 본 기억이 납니다. 온 세상이 '성녀'로 추앙하지만, 스스로는 삶이 늘 갑갑하고 불안했던 거죠.

스스로의 삶에 만족하지 못하면, 세상이 아무리 자신을 거룩하다고 높게 평가해도, 본인 인생이 갑갑하고 불행한 것이죠. 그런 차원에서 볼 때 이상과 현실, 수행과 현실의 삶, 자리행과 이타행, 상구보리 하화중생, 지혜와 자비가 통합되는 수행 체계가 매우 중요합니다. 그렇게 봤을 때 본래부처론에 토대한 신해행증 체계는 매우 바람직하다고 봅니다. 지난번에도 말한 적이 있지만, 다시 한 번 간단히 도식화해 보겠습니다.

첫째, 본래붓다에 대한 이해와 확신을 하면 또 다시 부처되기 위한 깨달음에 목맬 이유가 없어지고 따라서 부질없는 갈망이 사라집니다. 둘째, 본래부처로 살아가는 길과 방법을 잘 파악하고 이해하면 어디 다른 곳에서 특별한 것을 찾으려는 부질없는 생각을 하지 않게 돼 현재 삶을 활발히 살게 됩니다. 셋째, 확신하고 이해한 것을 직접 실행하기만 하면 되니 머뭇거리고 두리번거릴 필요가 없습니다. 넷째, 실행하면 즉각 그 결과가 확인되니 날마다 만족과 자부심으로 활기차게 살고 마무리하게 됩니다.

이제 〈법성게〉로 갑시다. 〈법성게〉 전반부 구절(1~14구)까지는 이해하고 확신해야 하는 세계관, 중반부의 15~18구까지는 마음 내어 실천해야 되는 내용, 19~22구는 석가모니불의 경험 사례, 23~28구는 석가모니처럼 행자들도 주체적 역량을 발휘하여 본래붓다행인 동체대비를 실천하여 자기도 이롭고 세상에도 이롭게 하는 내용, 29~30구는 앎과 실천, 자리와 이타를 통합하는 중도의 내용으로 되어 있습니다. 대승불교 실천의 요체는 바라밀행입니다. 바라밀행을 〈반야심경〉에서는 '얻을 것이 없기 때문에 반야바라밀다에 의지해서 열반에 들어가고 정각을 이룬다.' 이렇게 돼 있어요. 바라밀행의 구체적 내용이 공-무상-무원의 실천인 것이죠.

특히 집 안에서 자족함과 길거리에서 활동함, 고요하게 있음과 활발하게 움직임, 은둔과 현실 참여를 조화롭게 한다는 얘기지요. 더 쉽게 이해하려면 달마와 원효를 비교하면 됩니다. 달마가 은둔 중심의 정법 불교를 실천했다면, 원효는 천촌만락千村萬落에서 행동하는 활동 중심의 정법 불교 실천을 한 것입니다. 이런 것을 선가에서는 '가리사家裏事, 도중사道中事'라고 얘기하죠. 집 안의 일과 길거리의 일이 둘이 아니라는 얘기입니다.

〈법성게〉의 첫 네 구절과 마지막 두 구절은 사실은 같은 내용입니다. 아까 의타기성을 설명했습니다. 새끼줄을 보고 뱀이라고 착각해서 공포에 사로잡혔는데, 실상을 보니 뱀도 공포도 없고 새끼줄만 있는 것이죠. 처음도 새끼줄, 끝(해답)도 새끼줄, 앞과 뒤가 같습니다. 앞의 것은 그냥 새끼줄이라면 뒤에 것은 뱀이 생겼다가 없어진 새끼줄 상태입니다. 시작과 끝이 같은 것으로 결론을 내렸지요. 그리고 가리사는 자리행, 도중사는 이타행이라고 할 수도 있어요. 가리사는 자족적, 주체적이라는 의미가 있고, 도중사는 사회적, 외적 활동을 말하는데, 그 두 가지에서 자유자재해야 불교를 제대로 하는 것입니다.

학생 아까 스님께서 〈법성게〉를 신해행증의 틀로 볼 필요가 있다고 하셨는데, 이 대목이 이해가 잘 안 됩니다.

도법 불교의 사유 방식을 상당히 잘 함축해서 정리한 것이 지난번에 얘기한 '산은 산이고, 물은 물이다'라는 논리입니다. 처음 볼 때는 산은 산이고, 물은 물이었어요. 다시 또 보니까, 산은 산이 아니고, 물은 물이 아니었죠. 다시 또 보니까 산이 물이었고, 물이 산이었어요. 또 다시 보니까 산은 산이고, 물은 물이었다는 이야기입니다. 이게 무슨 말이냐?

처음에는 사람은 사람이고, 숲은 숲이었지요. 서로 분절된 남남이라는 거죠. 따로따로 있다는 겁니다. 그런데 잘 관찰해 보니까 사람이라는 것은, 사람 아닌 다른 것이 없으면 존재할 수 없다는 걸 알게 됩니다. 그래서 사람이, 사람이 아닌 것이 됩니다. 그 반대도 마찬가지예요. 나무가 나무 홀로 나무인 것이 아닙니다. 따로 있는 줄 알았는데, 나무 아닌 다른 것이 없으면 나무는 존재할 수 없어요.

사람이 따로 있는 줄 알았는데, 나중에 잘 관찰해 보니까 나무와 물이 있어서 사람이 있는 것이죠. 나무와 사람을 나눌 수 없어요. 사람이 곧 나무고 나무가 곧 사람입니다. 그런데 또 관찰해 보니까 역시 사람은 사람이고, 나무는 나무다, 이런 논리죠. 처음과 끝의 '산은 산이고, 물은 물이다'는 말은 같지만 품고 있는 내용은 다른 것입니다.

첫 말은 분리된 남남이란 뜻입니다. 뒤섞이지 않죠. 마지막 말은 앞에 있는 모든 인식의 과정이 통합된 것이죠. 분절된 상태에서 산은 산이고 물은 물이어서 서로 남남인데, 자세히 관찰해 보니까 분절을 넘어서는 상태가 되었어요. 이제 산은 물이 되기도 하고, 산이 아닌 다른 것이 되기도 합니다. 처음에는 따로따로였는데, 사실을 관찰하고 관찰하면 분절될 수 없어요. 하지만 실제 사람이 살아가면서 필요에 따라 사람이라든지, 나무라든지 이런 이름을 붙여야 했던 것이죠.

이제 신해행증의 논리로 보겠습니다. 왜 '오척지신五尺之身'을 그대로 쓰지 않고 법성이라고 했을까요? 사사무애事事無碍[17]의 논리로 진리의 존재를 드러내기 위해 오온이라는 개념을 쓰지 않고 법성이란 말을 썼습니다. 인드라망 무늬로 보면 다른 모든 것과 분리된 존재로서의 오온은 초기불교에서 쓴 말이죠. 분리 독립된 존재이기 때문에 부족하기도 하고, 한계도 많습니다.

반면 왜 오척지신을 굳이 법성이라고 했을까요? 내가 곧 우주, 우주가 곧 나이므로 존재 자체가 거룩함 · 완성 · 불가사의 · 심오함 · 영원 · 무한함 등 최

---

17 사법계(事法界), 이법계(理法界), 이사무애법계(理事無碍法界), 사사무애법계(事事無碍法界)의 사법계(四法界) 중 하나. 우주의 모든 현상은 서로 연결돼 막힘이 없으며, 서로가 서로를 비추면서 원융하게 존재하고 있다는 화엄 사상의 진수. 화엄의 법계연기(法界緣起)라고 한다.

고의 의미를 갖기 때문입니다. 아울러 지금 여기에 있는 존재 자체를 떠나서 거룩한 것이 특별히 따로 있는 것이 아니라는 사실을 드러내기 위해서죠. 이건 대승불교의 대단히 뛰어나고 진화된 통찰입니다. 존재 자체가 신비이고, 무한이고, 영원이며, 거룩하고, 심오하다는 이야기죠. 진리를 찾으러 어디 다른 데 다니지 말라는 것입니다. 진리는 지금 여기에 있다는 것입니다. 이걸 드러내기 위해 한계 덩어리로 인식되는 오온을 쓰지 않고 영원과 무한의 의미를 갖는 법성이란 개념을 썼다고 봅니다. 이것을 인격화하면 '본래부처'가 되죠. 『화엄경』에는 '청정법신비로자나불'이라고 돼 있어요. 『화엄경』은 청정법신비로자나불의 활동에 대한 설명이에요.

　대표적인 것은, 주련에 많이 적히는 구절인데, 불신충만어법계佛身充滿於法界 보현일체중생전普現一切衆生前, 곧 부처의 몸은 우주에 충만하다는 뜻이죠. 지난 시간에 잠깐 언급했는데 기억들 하시나요? 우주에 충만하기 때문에 없는 곳이 없습니다. 지금 여기에도 있는 거죠. 그런데 이걸 현실적으로 어떻게 설명할 것인가. '부처님은 우주에 충만하셔서, 아니 계신 곳 없으시고' 이 구절은 축원문, 발원문에도 많이 나옵니다. 그런데 우주에 충만한 부처는 지금 구체적으로 어떤 존재인가요? 어디에도 있다는 부처는 도대체 누구인가요? 2600년 전의 석가모니는 이미 사라졌고, 법당에 모셔진 불상은 법당에만 있지 어디에나 다 있는 건 아니잖습니까? 이 경전 구절을 어떻게 설명할 수 있을까요? 보통 사람들이 현실적으로 이해하고 현실에 적용할 수 있도록 설명되어야 하는데 그게 잘 안됩니다. 그러기 때문에 의심하지 말고 조건 없이 믿고 따르라고 합니다. 그리고는 대부분 신비한 '해인삼매 경지에 들어가야만 알 수 있다.'라고 설명합니다.

　불교가 철학적이고 윤리적인 종교임에도 불구하고 무조건 믿음을 강조하는 신앙적 종교로 흐르게 됩니다. 불교를 기복 신앙화, 신비화하는 것이죠. 온 세계가 청정법신비로자나불이라고 했는데, 왜 우리는 세계를 그렇게 보지 않나요? 제대로 보는 사람이 보면 이 자체가 부처고, 이 자체가 화엄 세계입니다. 알고서 보면 존재 자체가, 세계 자체가 부처인 겁니다. 『화엄경』에 나오는 말이죠. 『화엄경』에 신기하다, 신기하다, 이런 말이 나오는 이유입니다. 우리가 그걸 몰랐을 때 보면 혼탁한 사바세계가 되고, 문제 덩어리인 중생이 되는 것이죠.

 신해행증에 대한 이야기는 공부 시작 초기에 이야기한 것 같은데, 다시 한 번 설명을 해보겠습니다. 신해행증의 신信은 이해하고 확신한다는 뜻입니다. 모르니까 그냥 믿는다거나 몰라도 믿는다는 것이 아니지요. 불교에서는 그런 사고방식을 용납하지 않습니다. 믿을 '신'은 이해를 전제하고, 그 이해를 바탕으로 한 확신입니다. 이해하고 공감하고 수긍하니까 확신이 생기는 것이죠. 존재의 실상, 법성 또는 본래부처에 대한 이해와 확신을 의미합니다. 존재 자체가 원만구족하고, 불가사의하고, 거룩하고, 무한하고, 영원하다는 것, 이 실상을 사실대로 파악하고 이해하고 공감하고 확신하는 믿음입니다. 이것이 〈법성게〉 첫 구절의 내용이죠. '법성원융무이상, 제법부동본래적'은 존재의 실상을 표현한 것입니다.

 존재의 실상을 공간적으로 표현한 게 법성원융무이상이죠. 하나의 존재로 봐도 되고, 자기 자신이라고 봐도 괜찮아요. 시간적으로 표현한 것이 제법부동본래적이지요. 이건 과거 현재 미래도 이 모습일 뿐, 달라지지 않는다는 뜻입니다. 개별적으로는 생겼다 안 생겼다 할 수 있지만, 전체적으로 보면 그렇지 않죠. 바다에 파도가 일어나고 스러지는데, 파도가 일어나든 일어나지 않든 바다는 바다입니다. 과거의 바다, 현재의 바다, 미래의 바다 모두 똑같습니다. 이게 제법부동본래적의 모습입니다. 이걸 인격화한 것이 본래부처이죠.

 신해행증의 해는, 알 해解자인데, 이에 대한 해석이 혼란스럽습니다. 대부분 사람들이 믿으면信 알게 된다解는 식으로 설명합니다. 내 생각은 다릅니다. 알거나 이해해야 할 대상이 각각 다른 것이죠. 처음 신信이 존재의 실상에 대해 잘 알고, 이해하고 확신함을 뜻한다면 두 번째 해解는 실상에 맞게 잘 실천할 수 있게 하는 좋은 수단과 방법을 잘 파악하고 이해하는 것을 의미합니다.

존재 자체가 원만구족하다는 걸 이해하고 확신했다면, 그 다음 무엇을 어떻게 실천해야 합니까? 부처가 되기 위해서 실천하는 것이 아닙니다. 뭘 이루기 위해서, 얻기 위해서, 완성하기 위해서 실천하는 것이 아닙니다. 본래부처는 원만구족, 완성된 존재이기 때문에 완성적 존재답게 본래부처 행위를 해야 하는 것이죠. 그래서 공, 무상, 무원, 이런 개념들을 쓰는 것입니다. 구하는 마음이 없다는 뜻입니다.

신을 향한 테레사 수녀님의 마음이 바로 구하는 마음입니다. 불교인들도 수녀님처럼 부처를 찾고 깨달음을 구하는 마음에 붙들려 있습니다. 깨달음에는 뭔가 특별한 것이 있다고 생각하고, 거기에 인생을 걸죠. 나도 그랬어요. 해도 해도 특별하다고 생각했던 깨달음이 안 이뤄졌어요. 그러니까 모두 평생 갈망 속에 허덕이고, 일생을 구하는 마음으로 헐떡이는 겁니다. 그러기 때문에 선사들이 쉬어라, 쉬어라, 망상을 내려놔라 하는 거죠.

<u>윤구병</u>　나도 테레사 수녀를 좋아합니다. 오랫동안 봉사하고 어려움을 겪으면서, 또 온갖 오해에 휩싸이기도 했지요. 고발도 여러 차례 됐고, 교황청에서도 내칠까 하는 생각도 여러 차례 했다고 들었어요. 테레사 수녀가 그런 이야기를 하게 된 것은, 자신이 하는 일이 많은 사람에게 이해보다 불신과 오해를 더 샀기 때문이었다고 생각해요. 성서에서 하나님 본래 말씀으로 나타나는 게 '나는 빛이요 생명이니……' 입니다. 테레사 수녀는 자신이 어둠 속에 있다고 말했어요. 자신이 신으로부터 멀리 떨어져 있는 존재라고. 육신으로나 정신으로나 하나님에게 다가서려고 하지만 다가설 수 없다는 것을 말하는 것입니다.

맨 밑바닥에서 가장 어렵게 사는 사람들과 함께 겪어 왔는데, 생명의 실상이라는 측면에서 나한테는 어둠밖에 안 보인다, 이런 뜻도 있을 것이라고 생각합니다. 그런데 그 고백은 가장 기독교인다운 것이라고 봅니다. 가장 기독교적인 실천을 하고, 믿음이 큰 사람다운 고백으로 보입니다. 어떤 면에서는

겸손의 극치입니다. 자신은 어둠 속에서 평생 빛을 찾아 헤매고 생명에 가까워지려고 했는데, 전혀 그렇게 되지 못했다는 뜻이죠. 기독교적 해석으로 한다면 절망이 아니라 겸손이라고 볼 수도 있어요.

도법 테레사 수녀님이 신에 대한 갈망 때문에 늘 캄캄했던 것처럼, 깨달음에 대한 갈망도 마찬가지입니다. 본래부처론의 입장에서 보면 애초부터 그럴 필요가 없지요. 본래부처로 존재하고, 본래부처로 행동하면 됩니다. 이게 바라밀행이지요. 부처가 되기 위한 것도, 깨달음에 도달하기 위한 것도 아니고, 부처이니까 부처로 존재하고 부처답게 행동하는 겁니다. 아무 조건이 없습니다. 평화에 대해 얘기하고 행동할 때에도 평화를 통해서 또 다른 것을 얻어야 된다는 조건이 붙지 않습니다. 평화롭게 하면 그 자체가 평화죠. 그걸 통해 뭘 얻는 게 아닙니다. 이런 것을 구하는 마음 없이, 갈망하는 마음 없이, 이렇게 표현할 수 있겠지요. 존재 자체가 완성된 것이기 때문입니다.

그래서 완성된 채로 존재하고 행동하는 겁니다. 아무런 조건이 붙지 않습니다. 바람이 안 붙습니다. 이걸 통해서 깨달을 거야, 부처 될 거야, 신비한 경지에 도달할 거야, 이런 게 안 붙습니다. 행위가 전부인 겁니다. 바로 그렇게 잘 실천하도록 하는 방편에 대해 아는 것이 해解이고, 그 내용이 십바라밀이고, 보현행원 10가지입니다. 실천을 잘할 수 있도록 하는 좋은 방편에 대해 잘 안다는 의미의 해입니다. 아는 믿음信과 실천의 방편을 잘 아는 것, 즉 이해해야 할 解 대상이 다른데, 대부분 사람들이 혼동해요. 보통 그걸 믿고, 알고, 실천하고, 깨닫는다고 설명합니다. 믿음이 먼저고 앎이 나중이니까 몰라도 믿어야 된다고 생각합니다. 부처님 말씀이니까 무조건 믿어야 된다고 강조하는 거죠. 그런데 그게 아닙니다. 그건 기독교적 사고방식입니다. 불교 사고방식이 아닙니다.

이제 그렇게 알았으면 어떻게 해야 합니까? 바로 실천하는 것입니다. 바라밀행이죠. 실천하면 하는 만큼 바로바로 체험됩니다. 평화롭게 하면 평화로운 삶이 체험되고 이뤄지는 것이고, 진실되게 행行하면 진실된 삶이 즉각 체험되고 이뤄지는 것입니다. 이게 증證이지요. 그런데 우리는 보통 신해행증의 증을 심오하고 신비한 깨달음의 경지라고 생각해서 먼 훗날, 아니면 저 높은 곳에 있는 것으로 설정해 놓습니다. 그러다보니 〈법성게〉에 대해 실천적 해석이 안 되는 것입니다. 〈법성게〉가 실제 삶에 적용이 안 되는 거죠. 지금까지 늘 그렇게 해 왔어요.

신해행증 체계로 보면, 법성원융무이상, 제법부동본래적, 여기까지는 이해하고 확신해야 될 내용이고, 그 다음에 무명무상절일체, 증지소지비여경은 인간이 개입해서 꾸미고 생긴 문제를 풀어내고, 실현하고 싶은 것을 실현하는 내용이죠.

실현하고 싶은 것을 실현하는 걸 증지라고 하는데, 보통은 깨달은 사람만 알 수 있을 뿐 다른 길은 없다고 합니다. 깨달은 사람만 알 수 있다고 하기 때문에 보통 사람들의 현실 삶에 적용이 안 되죠. 실제 삶에 쓸모없다면 심오하고 신비하고 불가사의한 깨달음인들, 삼매 체험인들, 오매일여인들, 돈오돈수인들 무슨 필요가 있을까요? 난 그런 물건이라면 줘도 걷어찰 것입니다. 난 실제 삶에 쓸모 있어야 된다고 보기 때문에 실천하는 지혜로 알 수 있을 뿐 다른 길은 없다고 해석했습니다. 직접 행동하면 된다는 말이죠. 목마를 때 물 마시면 바로 해결되고 체험됩니다. 그래서 실천적 지혜, 경험적 지혜, 해보면 알 수 있는 지혜라고 해석해야 된다고 보는 것이죠. 그 뒤의 부분들은 거기에 대한 세세한 설명입니다. 총론적으로는 그렇습니다.

학생 지금 우리가 배우는 존재와 깨달음의 문제가 개인적 수준에 그치는 것이 아니라 사회적 의미를 가질 수 있으면 좋겠다는 생각이 듭니다. 하지만 개인적으로는 일단 불교에 대해서 배우는 것, 의상 조사뿐 아니라 원효대사 등에 대해서도 계속 공부하는 것에 맞추는 것이 더 중요할 것 같습니다.

도법 그러니까, 이걸 하니까 좋다는 거여, 안 좋다는 거여?(웃음)

학생 좋다는 거죠.(웃음)

도법 어떻게 좋다는 거여?

학생 은혜 받은 것을 간증하라고요?(웃음) 성령 충만, 불성 충만.(웃음) 아직은 불교를 잘 모르고, 혼자서 불교에 관심 있어서 이 책 저 책 떠돌아다니듯이 배웠는데, 같이 얘기를 하면서 내 안에서 명료해진 게 있습니다. 저에게 또 다른 관심은 종교를 넘어선 대화에 있습니다. 불교와 기독교의 대화가 이루어진다면, 어떤 지점에서 이 두 종교가 만날 수 있을까? 그런 것을 생각하면서 배워 가고 있고, 그런 면에서 좋다는 것입니다.

도법 그게 중요한 거지.

학생 이왕 간증을 한 김에 말씀을 드리자면 〈법성게〉를 저는 이렇게 생각합니다. "우주는 전체가 서로 연결돼 있다. 만물은 독립적으로 실재하는 것이 아니라 관계를 맺음으로써 비로소 존재한다. 인간의 마음 또한 온 우주와 연결돼 있으며 무한한 시간과도 연결돼 있다. 그러므로 인간의 마음이 곧 우주이며 부처다. 이런 이치를 깨닫는 이는 누구나 부처이며, 부처가 되기 위해서 특별히 노력할 것도 없다. 다만 '나로부터 연유하지 않은 객관적인 무언가가 존재한다'는 분별심에 빠지지만 않으면 된다."(박수)

도법 하산해도 되겠어.(웃음)

8장
빛을 돌이켜 거꾸로 비춘다

8장
빛을 돌이켜 거꾸로 비춘다

학생 스님, 증지證智라는 말이 지혜의 증거, 지혜가 밖으로 드러나는 것, 그러니까 증지소지비여경證智所知非餘境은 '깨달음은 실천하면서 알게 되는 것이지, 생각만으로는 알 수 없다' 이렇게 풀이하셨는데, 그러면 증거할 지혜는 무엇인지, 그게 손에 잡히지 않습니다.

윤구병 깨달음이 손에 잡히나?

도법 손에 잡혀야 깨달음이지.(웃음) 적합할지는 모르지만 이야기 하나 해보겠습니다. 옛날에 한 스님이 석 달 안거를 마치고 만행을 떠났어요. 석양 무렵 어느 마을에 도착하니, 고함 소리 곡소리가 낭자한 겁니다. 사람들이 웅성웅성 모여 있는 집 안을 들여다보니 어떤 부부가 싸움을 하고 있는 거여. 하도 격하게 싸우기도 하고, 또 부부 싸움이란 게 사적인 일이기도 하니 사람들은 말릴 엄두를 못 내고 있었어요.

그런데 그 스님이 다짜고짜 울담을 넘어 들어간 겁니다. 그리고는 부부를 향해 계속 큰절을 하는 거여. "제가 잘못했습니다. 제 잘못입니다." 하면서. 부부는 중을 쳐다보지도 않고 싸우고, 중은 중얼거리면서 절을 하고, 구경꾼들이 얼마나 재미있겠어요. 한참을 그러는데 싸우던 부부가 중을 쳐다보더니 "당신이 뭔데 남 부부 싸움하는 데 참견이냐?"며 소리쳤습니다. 그러거나 말거나 스님은 "널리 중생을 구제하려고 중이 됐는데, 오늘 싸움판을 보니 중생 구제를 제대로 못한 제 잘못이 큽니다. 제가 잘못했습니다. 제 잘못입니다. 저를 봐서라도 싸움을 끝내십시오." 하고 계속 절을 하는 겁니다. 죽기 살기로 싸우던 부부가 하도 어이가 없어, 헛웃음 치며 스님을 상대하게 된 거죠. 싸움은 저절로 끝이 났고 새로운 국면으로 넘어가게 됐지요.

<u>윤구병</u> 코피가 날 때까지 싸우도록 놔두면 자연히 그쳐요. (웃음)

<u>학생</u> 중재자가 필요하죠.

<u>도법</u> 중재자가 갖춰야 할 것은 뭘까요?

<u>학생</u> 힘입니다. 부처 같은 전능한 힘, 미국 같은 전쟁의 힘, 국가권력의 힘, 돈의 힘, 다투는 양자가 수용하지 않을 수 없는, 그런 것 아닐까요?

<u>도법</u> 아니 힘은 맞는데, 그런 힘 말고. 밀양이나 강정을 봐요, 국가권력의 힘으로 되나요? 한국전력 돈의 힘으로 되나요? 안 돼요. 더 덧나기만 하죠. 싸움은 서로의 주장이나 이해가 충돌하는 것인데, 그것을 그치게 하려면 어찌해야 될까요. "웬 중이 참견이냐?"고 하면서 싸우는 당사자의 눈길이 부부 싸움에 끼어든 스님 같은 제3자에게 머무는 순간에 싸움은 멈춥니다. 제3자가 양자의 상황에 깊숙이 들어가서, 그 사람들 처지와 고통을 깊이 공감할 때 제3자의 공간이 생기는 거지요. 외부에서 큰 힘을 가져와서가 아니라, 진정으로 아

파하는 제3자의 마음이 당사자의 마음에 닿았을 때, 사람의 마음을 움직이게 해요. '화쟁和諍의 힘'은 거기서 나오는 겁니다.

학생 듣고 보니, 부부 싸움에 끼어든 스님의 행동이 대단해 보입니다.

도법 깨달음이나 지혜가 대단하거나, 속세와는 먼 산 속에 있는 것이 아니고, 좀 어렵게 말하자면, 당사자이면서 당사자를 벗어나는 것이라고 할까요. 어차피 우리는 삼계화택三界火宅에 살고 있는 당사자입니다. 당사자로 불구덩이에 사는 거죠. 그러니까 이해 당사자들의 틀을 벗어나야 되는 겁니다. 당사자이면서 당사자임을 벗어나 제3자가 될 때 지혜가 생기는 거지요. 네가 옳으니 내가 옳으니 다툴 때는 길을 막고 물어보라고 하잖아요. 지나가는 사람이 학식이 많아서가 아니라 화택, 싸움에서 벗어난 제3자이기 때문이죠.

학생 존 롤스가 말한 '원초적 입장original position'과 비슷한 말씀으로 이해가 됩니다. 정의는 계산의 결과가 아니라 계산 이전에 전제돼야 한다는 말입니다. 법을 만들거나 사회계약을 할 때, 능력이나 재산, 신분 등 뭔가를 가진 사람들이 하면 자기들에게 유리하게 하지 않겠습니까? 그러니까 무지의 장막veil of ignorance이라는 것을 쳐 놓고, 제3자의 입장에서, 원초적 상황에서 논의해야 한다는 주장입니다. 본질은 길을 막고 제3자에게 물어보라, 그러면 지혜가 생긴다, 스님 말씀과 비슷한 점이 있습니다.

도법 우리가 공부하고 있는 〈법성게〉는 화엄 사상을 압축한 것입니다. 화엄 사상을 한 마디로 뭐라고 해야 할까요? 통합의 철학이라고 해야 할까? 그렇게 이야기할 수 있죠. 우리는 왜 편을 가르고 극단적인 불신과 갈등을 빚고, 그 속에서 서로 증오하고 분노할까요? 사실 깊이 생각해 보면 우리는 운명적으로 같이 살도록 돼 있어요. 너와 나, 이쪽과 저쪽, 기독교와 불교, 좌파와 우파, 이런 것들을 다 포함해서. 그런데 그걸 잊고 삽니다. 너 없어도 나 혼자 살 수 있다, 내 편만 있으면 되지 상대편이 왜 필요하냐, 이런 생각을 하게 됩니다. 관계들이 불편해지면 적극적으로 풀어내려고 노력하지 않고, 자기편 하고만 같이 가려고 하죠. 그런데 함께 살아야 할 운명이라면 어떻게 해야 할까? 내 맘에 안 들어도 거부하거나 피하지 않고, 갈등하고 대립하면 불편하고 고단하니까 이를 풀어내기 위해 노력을 해야죠.

왜 이렇게 갈기갈기 찢어지고 극단적으로 대립할까요? 내 마음에 들고 안 들고, 내 편이냐 아니냐 관계없이 함께 살도록 돼 있는 게 세상 이치인데 말이죠. 갈등과 대립의 상황이 온다 해도 만나서 대화하고, 조절하고, 합의해서 풀어내는 노력을 해야 되는데, 함께 살도록 되어 있는 세계관의 토대가 없으니 피하고 거부하는 것을 당연하게 여기게 됩니다. 한국 사회는 온갖 이유로 편 갈려 대립각을 세우고 있어요.

절해絶解는 분별이 끊어진다, 분별이 떨어진다는 뜻인데, '법성원융무이상法性圓融無二相 제법부동본래적諸法不動本來寂', 그 자리가 분별이 떨어진 자리입니다. 그게 떨어지면 고요하고 편안해요. 내 마음에 드냐 안 드냐, 저것이 맞냐 틀리냐, 과거엔 또는 미래엔 어떻게 되냐 하는 시비 분별이 있으면 편안해질 수도 고요할 수도 없어요. 그런 분별로부터 자유로워지면 편안해진다, 고요해진다, 라는 뜻이지요. 소리 지르니까 고요하지 않고 시끄럽다는 의미가 아니죠. 당나라 시대 스님 영가 현각이 지은 〈증도가〉를 보면, 시끄러움을 버리고 고요함을 구하면, 그 자체로 더 시끄러워진다고 합니다. 시끄러움이 싫어서 그걸 버리고 떠나야겠다는 생각 자체가 심리적 동요와 갈등입니다. 당연히 편안하지 않습니다. 선가禪家의 사유에는 문제를 잘 짚어내는 대목들이 많죠.

불교인들이 보통 일심一心, 일원一元 등을 많이 강조하는데, 여럿을 버리고 하나로 가는 것이 불교적 사유인가, 반대로 하나를 버리고 여럿으로 가는 것이 불교적 사유인가? 둘 다 아닙니다. 이것을 버리고 저것을 선택하는 것도, 저것을 버리고 이것을 선택하는 것도 중도가 아니고 극단이죠. 그렇기 때문에 하나이면서 여럿이고, 여럿이면서 하나라는 얘기를 하는 겁니다. 머묾을 버리고 머무르지 않음을 취하는 것도 마찬가지로 하나의 극단에 빠지는 것이고, 머물지 않음을 버리고 머묾을 취하는 것도 다른 극단에 빠지는 것이죠. 우리가 양극단이라고 부르는 것을 버리는 것이 중도입니다. 하나에 빠지는 것도, 여럿에 빠지는 것도 양극단입니다. 실상은 어느 하나를 버리거나 선택하게 되어 있지 않습니다. 불일불이不一不二하게 보고 다루는 것이 불교 사유의 기본입니다.

그런데 시대와 상황에 따라 하나를 강조해야 될 때가 있고, 여럿을 강조해야 되는 때가 있지요. 우리는 '함께'를 잃어버리고, 따로따로 나뉘어 싸우니까 하나와 함께를 강조하는 거죠. 그렇다고 여럿을 버리고 하나로 돌아가는 것이 과연 불교적 사유에 맞는 것일까요? 그렇지 않죠. 반대도 마찬가지죠. 다만 따로 여럿이 필요할 때가 있고, 함께 하나가 필요할 때가 있을 수는 있죠. 응병여약應病與藥, 병에 따라 약을 쓰듯이 해야 하는 것 입니다.

<u>윤구병</u> 하나와 여럿은 철학에서도 늘 중심 문제가 돼 왔어요. 불교에서 일원상一圓相[18]이라고 할 때도 하나고, 일미진一微塵이라고 할 때도 하나죠? 앞의 것은 가장 큰 하나이고 뒤의 것은 가장 작은 하나인데, 불교에서는 일즉다一卽多, 다즉일多卽一이라고 하는데, 왜 하나를 처음에 놓고, 끝에다 놓을까요?

물리학에서는 가장 작은 하나를 찾는 중입니다. 소립자라고도 하고 미립자라고도 하는 것 같은데, 나는 불교의 일미진이 이것을 의미한다고 봅니다. 계속 쪼개다 보면 마지막 남는 것을 일미진이라고 봤고, 우주 전체, 온 누리를

---

18 중생이 본디 지니고 있는 평등하고 원융한 마음을 상징하는 원(○)모양의 그림.

일원상이라고 봤는데, 이건 우리 생각과 사유가 어떤 단위든지 하나의 단위를 놓고 보지 않으면 이것과 저것을 가릴 수가 없고, 이것과 저것이 가려진다는 것은 여럿이 생기게 된다는 뜻입니다. 그래서 이 하나는 반드시 찾아야 한다는 생각이 우리 머릿속에 꽉 박혀 있어요. 모든 이론과 실천이 첫 한 발자국에서 시작한다고 하듯이, 하나를 놓고 나가야 해요. 그렇지 않을 경우 불교에서는 잘못하면 공에 빠져 버린다고 하지 않습니까? 〈법성게〉를 보면, 없을 무無 자가 첫 구절에 나오죠? 두 번째 구절에는 아니 불不 자가 나옵니다. 셋째, 넷째까지 가면 아닐 비非 자까지 나오죠?

<u>도법</u> 그리고 보니 빌 공空 자가 안 나왔네. 그것만 나오면 다 나오는 건데.(웃음)

<u>윤구병</u> 우리말로 하게 되면 무無는 없다는 것, 비非는 아니라는 말이고, 불不은 어떤 때는 없다, 어떤 때는 아니다라는 뜻인데, '있다 없다, 이다 아니다'를 빼면 사람들은 말도 생각도 할 수가 없어요. 무, 비를 소중하게 여긴 불교가 대단하다고 봅니다. 삼천대천세계고 뭐고 다 끌어안아 가지고, 다 있다는 말은, '없는 것이 없다'는 말로 표현됩니다. 또 다른 하나, 없는 것에 맞서는 건 있는 건데, 있는 것이 없으면 '하나도 없다'는 말이 됩니다. 다 있다와 하나도 없는 것과 관련해서 불교에서 빌 공空을 쓸 때 그건 어떤 경지를 나타내나요? 하나도 없다는 것을 말하나요?

<u>학생</u> 없는 것이 없다?

<u>윤구병</u> 없는 것이 없다는 건 다 있다는 건데?

<u>학생</u> 있다와 없다, 양단을 벗어나는 것 아닌가요?

도법 없는 것이 없다는, 없는 것도 다 그 안에 들어 있다는 말이죠.

윤구병 그렇죠. 그럼 없는 것이 있다는 뜻도 될 겁니다. 없는 것도 있다는 것은 다 있다는 거죠. 있는 것은 물론 없는 것까지 있는 것이니까. 내가 생각하기엔 존재와 무의 개념만 가지고는 이 말의 뜻을 나타내기가 힘들어요.

도법 '원상' 이야기가 나왔으니까 하는 말인데, '일원'이라고 하면 보통 '둘이 아닌 하나'라는 뜻으로 봅니다. 그런데 내가 파악하는 불교 사유로 보면 일원은 하나와 여럿이 다 포함된 개념으로서의 일원이에요. 하나와 여럿, 이것과 저것, 있음과 없음, 이런 것들이 다 원융무애한 상태가 존재의 실상이라는 거죠. 이걸 원상으로 표현했다고 봅니다. 유무, 일다, 미추, 선악, 피차가 서로 의지하여 방해하지 않고 원융무애하게 이뤄진 상태를 일원상이라고 해요. 만약 그렇지 않고, 그중에서 어느 하나를 선택해서 그것만 맞는 이론이라고 하면 불교에서는 그걸 단견이라고 하죠. 단견은 해소되고, 극복되고, 버려야 할 대상입니다. 이미 2600년 전에도 일원론 대 이원론, 무신론 대 유신론, 유물론 대 관념론 등의 사고방식이 있었습니다. 그런데 부처가 그걸 다 비판하면서 내놓은 게 연기론입니다. 그럼 연기론이 과연 둘에 상대되는 일원론인가요? 아닙니다. 그런데 우리는 연기론을 일원론이라고 해석하려는 경향이 있어요. 일심론이라고 하는 것은 글쎄…… 도대체 정체도 모르겠고, 구체적으로 잡히지도 않고 골치가 아파요. 일심을 잘못 파악하고 잘못 사용하면 불교 사고와는 전혀 다르게 가버릴 위험이 있습니다.

윤구병 증지의 지혜도 그렇고, 깨달음도 그렇고, 뭔가를 안다는 것이죠. 앎에는 어떤 종류가 있을까요? 서양철학을 공부한 사람들은 까다로워서 무슨 말을 하면 그것을 증명하라고 합니다. 내뱉은 말 한 마디가 옳다는 것을 증명하려면 책 한 권이 필요할 때도 있죠. 예를 들어 봅시다. 서울에 있는 조계사가 어디 있는지 '알고 있다'라고 할 때, 네가 그걸 아는지 증명해 보라고 하면 어떻게 해야 하나요? '네가 그걸 정말 알아? 알면 증명해 봐' 이러면 어떻게 답해야 하나요?

<u>학생</u> 조계사는 종로구 견지동에 있다고, 주소를 얘기하면 되죠.

<u>윤구병</u> 말로 증명한다고요? 말로 증명할 수 없어요. 물어 본 사람을 조계사로 끌고 가 봐야 '아는' 것이죠. 오관으로 다 확인할 수 있도록 만들어 줘야 증명되는 것인데, 이걸 실증이라고 합니다. 안다는 것은 한편에서는 오관으로 전부 파악해서 실증하는 앎, 실증적 지식이 있습니다. 그런데 그런 앎만 가지고 살아남을 수가 있느냐 하는 문제가 생깁니다. 우리가 살려고 아는 건데, 삶을 보장해 주는 앎이 그런 실증적 지식만 가지고 되나요?

<u>학생</u> 실증할 수 없는 게 너무 많습니다.

<u>윤구병</u> 불교에서는 용맹정진이라는 말이 있어요. 정진은 무엇입니까? 몸으로 하는 겁니다. 어떤 사람이 "차 운전할 줄 알아? 헤엄칠 줄 알아? 그럼 증명해 봐." 이럴 때, 증명 방식이 아까 조계사가 어딘지 아는 것을 증명하는 것과 같습니까, 다릅니까? 자동차 보여 주면 되나요? 물만 보여 주면 되나요? 낙엽은 헤엄치고, 돌은 가라앉는다는 말로 안다고 할 수 있나요? 아닙니다. 물에 뛰어들어 떠서 나가야 됩니다. 자동차 핸들을 잡고 움직이도록 만들어야 증명이 되는 겁니다.

이건 기술과 관련되어 있습니다. 우리 몸을 어떻게 움직이는가 하는 것도 기술이에요. 이 기술의 주체는 누구냐? 우리 안에 있는 어떤 힘이고, 운동입니다. 근육을 힘살이라고 하는데, 힘을 쓰는 살이라는 뜻이죠. '기술이 있다'는

말은 '할 수 있다'는 말이 됩니다. 그리스 철학에서는 '에피스테메(επιστήμη)'라는 말을 자주 씁니다. 동사 에피스타마에서 나온 말인데, '할 수 있다'는 말에서 나온 거죠. 관념적인 지식, 머리에만 주워 담은 지식, 실증 지식만 가지고는 삶의 문제를 해결할 수 없어요.

단순한 예를 들어봅시다. 삼각형이 뭐냐? 기술은 직접 몸을 움직여 증명하는 건데, 삼각형이 무엇인지를 눈으로 증명할 수 있나요? 기술로 증명할 수 있나요? 아무리 칠판에 삼각형을 그려도 그것은 삼각형의 특수한 형태일 뿐입니다. 이등변삼각형, 정삼각형, 예각삼각형, 둔각삼각형 같은 다양한 모습의 특수한 삼각형을 감각을 통해서 보여줄 뿐이지, 삼각형 바로 그건 보이지 않죠. 삼각형이 무엇인지 증명해 보라고 하면 어떻게 해야 하나요? '세 직선이 이룬, 안에 있는 세 각을 모두 보태면 180도가 되는 평면도형이다'라고 말하면 됩니다. 이걸 우리는 정의$_{definition}$라고 하죠. 보통 삶에서 부딪치는 앎에도 대상이 우리 앞에 있는지, 우리와 밀접하게 관계가 맺어져 있는지 떨어져 있는지, 밖에는 없는데 내 의식 속에만 있는지에 따라서 다 다릅니다. 왜 우리가 이런 걸 알아야 할까요? 그것을 모르면 어떤 경우에는 살아남을 수 없기 때문이죠. 살자고, 살리자고 우리가 이런 자리도 마련해서, 불경이든 성경이든 코란이든 공부하는 거 아닌가요?

우리가 법이라는 말이 나오면 모두에게 엄밀해야 합니다. 법은 모든 사람이 수긍할 수 있어야 하는 것이니까요. 그런데 모든 사람이 수긍할 수 있는 법이 있을까요? 나는 그런 법이 '다르마'라고 봅니다. 아무리 멍청한 사람이라도, '그런 법이야.' 하면 '맞아. 법대로 하면 살아남을 수 있고, 모든 게 해결이 돼.', 이런 법이죠. 그런데 특수한 법이 있어서, 어떤 사람은 못 살게 하고 어떤 사람은 잘 살게 하는 법이라면, 그건 여기서 말하는 법이 아니겠죠. 사람에만 국한시켜서 얘기할 때도 그렇다는 겁니다. 분석하면 굉장히 많아요. 현상계를 통일적으로 설명하는 법칙, 현상계를 뛰어넘는 무의식계라든지, 물리학·화학·생리학·심리학에서 다루는 법칙 등 분야들이 어떤 건 겹치기도 어떤 건 떨어져 있기도 하지만 다 다릅니다. 하지만 다 법칙으로 이뤄져 있어요. 근데 이건 실제로는 심법心法, 마음의 법입니다. 그 심법이 어디에 똬리를 틀고 있는지를 찾다 보니 육식이니 말라식이니 아뢰야식이니 하면서 자꾸 추상의 단계가 높아가게 된 거죠. 추상 단계를 높인다는 건 그만큼 집중도가 높아진다는 것입니다. 나중에는 일념으로, 일미로 가게 됩니다.

하나라는 게 무엇입니까? 하나가 없으면 공도 없고, 공이 없으면 하나도 없어요. 이 세상은 둘 이상으로 이뤄져 있지, 하나로는 이뤄져 있지 않습니다. 하나를 해체시키려는 작용이 꼭 있어요. 같은 것이 있으면 다른 것이 있고, 인 것이 있으면 아닌 것이 있고, 있는 것이 있으면 없는 것이 있습니다. 그런데 법칙은 하나를 지향하죠.

도법 우리가 양 극단과 중도에 관한 얘기를 했는데, 이 문제를 현실로 가져와 살펴볼 필요가 있습니다. 지금 정전 60주년이 지났지요? 그런데 정전 상태에서 한 걸음도 앞으로 못나간 게 현실입니다. 그래서 제가 이번에 100일 순례 계획을 세웠어요. 불교인들이라도 나서서 정전 체제에서 평화 체제로 나갈 수 있도록 뭔가 해 보자, 싸움은 말리고 흥정은 붙이면서 문제를 풀어 보자, 이런 마음으로요. '화쟁 코리아 100일 순례'라 이름 붙이고, '3.1정신으로 화쟁의 새 길을 연다', 이런 제목으로 100일 순례를 추진하고 있어요.

이 길은 〈법성게〉의 세계관과 정신으로 보면 '화쟁과 회통'의 길이 될 것이고, 일반 사회 언어로 하면 '진실과 화해'의 길이 될 겁니다. 이런 흐름이 우리 사회에 공론이 되도록, 중심이 되도록 해야 하죠. 사실 불교계가 자기 일 말고, 사회 문제나 민족 문제를 가지고 절 바깥에 나가서 뭘 해 본 경험이 거의 없어요. 특히 종단적으로는 거의 처음일 거예요. 그런 사회적, 민족적 의제를 가지고 절집 울타리를 벗어나 사회와 함께, 낮은 수준이지만 몸짓을 해 보자는 것이지요. 너나 없이 두루 공감할 수 있는 내용 또는 가치가 뭘까 생각해 보니까 3.1정신이 제일 좋은 거 같았어요. 동학만 해도 갈립니다. 한국 사회로도 그렇고, 한반도 민족 사회 차원에서도 3.1정신이 좋을 거 같았어요.

<u>윤구병</u> 불교에는 삼위일체 같은 것이 없나요?

<u>도법</u> 왜 없어요. 있지.

<u>윤구병</u> 꼭 날짜만 3과 1이라는 게 아니라, 사실 기독교만이 아니라 모든 종교가 셋이 하나로 돌아간다는 말이 있어요. 불교도 그럴 겁니다.

<u>도법</u> 불교는 삼위일체 정신이 투철합니다. 대표적으로 법신法身 · 보신報身 · 화신化身 삼신불이 있는데, 이해하는 데 참고가 되도록 소박하게 설명해 보면 이렇습니다. 법신, 오척의 몸을 가진 석가모니 붓다의 실상을 보니 붓다의 몸이 그대로 우주요, 우주가 그대로 붓다의 몸이다. 그때 붓다의 몸은 그대로 법신이고, 그 자체에 이름을 붙이면 법신불이라고 합니다. 보신, 붓다의 몸이 그대로 우주요, 우주 자체가 붓다의 몸이므로 만생명이 일심동체이다. 그러므로 동체대비의 삶을 살게 되고, 그렇게 살면 그대로 해탈 열반의 삶이 된다. 그 법열을 마음껏 누리는 붓다에 이름을 붙이면 보신불이 됩니다. 화신, 몸 그대로 우주요 우주 그대로 몸인 붓다가 고통의 현장에서 병에 따라 약을 사용하여 치유하는 삶을 살면서, 다양하고 활발하게 활동할 때, 이를 화신불이라고 합니다. 이름이 셋이지만 끝내 석가모니 붓다 한 사람입니다. 소위 말하여 삼위일체인 것입니다. 회삼귀일會三歸一, 셋을 회통하여 하나로 돌아간다. 불법승 삼보가 곧 하나의 진리라는 말도 되죠. 조계 종단을 상징하는 게 원 안의 점 세 개예요. 원이라는 건 하나라는 뜻이고, 삼보를 뜻하는 점 세 개도 본래 하나 안에 함께 있다는 의미죠. 민족

의 자주독립이라는 더 크고 중요한 가치, 절실한 과제를 풀기 위해서 개인이나 내 집단의 입장을 넘어 함께 가자는 것이 3.1정신입니다. 불교가 뭐냐? 부처가 되는 게 아닙니다. 부처로 사는 겁니다! 왜 그런가. 사람이 부처니까요. 그럼 부처로 사는 게 구체적으로 뭐냐? 부처로 사는 것의 사회적 실천이 바로 '화쟁 순례'라고 본 겁니다. 그동안 우리는 부처가 되려고 한없이 돌아왔는데, 이제 바로 질러가자, 질러가는 불교를 하자, 이것이 바로 '붓다로 살자' 불교입니다.

<u>윤구병</u> 스님의 화쟁 순례가 힘차게 출발해서 큰 성과를 얻고 회향하기를 빕니다. 자, 오늘은 숙제 해오기로 했죠? 스님이 지난번에 〈법성게〉 전체를 한번 정리해 주셨는데, 그것을 바탕으로 어떻게 풀었는지 한번 들어 봅시다.

<u>학생</u> 저는 시라기보다는 산문에 가깝게 풀어 보았는데요. 한번 읽어보겠습니다. 제목은 '세상을 노래하다' 입니다.[19]

    이 세상은 언뜻 보면 따로따로 나뉘었지만 곰곰이 살펴보면 서로 이어져 있어요. 언뜻 보면 여러 개의 모습이지만 곰곰이 살펴보면 한 가지 모습이지요.(法性圓融無二相)

    사람과 들짐승과 새와 물고기와 벌레와 풀과 나무는 늘 우리와 함께 바쁘게 움직여요. 하늘과 바람과 땅과 물과 해와 달과 별은 늘 우리를 둘러싸고 쉼 없이 움직여요. 그런데 이 모두는 서로 이어져 한 가지 모습일 뿐이에요. 그러니 움직이되 움직이는 것이 아니에요. 부산스럽지만 고요해요.(諸法不動本來寂)

---

19 불한당 당원인 백승권 씨의 풀이.

사람과 들짐승과 새와 물고기와 벌레와 풀과 나무와 하늘과 바람과 땅과 물과 해와 달과 별이 이렇게 한 가지 모습인데, 이름을 따로 지어 무슨 소용이 있겠어요. 모양을 따로 그려 무슨 소용이 있겠어요.(無名無相絶一切)

이것은 느낌만으로 다다를 수 없어요. 이것은 생각만으로 다다를 수 없어요. 이것은 뜻만으로 다다를 수 없어요. 이것은 헤아림만으로 다다를 수 없어요. 몸과 마음으로 겪어 손수 꿰뚫어 봐야만 다다를 수 있지요.(證智所知非餘境)

우리가 사는 세상은 참 깊고 깊지요. 우리가 사는 세상은 참 야릇하지요.(眞性甚深極微妙)

물을 보세요. 이것이 내 이름이고 이것이 내 모양이라고 막 우기며 고집하지 않아요. 주어진 인연을 따라 시냇물이 되고 강물이 되고 바닷물이 되고 구름이 되고 빗물이 되고 샘물이 돼요. 주어진 인연을 따라 나뭇진이 되고 풀물이 되고 밥물이 되고 국물이 되고 피가 되고 오줌이 돼요.(不守自性隨緣成)

다시 물을 보세요. 내 몸 속에 있는 물 한 방울은 시냇물이었고 강물이었고 바닷물이었고 구름이었고 빗물이었고 샘물이었어요. 내 몸 속에 있는 물 한 방울은 나뭇진이었고 풀물이었고 밥물이었고 국물이었고 누군가의 피와 오줌이었어요. 한 방울의 물 속에 세상 모든 물이 담겨 있지요. 세상의 모든 물 속에 한 방울의 물이 담겨 있어요.(一中一切多中一)

한 방울의 물이 세상의 모든 물이에요. 세상의 모든 물이 한 방울의 물이에요.(一卽一切多卽一)

세상도 마찬가지예요. 작디작은 티끌 속에 온 세상을 머금고 있어요.(一微塵中含十方)

작디작은 티끌 같은 목숨들, 사람과 들짐승과 새와 물고기와 벌레와 풀과 나무 속에 하늘과 바람과 땅과 물과 해와 달과 별을 머금고 있어요. 온 세상을 머금고 있어요.(一切塵中亦如是)

때의 흐름도 마찬가지예요. 하늘과 바람과 땅과 물과 해와 달과 별의 나이는 헤아릴 수 없이 많은 세월일까요? 나무의 나이는 나이테에 쓰인 대로일까요? 사람과 들짐승의 나이는 이빨에 적힌 대로일까요? 풀과 물고기의 나이는 한두 해일까요? 벌레의 나이는 하루나 한 철일까요?

하늘과 땅의 헤아릴 수 없이 많은 세월이 담기지 않은 하루살이의 하루가 있을까요? 하늘과 땅의 헤아릴 수 없이 많은 세월이 담기지 않은 사람과 들짐승과 새와 물고기와 벌레와 풀과 나무의 한 겨를이 있을까요? 셀 수 없는 나날들이 한 겨를의 생각이에요.(無量遠劫卽一念)

한 겨를의 생각이 셀 수 없는 나날들이고요.(一念卽是無量劫)

그것은 어제의 나날도 그랬고 오늘의 나날도 그러하며 내일의 나날도 그럴 거예요. 그 헤아릴 수 없이 많은 겹겹의 때와 지금의 한 겨를이 두 거울을 마주 세운 것처럼 끝없이 서로를 비추고 되비추고 있어요.(九世十世互相卽)

헌데 놀랍고 놀라워요. 이렇게 틈과 짬이 온통 얽혀 있고 되비추고 한 모습으로 이어졌는데, 어떻게 이렇게 가지런히 따로따로 제 모습을 이룰 수 있을까요.(仍不雜亂隔別成)

깨달음도 마찬가지예요. 이 세상의 흐름을 문득 마주쳐 이 세상 있는 그대로를 처음 사랑하게 된 마음, 그 겨를이 깨달음이에요.(初發心時便正覺)

사람과 들짐승과 새와 물고기와 벌레와 풀과 나무는 내남없이 살고 죽지만, 여기 산 것은 저기 죽은 것으로부터 말미암았고, 여기 죽은 것은 저기 산 것으로 되살아나요. 살아도 세상은 빛나고 죽어도 세상은 빛나요. 이 세상엔 죽살이와 열반이 함께 빛나는 춤을 춰요.(生死涅槃相共和)

까닭을 따져 무슨 소용이 있겠어요. 터수를 따져 무슨 소용이 있겠어요. 둘을 가려내 봤자 아무 소용없는 아득한 한통속이에요.(理事冥然無分別)

이게 부처님이 다다른 곳이에요. 이게 보살님이 다다른 곳이에요. 모든 부처님과 보살님과 큰 사람의 경지예요.(十佛普賢大人境)

고요한 바다가 세상 모든 것을 비추듯(能人海印三昧中)

부처님은 마음먹은 대로 헤아릴 수 없이 많은 일을 나타내지요.(繁出如意不思意)

봄날 비 뿌리는 들판에 서 보세요. 뭇 생명이 온 누리에 가득 피어나요.(雨寶益生滿虛空)

제 그릇만큼 봄비의 축복을 누려요.(衆生隨器得利益)

이제 나그네는 고향으로 돌아와(是故行者還本際)

굳이 헛된 생각 쉬지 않고 굳이 무엇을 얻으려 하지 않아요.(叵息妄想必不得)

이것저것 얽어매지 않아요. 그저 슬기로운 길을 따라 오로지 마음이 닿는 데를 향해 갈 뿐이에요.(無緣善巧捉如意)

이렇게 집에 돌아와 제 깜냥대로 살아요.(歸家隨分得資糧)

이 소중한 노래, 이 소중한 가르침이(以陀羅尼無盡寶)

온 세상을 빛내요.(莊嚴法界實寶殿)

마침내 이 자리에 앉으니 보이네요.(窮坐實際中道床)

예부터 움직이지 않았던 한 모습, 사람과 들짐승과 새와 물고기와 벌레와 풀과 나무와 하늘과 바람과 땅과 물과 해와 달과 별이 바로 부처님이었어요.(舊來不動名爲佛)

<u>윤구병</u> 재밌어요! 되게 재밌어요!

<u>도법</u> 발상이 다르고 좋네. 청출어람靑出於藍이여!

<u>학생</u> 〈법성게〉의 어구 해석은 많은 책에 나와 있지만 좀 다르게 해 보고 싶었습니다. 의상 스님 당대에 시라는 형식이 있었는지 모르지만, 〈법성게〉는 시이고, 그것을 현대인들의 감각으로 손에 만져질 수 있도록 표현해 보고 싶었습니다. 번역보다는 재창작의 의미에서 한편의 에세이로 쓰는 일도 의미 있을

것이라고 생각합니다.

도법 청매 조사 〈십무익송+無益頌〉[20]이 생각나는데, 청매 조사는 조선시대 은둔 수행자이며, 모범적인 선사로 평가되는 승려예요. 서산의 제자이며, 승병장도 지냈었죠. 그가 남긴 글이 많지 않은데, 그 중에 '~를 해도, ~하지 않으면 이익이 없다'는 형식의 간단명료한 노래가 있어요. 내용이 10가지라서 십무익송이라 하죠. 일부를 옮겨 보면, 이런 내용이에요.

원인을 가볍게 여기고 결과만 중하게 여기면 도를 구해도 이익이 없다
(경인중과구도무익 輕因重果求道無益)
대중과 화합할 줄 모르고 혼자 겉돌면 함께 살아도 이익이 없다
(일생괴각처중무익 一生乖角處衆無益)
실제 삶을 돌이켜보지 않으면 경전을 보아도 이익이 없다
(심불반조간경무익 心不返照看經無益)

심불반조, 즉 회광반조回光返照[21]라는 뜻입니다. 대부분 사람들이 회광반조를

---

20 心不返照看經無益 심불반조 간경무익(실제 삶을 돌이켜보지 않으면 경전을 보아도 이익이 없다.)
不達性空坐禪無益 부달성공 좌선무익(본성이 공함을 깨닫지 못하면 좌선해도 이익이 없다.)
輕因重果求道無益 경인중과 구도무익(원인을 가볍게 여기고 결과만 중하게 여기면 도를 구해도 이익이 없다.)
不知正法苦行無益 부지정법 고행무익(올바른 법을 알지 못하면 고행을 해도 이익이 없다.)
心非信實巧言無益 심비신실 교언무익(마음에 진실과 믿음이 없다면 아무리 말을 잘해도 소용이 없다.)
欠人師德齊衆無益 흠인사덕 제중무익(남의 모범이 될 만한 덕성을 갖추지 못하면 대중을 모아도 소용없다.)
內無實德外儀無益 내무실덕 외의무익(알찬 덕행 쌓지 않으면 겉으로 드러나는 위엄이나 형식은 소용이 없다.)
滿復驕慢有戒無益 만복교만 유계무익(뱃속에 교만만 가득하면 계행에 충실해도 소용이 없다.)
不折我慢學法無益 부절아만 학법무익(아만을 꺾지 않고는 법을 배워도 이익이 없다.)
一生乖角處衆無益 일생괴각 처중무익(대중과 화합할 줄 모르고 혼자 겉돌면 함께 살아도 이익이 없다.)
21 빛을 돌이켜 거꾸로 비춘다는 뜻. 불교의 선종(禪宗)에서 언어나 문자에 의존하지 않고 자기 마음속의 영성(靈性)을 직시하는 것으로 풀이한다. 하지만 도법 스님은 삶의 현장을 강조하는 쪽으로 해석한다.

참선으로 해석하는데, 난 그렇게 해석하지 않아요. 그것은 죽은 불교입니다. 나는 '현장의 직면한 삶과 직결시키지 않고 경전을 읽으면 읽어 봐야 이익이 없다'라고 해석합니다. 마음이라는 것은 현재 삶의 실상을 표현하는 하나의 개념인데, 사람들은 마음이 실상과 무관하게 따로 있는 무엇이라서 그걸 찾아야 한다고 생각하고 있습니다. '공空의 도리를 모르고 참선 수행을 하면, 아무리 해도 이익이 없다.' 이것도 〈십무익송〉의 한 구절이에요. 우리는 보통 참선만 하면 된다는 식으로 생각하고 있는데 그렇지 않다는 것이죠. 달리 얘기하면, 불교의 세계관과 정신에 대한 올바른 이해와 확신을 토대로 삼지 않고 참선을 하면 이익이 없다는 말입니다. 〈십무익송〉은 불교를 제대로 하는가, 안 하는가에 대해서 아주 중요한 내용 열 가지를 짚은 것입니다. 그냥 염불하고 참선만 하면 된다고 생각하는데, 청매 스님은 그렇지 않다고 말한 것이죠. 불교적 사유를 간단명료하게 잘 짚어서 드러낸 얘기입니다.

<u>윤구병</u> 회광반조라고 했는데, 회광은 빛을 돌린다는 뜻입니다. 회광반조는 그 빛이, 죽음의 모습도 비추겠지만, 온갖 삶의 모습을 비추는 건데, 그걸 자기 마음에 그대로 고스란히 돌이켜서 실제로 자기 것으로 삼지 않으면 안 된다는 뜻도 있을 것 같습니다. 회광반조를 도법 스님 말씀대로 내 마음이 현실과 어떻게 이어지고 맺어지는지의 뜻으로 이해하게 되면, 단순히 내가 거울상을 들여다보는 행동으로 끝나는 것이 아닙니다. 우리가 회광반조라고 하면 대체로 빛이 거울에 떨어지면서 돌아오는 모습으로 생각하기 쉬운데, 있는 모습을 있는 그대로 보면서 더 나아가 이것을 어떻게 하나로 모아서 풀어낼까, 어떻게 몸으로 때워서 풀어낼까 하는 것과도 연관이 있는 것 같습니다.

9장
"너는 나다.
이게 실상인 것이여."

9장
"너는 나다. 이게 실상인 것이여."

도법 저로서는 지금까지 함께 공부하면서 얻은 성과가 적지 않습니다. 아, 〈법성게〉가 실제 삶을 얘기하는 것이지 그것과 동떨어진 것을 얘기하는 게 아니구나, 이렇게 생각되면서 쉽게 읽혀졌습니다. 불교는 생생한 삶을 이야기하는 종교라는 거죠. 이게 내가 이번에 '불한당'과 같이 공부하면서 얻은 최대 성과입니다.

내가 요즘 광주 선덕사에서 차도 마시고 궁금한 것도 물어보고 하는 모임에 나가고 있는데, 그 모임에서 헤르만 헤세 〈싯다르타〉를 읽고 있어요. 그런데 정말 놀라운 거여. 옛날에 젊었을 때 걸망지고 다니면서 읽어봤을 때는 그저 그런 내용으로 읽고 넘어 갔는데, 자세히 보니까 우리가 지금 공부하고 있는 〈법성게〉 설명을 너무 잘하고 있는 겁니다. 아, 놀랍더구만. 일미진중함시방—微塵中含十方, 일념즉시무량겁—念即是無量劫, 이런 걸 다루는데 정말 감탄할 정도예요. 순천에 문학신학을 가르치던 퇴직 교수가 있는데, 『신학비평』이라는 잡지도 냈어요. 그이의 주장은 문학작품이 곧 성경이고, 불경이라는 거지. 요즘 뭐하시냐고 여쭈었더니 그이가 그러더구만. "지금까지 나를 구속하는 것, 나를 억압하는 것은 뭐든지 다 깨고 나왔는데, 지금 보니 나를 구속하는 마지막 하나가 하나님이다. 신이 타파되지 않고 있다. 신으로부터 자유로워지는 길을 찾는 것이 요즘 핵심 과제다."라고.

<u>학생</u> 신은 꽤 오래 전에 죽은 것 아닙니까?(웃음)

<u>도법</u> 그분은 기독교인이잖아.

<u>윤구병</u> 신은 죽었다고 그러면 안 돼. 겁나잖아, 부활할까 봐.(웃음)

<u>학생</u> 신을 완전히 죽이는 방법은 '웃음'밖에 없다고 니체는 말했습니다.

<u>도법</u> 그분이 제1로 꼽은 문학 경전이 〈싯다르타〉이고, 두 번째가 헤밍웨이의 〈노인과 바다〉라고 해요. 내가 〈싯다르타〉를 다시 찬찬히 읽으면서 대단하다고 느낀 대목을 접어 놨는데, 한번 들어보세요. 싯다르타가 친구 고빈다에게 돌멩이를 들고 들려주는 얘기입니다.

싯다르타는 몸을 굽혀 땅바닥에서 돌멩이 한 개를 집어 들더니 손 안에 넣고 이리저리 흔들었다. "여기 있는 이것은" 하고 그는 돌멩이를 만지작거리면서 말하였다. "한 개의 돌멩이이네. 이 돌멩이는 일정한 시간이 지나면 아마도 흙이 될 것이며, 그 흙에서는 식물, 아니면 짐승이나 사람이 생겨나게 될 거야. 예전 같았으면 이럴 때 나는 다음과 같이 말했겠지. '이 돌멩이는 단지 한 개의 돌멩일 뿐 아무런 가치가 없는 것이며, 그것은 마야의 세계에 속하는 것이다. 그러나 그것은 어쩌면 순환적인 변화를 거치는 가운데 인간이 될 수도 있고 정신이 될 수도 있을 것이다. 이런 연유로 나는 그것에도 가치를 부여해 주는 바이다.' 예전 같았으면 나는 그렇게 생각하였을 거야. 그러나 지

금은 이렇게 생각하고 있어. '이 돌멩이는 돌멩이다. 그것은 또한 짐승이기도 하며, 그것은 또한 신이기도 하며, 그것은 또한 부처이기도 하다. 내가 그것을 사랑하고 존중하는 까닭은 그것이 장차 언젠가는 이런 것 또는 저런 것이 될 수 있기 때문이 아니라, 그것은 이미 오래전부터 그리고 항상 모든 것이기 때문이다.'

그리고 바로 다음과 같은 사실, 그러니까 그것이 돌멩이라는 사실, 그것이 지금 그리고 오늘 나에게 돌멩이로 보인다는 사실, 바로 그러한 사실 때문에 나는 그것을 사랑하는 것이며, 돌멩이에 나 있는 갖가지 줄무늬와 움푹 패어 있는 구멍 하나하나, 노란색이나 회색을 띠고 있는 돌멩이의 빛깔, 돌멩이의 단단한 정도, 두드릴 때 돌멩이가 내는 소리, 말라 있거나 물기가 있는 돌멩이의 표면, 그런 것에서 나는 돌멩이의 가치와 의의를 발견하게 돼. 돌멩이를 만져 보면 그중에는 촉감이 기름이나 비누처럼 미끌미끌한 것도 있고, 나뭇잎 같은 것도 있고, 모래 같은 것도 있지. 모든 돌멩이는 제각기 독특한 것이며, 제각기 나름대로의 방식으로 옴을 읊조리고 있으니, 모든 돌멩이 하나하나가 바라문인 셈이지. 그렇지만 이와 동시에 꼭 마찬가지로 그 돌멩이는 돌멩이이기도 하며, 기름 같은 느낌을 주거나 비누 같은 느낌을 주기도 하지. 그리고 바로 이 점이 마음에 들어. 바로 이 점이 경이롭고 숭배할 만한 가치가 있는 것처럼 여겨져. 하지만 이제 더 이상 내가 이 문제에 대해서 말하는 일이 없었으면 해. 말이란 신비로운 참뜻을 훼손해 버리는 법일세. 무슨 일이든 일단 말로 표현하게 되면 그 즉시 본래의 참뜻이 언제나 약간 달라져 버리게 되고, 약간 불순물이 섞여 변조되어 버리고, 약간 어리석게 되어 버린다는 이야기야. 그래 그렇지만 이것도 매우 좋은 일이며 그리고 내 마음에도 아주 쏙 드는 일이야. 어느 한 사람에겐 훌륭한 보배이자 지혜처럼 여겨지는 것이 다른 사람에게는 항상 바보 같은 소리로 들린다는 사실에 대해서도 동의하고 있어.

- 민음사, 209~211쪽

『화엄경』'입법계품'을 가지고 소설로 만든 건데, 언어를 탁월하게 다루는 사람은 역시 다르구나 생각했어요. 『화엄경』의 사유를 어떻게 이렇게 잘 설명할 수 있을까 싶어 깜짝 놀랐습니다. 헤세는 "진리는 가르칠 수 없다는 것, 이 깨달음을 나는 일생에 꼭 한번 문학적으로 형상화하고자 했다. 그 시도가 바로 〈싯다르타〉다." 이렇게 얘기하고 있어요.

<u>윤구병</u> 하나의 돌멩이 안에 우주가 다 들어 있네요. 〈법성게〉도 들어 있고.

<u>학생</u> 장석주의 시 '대추 한 알'이 생각나네요.

저게 저절로 붉어질 리는 없다
저 안에 태풍 몇 개
저 안에 천둥 몇 개
저 안에 벼락 몇 개

저게 저 혼자 둥그러질 리는 없다
저 안에 무서리 내리는 몇 밤
저 안에 땡볕 두어 달
저 안에 초승달 몇 날

<u>도법</u> 그것이 연기론이네. '국화 옆에서'도 비슷한 거여. 한 송이 꽃을 피우기 위해 간밤에 무서리가 내리고, 천둥은 먹구름 속에서 울고, 봄부터 소쩍새가 울고, 이것이 있으므로 저것이 있고, 저것이 있으므로 이것이 있는 것이지. 싯다르타의 돌멩이는 그 자체가 부처입니다. 그것이 부서져 흙이 되고, 뭔가의 토대가 되고, 그런 것이 되어서 가치 있는 것이 아니라, 돌멩이 그 자체로. 그

러니까 처음 사문이 되었다가, 방황과 갈등의 세월을 보내고 다시 돌아온 사람의 눈에 보이는 깨달음 같은 것을 잘 표현한 것이죠.

이건 좀 창피한 이야기이긴 한데, 〈법성게〉 덕분에 공부 많이 했다는 생각이 들어요. 기존에 번역해 놓은 거 보면 너무 어려워서 아예 안 봤어요. 이번 공부 과정에서 가장 큰 발견은 '오척지신五尺之身'이에요. 법성은 뭐냐? 오척지신이다, 이렇게 생각하니까 거기서부터 〈법성게〉가 새롭게 보였어요. 법의 성품, 법과 성품? 아무리 생각을 해봐도 오리무중, 아리송했는데, 법성이 오척지신을 지칭한다고 생각하고 보니까 잘 읽혔어요.

<u>윤구병</u> 그건, 스님 키가 오척밖에 안 되니까.(웃음)

<u>도법</u> 처음으로 돌아가 법성에 대해 다시 한 번 생각해 봅니다. 법성에 대해 의상 스님은 '오척지신'을 지칭한 것이라고 했다고 합니다. 오척지신은 지금 여기 직면한 것, 자신에게 적용하면 나, 상대방한테 적용하면 너, 사물한테 적용하면 사물을 뜻하는 것인데, 아무튼 직면해 있는 무엇입니다. 그런데 〈법성게〉를 전통적으로 해석하는 많은 분들은 법성을 '오척지신'이라고 얘기 안합니다. 왜 그랬을까요? 이유가 왜 없겠습니까. 오척지신은 달리 얘기하면 '지금 여기 몸'입니다. 우리가 몸은 허망한 것이라고 얘기합니다. 굶으면, 세월 가면, 죽는 허망한 존재입니다. 정말로 지극히 하찮은 존재라고 생각하기 때문이죠. 그런데 왜 오척지신을 법성이라고 했을까요? 법성은 달리 해석하면 진리의 존재입니다. 진리의 존재란 바로 영원과 무한의 존재, 완전한 존재, 완성된 존재를 뜻합니다. 그런데 왜 오척지신을 진리의 존재인 법성이라고 했을까요. 이유는 분명합니다. 몸 자체가 우주적 존재, 영원의 존재이기 때문에 법성이라고 표현한 것입니다. 한번 봅시다. 오척지신을 불교 언어로 표현하면 공의 존재, 무아의 존재, 연기의 존재, 인드라망의 존재입니다. 이 자체 말고는

공도 무아도 연기도 따로 있지 않습니다. 몸 자체가 돌멩이고 우주라고 하는 것이 인드라망 논리입니다. 지금 여기 직면해 있는 존재 말고 진리나 공, 연기, 무아, 우주가 따로 있지 않다는 것입니다. 그 실상을 시각적으로 표현한 게 인드라망 평화 무늬 그림입니다. 단순히 모양으로만 보면 다른 것과 분리 독립된 사람 또는 나인데, 실상을 보면 우주적으로 이뤄진 존재, 인드라망 존재인 것이죠. 그냥 보면 너는 너, 나는 나, 자연은 자연, 하늘은 하늘인데, 실상을 보면 다 관계 속에 이뤄진 나라는 것입니다. 너는 너고, 나는 나라고 할 때의 나와, 우주적 존재로서의 나는 전혀 다릅니다. 그러므로 오척지신의 참모습을 법성이라고 표현한 것입니다. 지금 여기 직면해 있는 것, 바로 오척지신이 자신의 참모습을 뜻하는 법성인 것입니다.

<u>윤구병</u> 오척지신이 뭔가요? 뼈와 살로 이뤄진 사람이라고만 받아들이면, 조금 좁게 받아들이는 것 아니냐는 문제 제기를 할 수 있을 것 같습니다. 왜냐하면 법에 기대지 사람에 기대지 말라는 말이 계속 나오기 때문입니다.

<u>도법</u> 법에 대해 다시 생각을 정리해 봅시다. 법이 여러 가지 뜻으로 쓰이는데, 예컨대 진리, 존재, 사물, 사건, 규칙, 약속 이런 것들이 다 법이란 개념으로 쓰입니다. 〈법성게〉 첫 구절에 나오는 '법성원융'에서 법의 개념은 뭔가요? 이 공부 모임에서 나의 역할은, 여기 있는 사람들이 불교를 잘 아는 분들이 아니니까, 불교적 사유가 토대인 〈법성게〉를 잘 이해할 수 있게 돕는 것이라고 이야기했습니다. 우선 중요한 것은 의상 스님이 전하려고 했던 취지를 잘 살려내는 것입니다. 인드라망 그림을 보면, 오척지신은 사람입니다. 사람은 독립적으로 존재한다는 것이 통상적인 관점이었고, 사람 하나만 달랑 떼어내어 이것만 사람이고 나라고 얘기했던 것이 일반적인 생각이었습니다. 그런데 그것은 사람들의 생각일 뿐이고, 실상은 오척지신 자체가 그대로 인드라망 무늬

전체와 두루 어우러진 존재이기 때문에 시간적으로는 영원, 공간적으로는 무한의 존재인 것입니다. 똑같은 오척지신을 얘기하고 있지만 영원과 무한의 오척지신과 분리 고립된 오척지신은 크게 다른 거죠. 영원 속의 인간, 무한 속의 인간과, 분리 고립된 인간은 다르다는 얘기입니다. 오척지신을 법성으로 표현한 까닭이 바로 여기에 있다고 봅니다.

윤 선생님이 〈법성게〉가 실제 살아가고 있는 사람들에게 구체적으로 뭔 도움이 되냐고 했는데, 난 그게 엄청난 차이라고 봐요. 본인이 우주와 한 몸인 우주적인 인간이라고 인식하고 삶을 사는 것과, 허무하고, 초라하고, 불안정하고, 부족하기 그지없는 분리된 존재라고 인식하고 사는 것은 하늘과 땅만큼 차이가 있다고 봅니다.

<u>윤구병</u> 스님, 이 방 벽에 붙어 있는 저 인드라망 그림의 한가운데 있는 동그라미가 모든 것의 대가리 아닌가요? 나는 저 동그라미가 물고기로 살든, 짐승으로 살든, 새로 살든, 사람으로 살든, 삶의 그물이 하나로 뭉친 지점을 뜻하는 것이 아닌가 생각합니다. 우리가 우주가 하나라고 말하거나 만물이라고 말하거나, 이런 것들은 깊이 들어가면 우주 자체에도 만물에도 생명의 원리가 깃들어 있으니 상관이 없지요. '모든 게 마음에서 빚어진다'─切唯心造 는 것도 비슷한 말이라고 봐요. 이때의 마음은 낱낱이 떨어져 있는 네 마음 내 마음은 아닐 거예요. 그러나 보통 사람이 이 말을 받아들일 때는, 우주만물을 구성하고 있는 생명 원리는 다 빼버리고, 특히 물질적으로 모든 것을 파악하죠. 저 인드라망 그림이 생명 평화의 길을 찾는 중요한 지표가 된다고 해서 저렇게 형상화됐는데, 낱말이 보통 사람들에게 어떻게 받아들여질 것인가, 그것에 대해서 좀 더 성찰하는 게 필요하다고 봅니다. 나는 '법성'을 반드시 '흐름결', '마음결'이라 풀자고 고집하는 것은 아니고, 또 굳이 한글만 고집하는 것도 아닙니다. 우리말로 풀면 쉽게 다가설 수 있으니까, 되도록 토박이말로 하자는 뜻일

뿐입니다. 그래서 낱말 하나하나가, 도법 스님 생각한 대로 정확한 뜻을 드러내야 하고, 그래야 그것을 보고 받아들여서 깨우치고, 이대로 살면 되겠구나, 하는 삶의 지표가 될 수 있어야 진정으로 쓸모가 있다고 생각하는 거지요.

<u>도법</u> 법성에 대한 소통이 돼야 하는데, 그럼 그 길이 뭘까요? 지금 여기에서 실질적인 것을 가지고 얘기해야 소통이 가능하다고 봅니다. 예를 들어 태어난 자는 죽는다, 이것은 실제 얘기죠. 논란이 없습니다. 도둑질 하면 도둑놈이 된다, 이것도 실제죠. 이것을 놓고 다른 소리를 하나요? 기독교와 불교 사이에 이견을 보이나요? 진보도 보수도, 서양 사람도 동양 사람도 마찬가지입니다. 이건 실제적인 이야기입니다. 언어는 그렇게 쓰여야 합니다. 이 사람 말과 저 사람 말이 다르면 소통과 공감이 이뤄질 수 없어요. 적어도 '법성', 이것이 어떤 물건에 대해 얘기를 하는 것인지에 대해 공감되어야 소통이 되고 그래야 내용이 제대로 다루어지고 문제도 풀린다고 봅니다.

<u>윤구병</u> 그러니까 사실은 우리가 이제까지 계속해서 공부해 왔던 것은 '이 뭐꼬?'였습니다. '법성, 이게 뭐꼬?'의 답을 찾기 위해서 길고 긴 길을 걸어왔다고 생각하면 되겠습니다. 우리가 빨리빨리 서둘러서 왔는데 결국은 마지막에 또 '도道'에 걸렸습니다.

<u>도법</u> 선어록에 보면 '너에게 가장 친한 자가 누구인가?' 하는 질문이 있어요. 그 물음을 끝까지 천착하면 결국 자기 자신이라는 결론에 도달하게 됩니다. 부모도 형제도 아닙니다. 이 말은 자신을 알지 않고는 상대를 알 수 없고, 세상을 알 수 없다는 뜻입니다. 자신을 제대로 알아야 삶이 제대로 꾸려진다는 거죠. 그걸 또 다른 말로 하면 나는 누구인가, 라는 질문입니다. 나는 이게 인생의 기본 화두라고 봅니다.

아무리 좋은 것도 나한테 쓸모없으면 필요 없습니다. 나는 그런 주의예요. 천하의 무엇도 지금 여기 삶에 쓸모없으면 없는 것과 다를 바 없습니다. 지금 여기 내가 일차로 직면하는 것이 자기 자신입니다. 나는 누구인가, 라는 질문으로 표현될 수도 있겠죠. 두 번째는 너입니다. 그 다음이 세상입니다. 이걸 통틀어서 나는 누구인가, 라는 질문으로 표현될 수 있다고 봅니다. 여기에 뭔가 해답이 될 수 있는 내용이 필요한 거죠. 그래야 쓸모가 있지 않겠나 하는 생각을 첫 번째로 했어요. 그렇게 하려면 어떻게 해야 할까요? 두 번째는 나는 누구인가에 대해서 설명이 잘되었을 경우, 그 내용이 내 삶을 어떻게 달라지게 할까, 달라졌다면 어떤 좋은 결과가 될까, 이런 물음에 뭔가 응답이 되도록 해석이 되고 표현이 됐으면 좋겠다고 생각합니다. 이렇게 풀어서 내 삶을 살펴봤을 때 이렇게 달라질 수 있고, 좋은 결과를 낳을 수 있겠다는 생각이 들게 하는 것이 중요합니다.

<u>윤구병</u> 순간순간 바뀌는데 내가 나를 어떻게 알 수 있어?(웃음)

<u>도법</u> 나는 의상 스님이 법성을 '오척지신'이라고 표현한 것도 그런 문제의식과 같은 것이라고 생각합니다. 자신을 모르고는 천하를 다 안다 하더라도 제대로 아는 것이 아니라는 이야기를 하고 있는 거라고 보는 거죠.

<u>학생</u> 스님의 '오척지신'에 대한 얘기는 감명 깊게 들었는데, 문제는 그럼 법성을 '오척지신'이라고 할 건가 말 건가, 이것 아닌가요?

<u>도법</u> 나는 일단 그 내용을 공유한 다음에 그것을 어떻게 표현할 것인가를 찾아보자는 것이지요. 표현을 어떻게 할 것인가는 다음 문제입니다.

__윤구병__ 스님 말씀은 간단히 말하자면, 저자 본인(의상 스님)이 한 말에 그런 게 있다, 그런 구체적이고 직접적인 표현이 있으니까, 그것을 요즘 사람들이 알아듣게 어떤 말로 고쳐야 하는데, 그게 어떤 단어라야 된다는 것은 고집하지 않겠다는 뜻 같네요.

__도법__ 법성을 우리는 '마음결'이라는 말로, '우주'라는 말로, '한 인간(오척지신)'이란 말로 얘기해 왔어요. 그 부분을 정리하지 않으면 혼란스럽지 않을까요? 내 주장은 우리가 말하고자 하는 물건은 같은 것이라야 한다는 겁니다. 〈법성게〉가 이 물건을 말하고 있는데, 누구는 저 물건, 다른 사람은 그 물건을 말하면 안 되겠지요. 표현은 다양하게 나올 수 있지만, 물건은 하나여야 됩니다. 그렇지 않은가요? 법성이란 말이 뭘 지칭해서 쓴 개념인지, 이것은 하나여야 합니다. 이것을 마음결로 표현하든, 우주로 표현하든, 한 물건으로 표현하든지에 대해서는 다를 수 있다고 봅니다. 하지만 표현이 어떠하든 말하고자 하는 대상 즉, 물건은 같아야 됩니다. 물건이 달라지면 곤란하죠.

__학생__ 스님께서는 표현은 다양할 수 있지만 지칭하는 물건은 같은 것이어야 한다고 말씀하셨는데, 사실은 각각의 표현 자체에 이미 특정한 '물건'이 서로 다르게 묻어 있는 게 아닌가요? 표현과 '물건'을 분리해서 볼 수 없는 게 아닌가 하는 생각이 듭니다.

__윤구병__ 지향점의 차이로 보면 되겠지요.

__도법__ 전에 나온 얘기 중에, 의상 스님은 법성이 오척지신이라고 말했는데, 왜 후대에 많은 사람들이 그걸 그대로 분명하게 드러내지 않았나, 거기에는 무슨 이유가 있지 않았나, 하는 질문이 있었는데, 나는 그것이 한국 불교의 혼

란과 모순을 야기하는 원인이라고 봅니다. 그런 것들을 명확하게 정리하지 않았기 때문인데, 이건 정말 심각한 문제입니다. 무수한 사람들이 지금 '우리가 하고 있는 것이 불교'라고 알고 있는데, 실제로는 불교를 통해서 알 것, 풀어야 될 것, 이뤄야 될 것들이, 일생을 걸고 해도 안 이뤄지고 있습니다. 일생을 걸고 경전을 천착하고, 일생을 걸고 화두를 잡고 있어도 안 풀립니다. 왜 그렇습니까? 불교가 인생을 이렇게 만드는 것이라면 불교는 필요 없는 물건입니다. 사람들은 이구동성으로 불교는 어렵다, 복잡하다, 잘 안 된다고 합니다. 불교 '하는' 사람치고 그 얘기 안 하는 사람이 없어요. 이건 정말 곤란한 일입니다. 나는 아까 얘기했던 그런 부분들을 명료하게 해놓지 않았기 때문에 이런 일들이 생기는 거라고 봅니다.

이해를 돕기 위해서 다른 예를 하나 더 들어보겠습니다. 『화엄경』에 '부처님의 몸은 우주에 충만하다. 그렇기 때문에 부처님은 지금 모든 중생의 눈앞에 나타나 있다.' 이런 말이 있습니다. 한 사람, 한 사람 앞에 지금 부처님이 다 나타나 있다는 겁니다. 불교계에서 일반적으로 사용하는 발원문에도 '부처님은 우주에 충만하셔서, 아니 계신 곳 없으시고' 이렇게 나옵니다. 그렇다면 우주에 충만한 부처가 도대체 어떤 인물인가요? 역사적인 석가모니 부처는 2600년 전에 사라졌습니다. 그럼 도대체 누구라는 말입니까? 중생들 눈앞에 부처가 다 현존한다고 합니다. 법당에 모셔진 부처님? 그럼 절이 아닌 곳은? 현존 부처는 도대체 누구인가요? 우주에 충만한 부처, 중생의 목전에 나타났다는 부처는 도대체 누구입니까? 근데 이걸 설명하지 못합니다. 불교를 믿는 사람들이.

<u>윤구병</u> 설명하면 종교가 안 되지. (웃음)

<u>도법</u> 아인슈타인은 과학이 없는 종교는 위험하다, 없어져야 한다, 이렇게 얘

기했습니다. 과학은 현실적으로 증명돼야 합니다. 불교는 어떨까요? 불교를 현실적으로 증명할 수 있느냐고 물으면, '그건 해인삼매에 들어가야만 알 수 있다.' 이렇게 답해요.

윤구병 나는 무서워서 안 들어갈 겁니다.(웃음)

도법 해인삼매에 들어가야 우주에 충만한 부처님, 모든 중생의 눈앞에 있는 부처님을 볼 수 있다고 말합니다. 해인삼매에 들어가려면 어떻게 해야 하느냐고 물으면 저 심산유곡에 들어가서 수행해야 한다고 대답하죠. 그래서 일생 참선, 기도, 염불, 진언, 다라니, 위빠사나, 사마타를 합니다. 그런데 뜻한 바 상태에 도달했다는 사람을 볼 수가 없습니다. 만일 불교가 이렇게 어렵고 복잡하고 거의 불가능한 것이라면 이게 어떻게 희망의 길이겠으며, 누구에게 권할 수 있겠습니까. 실로 심각한 문제이지요.

윤구병 내가 읽은 〈법성게〉를 정리해서 쭉 얘기해 보겠습니다. 나는 제4연 증지소지비여경證智所知非餘境, 이 구절을 풀기가 어려웠어요. 그리고 제9연에 일미진중함시방一微塵中含十方이 있는데, 시방이라는 것이, 내가 『불교대사전』도 들춰보고 했는데, 대체로 불교에서는 아주 단순하게 나와 있어요. 동서남북 사방과 간間사방, 위아래를 합친 것이 시방이라는 거죠. '큰 틀'이죠. 그런데 그것은 중국 사람이 정해 놓은 것입니다. 육합이라고 해서 사방에다 위아래(하늘과 땅)를 보태서 전체 우주로 규정하는데, 6이나 8로 나타내죠. 이런 규정은 우주를 공간적으로만 본 측면이 있습니다. 우리가 시방세계 또는 전 우주라고 할 때, 티끌 속에도 깃들어 있는 게 우주이고, 우주가 한 티끌 속에 들어가 있는 것인데, 공간적인 것만 가지고는, 부처님 당시에도 그렇겠고, 우주를 제대로 구성할 수 있다고 생각지 않습니다. 시간이라는 개념이 포함됐으리라고 봅니다.

제11연(무량원겁즉일념 無量遠劫卽一念)과 12연(일념즉시무량겁 一念卽是無量劫)에 나오는 겁은 시간을 나타내는 낱말입니다. 그래서 시공간을 다 나타낼 수 있는 개념이 들어 있는 말이 필요합니다. 앞뒤, 위아래 이런 것들은 모두 공간적인 것을 나타내죠. 그런데 우주 전체 방향인 시방을 동서남북과 간사방이 아니라, 우리말과 우리 생각으로 규정할 때는 어떤 방식이 좋을지 생각해 봤습니다. 앞뒤, 위아래, 왼오른, 이런 건 자연스럽게 우리 나름으로 방향이 뭔지는 가리키는 말입니다. 그런데 우리가 '안팎'이라 할 때, 우리의 살눈肉眼은 밖, 겉, 갓, 끝처럼 끝나는 지점밖에 못 봅니다. 살눈으로는 안을 꿰뚫어보지 못하죠. 심안, 마음의 눈으로 안을 꿰뚫어본다고 하죠. 감각 기관만 가지고는 무엇이든지 안을 꿰뚫어볼 수가 없습니다.

그런데 모든 밖에는 동시에 안이 들어 있어요. 안이 없는 밖은 없습니다. 안이라는 것은 그것을 잘라 봐야, 그래서 그 안을 밖으로 드러내야, 새로운 겉(갓, 끝)이 드러나야 볼 수 있지, 그대로 꿰뚫어 볼 수 없는데, 그러면 이 안이라는 개념을 공간 개념으로만 볼 수 없어요. 그럼 이것도 아니고 저것도 아닌 것이기 때문이죠. 그리고 우리가 미래를 볼 수 없다는 것도, 실제로는 미래가 지니고 있는, 겉과는 다른 안의 요소, 그것이 우리에게 감각으로 현실화되어 드러나지 않기 때문이죠. 시간적인 요소는 어떻게 봐야 할까요? 올 데, 갈 데는 공간화된 시간입니다. 그건 단순히 오갈 데 없다고 할 때 뜻하는 공간만 나타내는 건 아닐 겁니다. 이런 생각으로 우리 나름대로 시방을 규정해 봅시다. 시공간이 한꺼번에 규정돼야 한다는 생각에 무리를 해서라도 설명을 덧붙여 봤습니다.

구세십세호상즉九世十世互相卽, 잉불잡란격별성仍不雜亂隔別成도 논의가 필요한 부분이라고 봐요. 구세십세호상즉에서 참 묘한 것이, 서양에서는 가장 근본적인 원점을 하나(1)에다 놓는다는 것입니다. 라틴어 우누스(ūnus)는 하나라는 뜻인데, 단위를 하나에 놓습니다. 1부터 출발하는 것이 서양식 사고입니다. 근데 요즘 물리학자, 수학자들이 생각을 바꾼 거 같아요. 이상하게 요즘은 0을 원점으로 놓습니다. 그런 다음에 오른쪽으로는 플러스 계열 1, 2, 3……, 왼쪽은 마이너스 계열 -1, -2, -3……, 이런 식으로 놓죠. 그런데 우리가 볼 수 있는 건 평면 좌표뿐입니다. 공간 좌표와 시간 좌표를 평면화할 수밖에 없는데, 그 원점은 0으로부터 시작됩니다. 이게 사물을 훨씬 더 잘 설명하고, 우주 구조를 잘 드러낼 수 있기 때문에 0을 원점으로 놓았을 것이라고 생각합니다.

그럼 여기에서 9라는 게 뭔지 한번 봅시다. 서양에서는 늘 있는 거를 하나로 놓았다고 했습니다. 그리고 있는 것이 아닌 것, 즉 없는 것을 놓으면 둘이 드러난다. 그런데 있는 것과 없는 것 둘이 만나면, 그 사이에는 있는 것도 아니고 없는 것도 아닌 게 나타나서 있는 것과 없는 것이 갈라집니다. 이게 제3의 것이죠. 이걸 공간화하려면 3의 자승으로 나타내야 됩니다. 어떤 것이든 선 그 자체는 우리의 감각 안에 안 들어옵니다. 면으로 나타내야 우리 감각에 들어오죠. 좌표를 통해 알 수 있지요. 3을 자승한다는 것은 가로 축 3과 세로축 3을 함께 놓고 본다는 건데, 이때 3의 자승, 즉 9가 나옵니다.

지난 시간에 각각의 수를 9로 나눌 경우를 따져 봤습니다. 1을 9로 나누면 0.111111111……이 되고, 2를 9로 나누면 0.22222222…… 이런 식으로 무한소수가 이어집니다. 그런데 마지막에 9를 9로 나누면 1이라고 생각합니다. 단위가 딱 나오는 걸로 생각하는 것이죠. 다른 숫자로 나누면 무한히 연속되는데, 왜 9로 나누면 똑 떨어진다고 생각하나요? 다시 생각해 볼 수 있습니다. 9 나누기 9를 1이라 하지 않고, 0으로 한 후 소수점 이하는 9로 계산해 봅시다. 그럴 경우 9 곱하기 9는 81이 돼서 지속적으로 9가 남게 되죠. 그럼 0.999999999……의 무한 계열이 성립됩니다. 모든 것 하나하나가 낱낱이 떨어져 있다고 생각하면 우주는 콩가루가 됩니다. 모든 게 이어졌다고 봐야 되는데, 그래서 '구세 십세'란 실제로 이걸 9로 볼 수도 10으로 볼 수도 있다고 본 것입니다. 0.999999999……는 나중에 1과 이어지는 것처럼 말이죠. 그런데 구세와 십세는 맞서 있지만, 그래도 뒤섞이고 흐트러지지 않고 따로 이룬 다는 거죠. 이 말은 기타 줄의 예로 설명할 수 있어요.

50센티미터가 넘는 기타 줄 안에는 무한히 많은 서로 결이 다른 소리가 있어요. 어디를 누르고 튕기느냐에 따라 다른 소리가 나지만, 마구 뒤섞여 있지는 않습니다. 그래서 기타 줄이나 바이올린 현을 켤 때 조화로운 소리가 나오게 되는 겁니다. 우주 질서가 완전히 카오스라면, 한 번 이상 되풀이되지 않고 한 번 이상 지속되지 않는다면, 그때그때 새로운 모습 나온다면 우리는 우주가 뭔지, 이 세상의 질서가 뭔지 가려 볼 수가 없겠죠. 완전 화음에 특정한 비율이 있는 것처럼, 무한히 이어진 그 안에 일정한 질서들이 있다고 봤어요. 잉불잡란격별성仍不雜亂隔別成은 그래서 나온 말이 아닐까 생각해 봤습니다.

또 어려운 것이 있습니다. 이다라니무진보以陀羅尼無盡寶, 장엄법계실보전莊嚴法界實寶殿입니다. 다라니 보배, 장엄 따위는 굉장히 자주 쓰이는 말이죠. 처음에 인도에서 이 말을 들여왔을 때 한자를 쓰던 사람들은 이런 식으로 번역했는데, 신라시대 의상 스님 살 때는 우리글이 없었으니까, 토박이 우리말로 표현은 못했겠죠. 하지만 만약에 우리글이 있었으면 어떻게 해야 일반 서민들이 알아들을 수 있을지를 반드시 고심했을 겁니다. 나도 그런 것을 고심하면서 풀기는 했는데, 여전히 내 스스로에게도 맘에 들지는 않습니다.

그리고 〈법성게〉 전체로 보면 아, 역시 의상 대사는 잘사는 집안 출신이구나, 하는 생각이 들어요. 신라는 진골, 성골, 육두품 등 굉장히 엄격한 계급사회입니다. 근데 '야, 다들 태어난 대로 잘 적응해서 살아.' 이런 뜻이 곳곳에 있어요. 귀가수분득자량歸家隨分得資糧. 이거 정말 재수 없는 얘기입니다. '집에 돌아가서 너 태어난 대로 살아.' 이런 뜻으로도 읽힐 수 있으니까요. 그런 게 군데군데 엿보여요. 하지만 사실은 현실에 적응해서 사는 게 편하긴 하죠. 마음에 불만을 가지고 있는 것보다. 전생에 내가 지은 업대로 사는 거지, 이렇게 하면 편하기야 하겠죠. 아무튼 〈법성게〉에 좀 개운치 않은 곳이 보이기는 합니다.

내가 정리한 것을 한번 읽어보겠습니다. 제목은 '마음결 읊음'입니다.

마음결 읊음

마음결 무르녹아 갈림 없으니(法性圓融無二相)
모든 흐름 제자리에 잠잠하구나(諸法不動本來寂)
이를 것도 드러냄도 함께 끊으니(無名無相絶一切)
아는 바 안다고 이를 뿐이네(證智所知非餘境)
참마음 깊고 깊어 헤아릴 길 없어(眞性甚深極微妙)
마음자리 안 지켜도 끈 따라 이루네(不守自性隨緣成)
하나 가운데 모두요, 여럿 가운데 하나니(一中一切多中一)
하나 곧 다요, 여럿 곧 하나일세(一卽一切多卽一)
티끌 하나 가운데 앞-뒤, 왼-오른, 아래-위, 안팎, 올 데-갈 데 온통 머금으니
(一微塵中含十方)
어느 티끌인들 다름 있으랴(一切塵中亦如是)
헤일 수 없이 머나먼 힘 흐름 곧 한 생각이요(無量遠劫卽一念)
한 생각이 곧 헤아릴 길 없는 먼 힘 흐름이라(一念卽是無量劫)
아홉 누리 열 누리 서로 맞서나(九世十世互相卽)
그래도 뒤섞이고 흐트러짐 없이 따로 이루네(仍不雜亂隔別成)
첫 마음 싹틀 때가 곧 바른 깨우침이요(初發心時便正覺)
죽살이 놓음이 늘 함께라(生死涅槃相共和)
안팎살림 흐릿해 가림 없으니(理事冥然無分別)
모두가 하나같이 깨우친 이들 마당이라(十佛普賢大人境)
번득이는 물결 타고 큰 바다에 드니(能人海印三昧中)
마음대로 몸 뒤집어 못할 일 없네(繁出如意不思議)

비 내려 푸릇푸릇 빈 밭 모두 채우니(雨寶益生滿虛空)

저마다 그릇 따라 살 힘을 얻어내네(衆生隨器得利益)

이리하여 길 가는 이, 제 오갈 데로 돌아와(是故行者還本際)

헛된 생각 문득 놓아 얻을 것이 없으리로다(叵息妄想必不得)

없는 끈 제멋대로 매끄러이 잡아(無緣善巧捉如意)

돌아가 그릇에 맞는 대로 챙기려무나(歸家隨分得資量)

다함없이 넉넉한 살림으로(以陀羅尼無盡寶)

온 누리 몸도 맘도 살찌게 하니(莊嚴法界實寶殿)

마침내 이제 여기 한가운데 차림을 받고(窮坐實際中道床)

예로부터 흔들림 없으니 앉은 자리가 곧 부처라고 이르리로다(舊來不動名爲佛) (박수)

^{학생} 윤구병 선생님의 순 우리말 풀이를 마지막으로 〈법성게〉 공부가 끝났습니다. 두 분 선생님의 소회와 끝내는 이야기를 들어보도록 하겠습니다.

^{도법} 초기불교와 대승불교는 번뇌를 좀 다르게 해석합니다. 대부분의 불교 관련 책은 대승불교도 번뇌의 소멸을 강조했다고 쓰고 있는데, 대승불교를 잘 들여다보면 번뇌를 없애라기보다는 무엇을 잘 쓰라는 말이 많습니다. 너에게 주어져 있는 것은 대단한 것이니 잘 쓰라는 것입니다. 네 눈도 손도 입도 몸뚱이도, 네 두 발이 딛고 있는 땅도, 너에게 주어진 시간도, 이게 최고니까 잘 써라, 그러면 삶은 괜찮아진다, 이렇게 얘기하고 있습니다. 이게『금강경』에서는 '응무소주 이생기심應無所住 而生其心'이라고 표현됩니다. 새로운 마음을 일으키라고 하고 있습니다. 과거에 머물지 말고 새로운 마음을 일으켜라, 이런 말입니다.

『화엄경』'정행품' 총결에는 선용기심善用其心, 마음을 잘 쓰라, 입을 잘 쓰라,

몸을 잘 쓰라고 합니다. 굉장히 적극적인 사유로 요즘 과학도 몸이 된 마음, 마음이 된 몸을 제시하며 몸과 마음이 통일된 존재라고 말하고 있습니다. 그렇게 통일된 존재이기 때문에 잘 쓰면 된다는 뜻이죠. 대승불교 사유는 이렇게 적극적입니다.

그래서 불교에서 말하는 삶을 정리해 보면 딱 두 마디로 표현할 수 있습니다. 첫 번째는 여실지견如實知見. 삶의 실상을 잘 알아라, 사실을 사실대로 잘 알아라, 이런 뜻입니다. 두 번째는 선용기심. 마음 잘 쓰라는 말입니다. 이 두 마디로 요약이 됩니다. 그래서 선사들의 말을 들어 보면 망상을 제할 것도 없고, 진리를 추구할 것도 없다고 합니다. 잘 쓰라는 말이 나오는 것이죠. 잘 쓰면 망상으로부터 욕심으로부터 자유로워지게 된다는 것입니다.

나는 지금까지 삶을 고민하면서 살았지, 경전 공부하면서 살아 온 것이 아닙니다. 삶의 실상을 알면 인생살이도 죽음도 두렵지 않게 됩니다.

<u>윤구병</u> 내가 이제까지 한 말은 다 개수작이오. 한 귀로 들었으면 다른 귀로 흘려요. 귀가 괜히 두 개 달린 것이 아녀. 내가 보기에 도법 스님은 부처여, 나는 중생이고. 중생 가운데서도 깜깜한 먹물 중생. 그런데 도법은 내가 없으면 안 돼. 깨우쳐 줄 중생이 없는데 부처가 무슨 쓸 데가 있어? 똥친 막대기만도 못하지. 내가 있으니까 도법 스님이 저렇게 말이 많아지지, 나 없었으면 벙어리 됐을 걸. 아무튼 이 부처 저 부처, 부처들은 말이 많아서 탈이야. 자, 우리 이제부터 곡차로 귀 씻어내고 모두 저 갈 데로 찢어집시다.

'도법이 번갯불로 먹물 중생 밝혀 주려고 번쩍 했는데 그 바람에 윤구병이 눈 한 번 못 떠보고 벼락 맞아 죽었다네.' 이런 소문 널리널리 펴졌으면 좋겠어. 히히.

나가며
깨달은 자

꼭두새벽. 동이 틀까 망설이고 있다. 산과 하늘은 아직 흑백이고, 곡선 하나가 둘 사이로 흐른다. 실상사實相寺 마당에는 가을 별빛이 내려와 소곤거리고 있다.

제자 손을 공손히 맞잡고 묻는다.
"스님, '삼베 서 근'은 무엇이며, '뜰 앞의 잣나무'는 무슨 뜻입니까?"
스승 뒷짐 지고 말이 없다.
"도대체 깨달음은 무엇이고, 깨달은 자는 어떤 형상을 하고 있는지요? 가슴이 터져버릴 것 같습니다."

스승 그제야 답한다.
"정천각지"(頂天脚地. 머리는 하늘을 향하고, 다리는 땅을 딛고 있다)
"머리와 하늘은 꿈과 이상을 말함이고, 다리와 땅은 현실과 고통을 얘기하는 것인지요?"
"안횡비직"(眼橫鼻直. 눈은 가로로 찢어지고, 코는 세로로 서 있다)
"눈으로 좌우를 두루두루 살피고, 코로는 어쩐다는 뜻인지……?"

"반래개구"(飯來開口. 밥이 오면 입을 열고)

"……."

"수래합안"(睡來合眼. 잠이 오면 눈을 닫는다)

"……."

제자, 입이 벌어져 말을 잇지 못한다.

"우리는 하루의 어디에 서 있느냐?"

"밤에서 낮으로 가는 새벽에 서 있습니다."

"그래? 그러면 새벽을 한 그릇 가져 오너라"

"……."

"어디까지가 밤이고, 어디까지가 낮이냐?"

"……."

"잠 안 오냐?"

"예, 안 옵니다."

"그럼 눈 뜨고 있고, 배는 안 고프냐?"

"고픕니다."

"그러면 입을 벌려 밥 먹으러 가자!"

('頂天脚地 眼橫鼻直 飯來開口 睡來合眼' 16자는 실상사 극락전 전각 주련에 씌어 있는 글귀다. 거기 살고 계신 도법 스님이 사람들에게 간혹 뜻을 풀어준다. '배고프면 먹고, 잠 오면 자는, 사람이 서 있는 모양'을 저렇게 어렵게 써 놓았다. 그러나 새겨보면, 세상에 깨달음이 따로 있지 않고, 행복과 불행이 다름 아니며, 기쁨과 고통 또한 그러하니, 헛것 쫓지 말고 곁을 돌아보라는 깊은 뜻이 된다.)

[부록] 법성게 풀이
노래하네, 그대의 삶을

도법 스님

法性圓融無二相	여기 한 사람 있으니 그의 본래 참모습은 온 우주 두루두루 어울려 한 번도 나뉜 적 없고
諸法不動本來寂	긴긴 세월 흐르고 흘러도 언제나 그 모습 그대로이며
無名無相絶一切	본래 정해진 이름도 없고 따로 정해진 모습도 없으니
證智所知非餘境	오로지 증명(실천)하는 지혜로 알 뿐 그밖에 다른 길 있지 않네
眞性甚深極微妙	그의 본래 참모습은 지극히 심오하고 미묘하여
不守自性隨緣成	자신을 고집하지 않고 인연 따라 온갖 모습 이루니
一中一切多中一	하나 안에 일체가 깃들고 여럿 안에 하나가 깃들며
一卽一切多卽一	하나가 그대로 일체요 일체가 그대로 하나이며
一微塵中含十方	한 먼지가 온 우주 품어 안고
一切塵中亦如是	온갖 먼지들도 또한 그러하네
無量遠劫卽一念	끝없는 영원의 시간이 그대로 지금 여기 한순간이요
一念卽是無量劫	지금 여기 한순간이 그대로 끝없는 영원의 시간이며
九世十世互相卽	과거, 현재, 미래 모든 시간들과 지금 여기 한순간이 함께 있어도
仍不雜亂隔別成	혼란스럽지 않고 질서정연하게 시간마다 따로따로 이루어지네

初發心時便正覺	참모습대로 살 마음을 낼 때 바로 그 순간 그대로 정각이니
生死涅槃相共和	참모습 그 자리엔 생사와 열반이 항상 서로 어울려 함께 있고
理事冥然無分別	숨겨진 본바탕과 드러난 모습도 미묘하게 어울려 구별할 수 없으니
十佛普賢大人境	그 경지는 아는 대로 실천하는 사람 붓다와 보현보살의 몫이네
能人海印三昧中	붓다행 하는 용맹한 사람 능인은 언제나 한결같은 그 자리에 서서
繁出如意不思議	뜻대로 하는 자유자재의 솜씨로
雨寶益生滿虛空	보배를 허공 가득 비처럼 내리게 하여
衆生隨器得利益	사람들마다 준비한 그릇만큼 온갖 종류의 이익을 얻어가게 하네
是故行者還本際	그러므로 붓다행 하는 사람은 본래 제자리로 돌아와
叵息妄想必不得	굳이 망상을 쉬려고 하지도 않고 특별한 것을 얻으려 할 것도 없이
無緣善巧捉如意	주체적으로 아무 조건 없는 무애자재의 좋은 방편을 써서
歸家隨分得資量	집안 살림에 필요한 모든 것을 부족함 없이 충분하게 얻으며
以陀羅尼無盡寶	한량없는 공덕을 모두 지닌 끝도 없고 다함도 없는 보배들로
莊嚴法界實寶殿	법계의 참다운 우리 세상을 아름답고 빛나게 잘 꾸미네
窮坐實際中道床	그리고 마침내 실제 중도의 평상 위에 의연히 앉아
舊來不動名爲佛	언제나 한결같이 흔들림 없나니 그 사람을 일러 거룩한 붓다라 하네

마음결 읊음

윤구병

法性圓融無二相　마음결 무르녹아 갈림 없으니
諸法不動本來寂　모든 흐름 제자리에 잠잠하구나
無名無相絶一切　이를 것도 드러냄도 함께 끊으니
證智所知非餘境　아는 바 안다고 이를 뿐이네
眞性甚深極微妙　참마음 깊고 깊어 헤아릴 길 없어
不守自性隨緣成　마음자리 안 지켜도 끈 따라 이루네
一中一切多中一　하나 가운데 모두요, 여럿 가운데 하나니
一卽一切多卽一　하나 곧 다요, 여럿 곧 하나일세
一微塵中含十方　티끌 하나 가운데 앞-뒤, 왼-오른, 아래-위, 안팎, 올 데-갈 데
　　　　　　　　온통 머금으니
一切塵中亦如是　어느 티끌인들 다름 있으랴
無量遠劫卽一念　헤일 수 없이 머나먼 힘 흐름 곧 한 생각이요
一念卽是無量劫　한 생각이 곧 헤아릴 길 없는 먼 힘 흐름이라
九世十世互相卽　아홉 누리 열 누리 서로 맞서나
仍不雜亂隔別成　그래도 뒤섞이고 흐트러짐 없이 따로 이루네

初發心時便正覺	첫 마음 싹틀 때가 곧 바른 깨우침이요
生死涅槃相共和	죽살이 놓음이 늘 함께라
理事冥然無分別	안팎살림 흐릿해 가림 없으니
十佛普賢大人境	모두가 하나같이 깨우친 이들 마당이라
能人海印三昧中	번득이는 물결 타고 큰 바다에 드니
繁出如意不思議	마음대로 몸 뒤집어 못할 일 없네
雨寶益生滿虛空	비 내려 푸릇푸릇 빈 밭 모두 채우니
衆生隨器得利益	저마다 그릇 따라 살 힘을 얻어내네
是故行者還本際	이리하여 길 가는 이, 제 오갈 데로 돌아와
叵息妄想必不得	헛된 생각 문득 놓아 얻을 것이 없으리로다
無緣善巧捉如意	없는 끈 제멋대로 매끄러이 잡아
歸家隨分得資量	돌아가 그릇에 맞는 대로 챙기려무나
以陀羅尼無盡寶	다함없이 넉넉한 살림으로
莊嚴法界實寶殿	온 누리 몸도 맘도 살찌게 하니
窮坐實際中道床	마침내 이제 여기 한가운데 차림을 받고
舊來不動名爲佛	예로부터 흔들림 없으니 앉은 자리가 곧 부처라고 이르리로다

세상을 노래하다

백승권

法性圓融無二相 　이 세상은 언뜻 보면 따로따로 나뉘었지만 곰곰이 살펴보면 서로 이어져 있어요. 언뜻 보면 여러 개의 모습이지만 곰곰이 살펴보면 한 가지 모습이지요.

諸法不動本來寂 　사람과 들짐승과 새와 물고기와 벌레와 풀과 나무는 늘 우리와 함께 바쁘게 움직여요. 하늘과 바람과 땅과 물과 해와 달과 별은 늘 우리를 둘러싸고 쉼 없이 움직여요. 그런데 이 모두는 서로 이어져 한 가지 모습일 뿐이에요. 그러니 움직이되 움직이는 것이 아니에요. 부산스럽지만 고요해요.

無名無相絶一切 　사람과 들짐승과 새와 물고기와 벌레와 풀과 나무와 하늘과 바람과 땅과 물과 해와 달과 별이 이렇게 한 가지 모습인데, 이름을 따로 지어 무슨 소용이 있겠어요. 모양을 따로 그려 무슨 소용이 있겠어요.

證智所知非餘境 　이것은 느낌만으로 다다를 수 없어요. 이것은 생각만으로 다다를 수 없어요. 이것은 뜻만으로 다다를 수 없어요. 이것은 헤아림만으로 다다를 수 없어요. 몸과 마음으로 겪어 손수 꿰뚫어 봐야만 다다를 수 있지요.

眞性甚深極微妙 　우리가 사는 세상은 참 깊고 깊지요. 우리가 사는 세상은 참 야릇하지요.

不守自性隨緣成   물을 보세요. 이것이 내 이름이고 이것이 내 모양이라고 막 우기며 고집하지 않아요. 주어진 인연을 따라 시냇물이 되고 강물이 되고 바닷물이 되고 구름이 되고 빗물이 되고 샘물이 돼요. 주어진 인연을 따라 나뭇진이 되고 풀물이 되고 밥물이 되고 국물이 되고 피가 되고 오줌이 돼요.

一中一切多中一   다시 물을 보세요. 내 몸 속에 있는 물 한 방울은 시냇물이었고 강물이었고 바닷물이었고 구름이었고 빗물이었고 샘물이었어요. 내 몸 속에 있는 물 한 방울은 나뭇진이었고 풀물이었고 밥물이었고 국물이었고 누군가의 피와 오줌이었어요. 한 방울의 물 속에 세상 모든 물이 담겨 있지요. 세상의 모든 물 속에 한 방울의 물이 담겨 있어요.

一卽一切多卽一   한 방울의 물이 세상의 모든 물이에요. 세상의 모든 물이 한 방울의 물이에요.

一微塵中含十方   세상도 마찬가지예요. 작디작은 티끌 속에 온 세상을 머금고 있어요.

一切塵中亦如是   작디작은 티끌 같은 목숨들, 사람과 들짐승과 새와 물고기와 벌레와 풀과 나무 속에 하늘과 바람과 땅과 물과 해와 달과 별을 머금고 있어요. 온 세상을 머금고 있어요.

無量遠劫卽一念   때의 흐름도 마찬가지예요. 하늘과 바람과 땅과 물과 해와 달과 별의 나이는 헤아릴 수 없이 많은 세월일까요? 나무의 나이는 나이테에 쓰인 대로일까요? 사람과 들짐승의 나이는 이빨에 적힌 대로일까요? 풀과 물고기의 나이는 한두 해일까요? 벌레의 나이는 하루나 한 철일까요?

하늘과 땅의 헤아릴 수 없이 많은 세월이 담기지 않은 하루살이의 하루가 있을까요? 하늘과 땅의 헤아릴 수 없이 많은 세월이 담기지 않은 사람과 들짐승과 새와 물고기와 벌레와 풀과 나무의 한 겨를이 있을까요? 셀 수 없는 나날들이 한 겨를의 생각이에요.

一念卽是無量劫　한 겨를의 생각이 셀 수 없는 나날들이고요.

九世十世互相卽　그것은 어제의 나날도 그랬고 오늘의 나날도 그러하며 내일의 나날도 그럴 거예요. 그 헤아릴 수 없이 많은 겹겹의 때와 지금의 한 겨를이 두 거울을 마주 세운 것처럼 끝없이 서로를 비추고 되비추고 있어요.

仍不雜亂隔別成　헌데 놀랍고 놀라워요. 이렇게 틈과 짬이 온통 얽혀 있고 되비추고 한 모습으로 이어졌는데, 어떻게 이렇게 가지런히 따로따로 제 모습을 이룰 수 있을까요.

初發心時便正覺　깨달음도 마찬가지예요. 이 세상의 흐름을 문득 마주쳐 이 세상 있는 그대로를 처음 사랑하게 된 마음, 그 겨를이 깨달음이에요.

生死涅槃相共和　사람과 들짐승과 새와 물고기와 벌레와 풀과 나무는 내남없이 살고 죽지만, 여기 산 것은 저기 죽은 것으로부터 말미암았고, 여기 죽은 것은 저기 산 것으로 되살아나요. 살아도 세상은 빛나고 죽어도 세상은 빛나요. 이 세상엔 죽살이와 열반이 함께 빛나는 춤을 춰요.

理事冥然無分別	까닭을 따져 무슨 소용이 있겠어요. 터수를 따져 무슨 소용이 있겠어요. 둘을 가려내 봤자 아무 소용없는 아득한 한통속이에요.
十佛普賢大人境	이게 부처님이 다다른 곳이에요. 이게 보살님이 다다른 곳이에요. 모든 부처님과 보살님과 큰 사람의 경지예요.
能人海印三昧中	고요한 바다가 세상 모든 것을 비추듯
繁出如意不思議	부처님은 마음먹은 대로 헤아릴 수 없이 많은 일을 나타내지요.
雨寶益生滿虛空	봄날 비 뿌리는 들판에 서 보세요. 뭇 생명이 온 누리에 가득 피어나요.
衆生隨器得利益	제 그릇만큼 봄비의 축복을 누려요.
是故行者還本際	이제 나그네는 고향으로 돌아와
叵息妄想必不得	굳이 헛된 생각 쉬지 않고 굳이 무엇을 얻으려 하지 않아요.
無緣善巧捉如意	이것저것 얽어매지 않아요. 그저 슬기로운 길을 따라 오로지 마음이 닿는 데를 향해 갈 뿐이에요.
歸家隨分得資量	이렇게 집에 돌아와 제 깜냥대로 살아요.
以陀羅尼無盡寶	이 소중한 노래, 이 소중한 가르침이
莊嚴法界實寶殿	온 세상을 빛내요.
窮坐實際中道床	마침내 이 자리에 앉으니 보이네요.
舊來不動名爲佛	예부터 움직이지 않았던 한 모습, 사람과 들짐승과 새와 물고기와 벌레와 풀과 나무와 하늘과 바람과 땅과 물과 해와 달과 별이 바로 부처님이었어요.

불한당과 당원 소개

변택주 우리말을 제대로 하고 싶었다. 윤구병 선생께 우리말을 가르쳐달라고 했다. 윤 선생은 일곱 사람쯤 모아 '공부 모둠'을 꾸려 보라고 했다. 빠지지 않고 꼭 나올 수 있는 사람들로만 모으라고 말씀했다. 도법 스님과 '붓다 대화'란 모둠을 하고 있던 터라 다시 여쭸다. 불경을 우리말로 풀면서, 우리말 공부를 하면 어떻겠느냐고. 좋다고 하셨다. 도법 스님께 여쭸다. 붓다 대화 운영위원들과 함께 불경을 우리말로 푸는 일을 윤 선생과 도법 스님을 모시고 하고 싶다고. 도법 스님은 우리나라 불교 터무니를 이어온 스님들이 지은 경전을 풀면 좋겠다고 하셨다. 그렇게 엮은 모임이 '불한당'이다.

처음 잡은 것이 의상 스님〈법성게〉였다. 순 우리말로 풀자 커니 한문 혼용으로 하자 커니 옥신각신하고, 깊이 들어가자 커니 얼른얼른 나가자 커니 입씨름도 적잖이 했다. 때론 말도 되지 않는 얘기를 뱉기도 하는 학생들을 아우르며 얼꼴을 빚어 주신 윤구병 선생님 그리고 도법 스님께 엎으려 절을 올린다.

아쉬움도 적지 않지만 그렇게 엮은 〈법성게〉 얘기가 책으로 빚어진 데는 한 번에 두 시간씩 여러 해 쏟아놓은 말들을 꼬박 받아 적은 이광호 선생과 그 많은 얼거리를 맛깔스럽게 다듬어 간추린 이광이 선생 힘과 땀이 오늘 이 책을 빚었다. 고맙다. 좋아라.

__김명석__ 말, 마음, 생각, 앎을 따져 묻는 철학자. 세상의 모든 슬기들을 우리말로 나타내려고 애쓰는 중이다. 깊고 높은 붓다의 깨달음과 슬기를 알아듣기 쉬운 우리말로 말씀하시는 분들을 만나게 된 것은 이 우주에 사랑과 자비와 인연이 가득 차 있다는 증거다.

__김왕근__ 신문 기자, 논술 강사, 토론 코치를 거쳤지만 불교 공부를 하면서 비로소 '소통의 기술'을 완성했다. 210자로 된 짧은 시, 그 해석과 번역을 놓고 참 지긋지긋하게 싸웠다.

__김점란__ 진정으로 귀 기울여 들으면 치유와 회복도 가능하다고 믿으며, 대화 연구를 하고 있다. 특히 갈등으로 아픈 현장에 관심이 있다. 우리가 겪는 대부분의 문제는 자애와 연민을 키움으로써 해결 가능하다고 생각한다.

__담이__ 우리말과 글에 관심이 많은 중늙은이. 실은 공부 본자리보다는, 밥과 술이 있는 '방과후 교실'에 더 관심이 많았던 여자 사람, 이라고 적다 말고 옷깃을 여민다. "고맙다, 인연이여!"

__류현미__ 전통 음식 연구가, 칼럼니스트. 불교를 만나 '너를 살려야 내가 살 수 있다'는 살림살이 밑절미를 헤아리지 않고는 우리 고유의 입맛을 살려낼 수 없다는 본질을 배웠다. 오늘도 온 누리에 우리 음식을 알리기 위해 25시를 산다.

밑줄_백승권 실용 글쓰기 전문 강사. '백승권글쓰기연구소' 대표. 참여정부 때 청와대 홍보수석실 행정관으로 근무했고 이후 조계종 화쟁위원회 사무국장을 지냈다. 『글쓰기가 처음입니다』, 『싯다르타의 꿈, 세상을 바꾸다』 등 여러 권의 책을 썼다.

밑줄_신호승 평화는 대화를 타고 흐른다고 믿는, 자칭 대화 활동가. 잡지 〈붓다로 살자〉 편집위원, 조계종 화쟁위원으로 활동 중이다. 종교 간 대화에 관심이 많아, 종교 평화 시민 모임 '사이좋게'에 참여하고 있다. 불한당에서 귀동냥을 허락해 준 것에 감사하고 있다.

밑줄_이광이 불교에 심취하여 머리가 많이 빠졌다. 모발 잔량으로 보아 '삼할 스님'이라고 불린다. 해남 산으로 신문 기자와 공무원으로 일했다. 음악에 관한 동화를 하나 썼다. 불한당에서 배운 것이 대학에서 배운 것보다 많다고 생각한다.

밑줄_이광호 신문 기자 일을 했고, 현재는 출판사 대표. 서당 개 3년 '멍멍'에서 '왈왈웖'로 진화했다. '없는 나 無我를 찾아서 분투 중인 '무명 중생'이다.

밑줄_이기선 출판 편집자. 학생 시절 '불교철학 입문' 수업을 중도에 포기하지 않았더라면 삶이 좀 더 일찍 솔직해졌겠지만, 어쨌든 불교와 만났으니 다행이라고 여기고 있다.

스님과 철학자

화엄경의 블랙홀, 〈법성게〉의 우주와 삶을 논하다

초판 1쇄 펴낸 날 2016년 9월 20일
초판 2쇄 펴낸 날 2016년 12월 20일

지은이 도법 스님, 윤구병
정　리 이광이
사　진 최배문, 이광이
펴낸이 이광호
펴낸곳 도서출판 레디앙
디자인 Annd

등록 2014년 6월 2일 제315-2014-000045호
주소 서울 강서구 공항대로 481(등촌동, 2층)
전화 02-3663-1521 팩스 02-6442-1524
전자우편 redianbook@gmail.com

ⓒ 도법 스님, 윤구병 2016

ISBN 979-11-953189-9-5 03100

* 이 책의 내용 일부 혹은 전부를 인용, 재사용하실 경우 위 저작권자와 출판사의 동의를 얻으셔야 합니다.